DISCIPLINAS EXTRAJURÍDICAS
DE POLÍCIA JUDICIÁRIA

Curso de Direito de Polícia Judiciária

Curso de Direito de Polícia Judiciária

ELIOMAR DA SILVA PEREIRA
Organizador

DISCIPLINAS EXTRAJURÍDICAS DE POLÍCIA JUDICIÁRIA

7

Belo Horizonte

2020

CURSO DE DIREITO DE POLÍCIA JUDICIÁRIA

Coordenador: Eliomar da Silva Pereira

© 2020 Editora Fórum Ltda.

É proibida a reprodução total ou parcial desta obra, por qualquer meio eletrônico, inclusive por processos xerográficos, sem autorização expressa do Editor.

Conselho Editorial

Adilson Abreu Dallari
Alécia Paolucci Nogueira Bicalho
Alexandre Coutinho Pagliarini
André Ramos Tavares
Carlos Ayres Britto
Carlos Mário da Silva Velloso
Cármen Lúcia Antunes Rocha
Cesar Augusto Guimarães Pereira
Clovis Beznos
Cristiana Fortini
Dinorá Adelaide Musetti Grotti
Diogo de Figueiredo Moreira Neto (*in memoriam*)
Egon Bockmann Moreira
Emerson Gabardo
Fabrício Motta
Fernando Rossi
Flávio Henrique Unes Pereira

Floriano de Azevedo Marques Neto
Gustavo Justino de Oliveira
Inês Virgínia Prado Soares
Jorge Ulisses Jacoby Fernandes
Juarez Freitas
Luciano Ferraz
Lúcio Delfino
Marcia Carla Pereira Ribeiro
Márcio Cammarosano
Marcos Ehrhardt Jr.
Maria Sylvia Zanella Di Pietro
Ney José de Freitas
Oswaldo Othon de Pontes Saraiva Filho
Paulo Modesto
Romeu Felipe Bacellar Filho
Sérgio Guerra
Walber de Moura Agra

FÓRUM
CONHECIMENTO JURÍDICO

Luís Cláudio Rodrigues Ferreira
Presidente e Editor

Coordenação editorial: Leonardo Eustáquio Siqueira Araújo
Aline Sobreira de Oliveira

Av. Afonso Pena, 2770 – 15º andar – Savassi – CEP 30130-012
Belo Horizonte – Minas Gerais – Tel.: (31) 2121.4900 / 2121.4949
www.editoraforum.com.br – editoraforum@editoraforum.com.br

Técnica. Empenho. Zelo. Esses foram alguns dos cuidados aplicados na edição desta obra. No entanto, podem ocorrer erros de impressão, digitação ou mesmo restar alguma dúvida conceitual. Caso se constate algo assim, solicitamos a gentileza de nos comunicar através do *e-mail* editorial@editoraforum.com.br para que possamos esclarecer, no que couber. A sua contribuição é muito importante para mantermos a excelência editorial. A Editora Fórum agradece a sua contribuição.

Dados Internacionais de Catalogação na Publicação (CIP) de acordo com a AACR2

D611	Disciplinas extrajurídicas de polícia judiciária / Eliomar da Silva Pereira (Org.).– Belo Horizonte : Fórum, 2020.
	274 p.; 14,5cm x 21,5cm.
	Curso de Direito de Polícia Judiciária, v. 7
	ISBN da coleção: 978-85-450-0615-2
	ISBN do volume: 978-85-450-0622-0
	1. Direito Público. 2. Direito Administrativo. 3. Direito Processual Penal. I. Pereira, Eliomar da Silva. II. Curso de Direito de Polícia Judiciária. III. Título.
	CDD: 341
	CDU: 342

Elaborado por Daniela Lopes Duarte - CRB-6/3500

Informação bibliográfica deste livro, conforme a NBR 6023:2018 da Associação Brasileira de Normas Técnicas (ABNT):

PEREIRA, Eliomar da Silva (Org.). *Disciplinas extrajurídicas de polícia judiciária*. Belo Horizonte: Fórum, 2020. 274 p. (Curso de Direito de Polícia Judiciária, v. 7). ISBN: 978-85-450-0622-0.

Aos nossos alunos do Curso de Especialização em Direito de Polícia Judiciária na Escola Superior de Polícia.

SUMÁRIO

APRESENTAÇÃO GERAL DO CURSO
Eliomar da Silva Pereira 11

PREFÁCIO

DISCIPLINAS EXTRAJURÍDICAS DE POLÍCIA JUDICIÁRIA
Eliomar da Silva Pereira 19

TEORIA DA INVESTIGAÇÃO CRIMINAL
Eliomar da Silva Pereira 21
1   Introdução
2   A investigação como pesquisa 22
3   Peculiaridades da investigação criminal 25
3.1 O objeto histórico, implicações na verdade e no método da investigação 26
3.2 O método legal negativo e os direitos fundamentais 26
4   O crime: objeto da investigação 28
4.1 A complexidade ontológica do crime 31
4.2 Enfoques investigativos do crime 40
5   Conclusão 47
    Referências 49

SISTEMAS COMPARADOS DE INVESTIGAÇÃO CRIMINAL
Franco Perazzoni 51
1   Introdução 51
2   O papel da investigação preliminar no processo penal 52
3   Como se investiga um crime: os principais modelos investigativo-criminais em espécie 56
3.1   O juizado de instrução: características gerais 58
3.1.1 A persecução penal e o juizado de instrução na Espanha 59
3.1.2 A persecução penal e o juizado de instrução na França 65
3.2   O sistema continental europeu (promotor investigador): características gerais 72
3.2.1 A persecução penal e o promotor investigador em Portugal .. 72
3.2.2 A persecução penal e o promotor investigador na Itália 77

3.3	O sistema norte-americano: características gerais	85
3.3.1	Persecução penal e investigação no sistema norte-americano	86
3.4	O modelo inglês (inquérito policial): características gerais	100
3.4.1	A persecução penal e o inquérito policial na Inglaterra	102
3.4.2	A persecução penal e investigação preliminar no Brasil	111
4	Afinal, existe um modelo investigativo mais eficiente?	131
5	Conclusão	144
	Referências	146

GESTÃO ESTRATÉGICA DA INVESTIGAÇÃO CRIMINAL

Adriano Mendes Barbosa 157

1	Introdução	157
2	Investigação criminal no Estado Democrático de Direito	159
2.1	Investigações criminais como instrumentos de elucidação criminal no Estado Democrático de Direito	159
2.2	Definição de investigação criminal	161
2.3	Objeto da investigação criminal	163
2.3.1	A criminalidade desorganizada	163
2.3.2	A criminalidade organizada	166
3	A necessidade de uma abordagem gerencial (estratégica) em prol da condução investigação criminal	169
4	A gestão estratégica da investigação criminal	176
4.1	O modelo de Arthur F. Lykke Junior	176
4.2	Do plano de ação investigativa (PAI)	177
4.3	Os fins	181
4.4	A tática *(modus operandi)*	182
4.4.1	Metodologia como instrumento *sine qua non* da investigação criminal	183
4.4.2	Sobre o método	184
4.4.3	Ciclo do Esforço Investigativo Criminal (CEIC)	187
4.5	Os meios	204
4.6	O risco	205
5	Conclusão	207
	Referências	209

GESTÃO PÚBLICA DA POLÍCIA JUDICIÁRIA

Wellington Clay Porcino da Silva 215

1	Introdução	215
1.1	*Verdades* sobre a Polícia Judiciária	215
1.2	Novos conceitos de gestão pública	217
1.2.1	Nova gestão pública (NGP)	218
1.2.2	Novo serviço público (NSP)	218
1.2.3	Posição atual	218
2	A crise da segurança pública e o policiamento tradicional	219

2.1	Origem das forças policiais	219
2.2	Policiamento tradicional	220
2.3	Mudanças sociais a partir dos anos 1960	220
2.4	Policiamento comunitário	221
3	Criminologia do ambiente	222
3.1	Conceito de criminologia do ambiente	222
3.2	Teorias derivadas da criminologia do ambiente	223
3.2.1	Teoria da escolha racional	223
3.2.2	Teoria dos padrões criminais	223
3.2.3	Teoria das atividades rotineiras	224
3.2.4	Prevenção situacional do crime (UNIDAVI, 2010)	224
4	Análise criminal	225
4.1	Inteligência e análise criminal	226
4.2	Conceito de análise criminal	226
4.3	Objetivo da análise criminal	227
4.4	Execução de análise criminal	228
5	Modelos de gestão policial	228
5.1	Conceito de gestão policial	229
5.2	Impacto da análise criminal	230
5.3	Policiamento comunitário	230
5.4	*Compstats*	231
5.5	Policiamento Orientado ao Problema	233
5.5.1	Metodologia do POP	234
5.6	Policiamento Orientado pela Inteligência	236
5.7	Policiamento preditivo	238
6	Policiamento Orientado ao Problema	239
6.1	Objetivos	239
6.2	Centro de Policiamento Orientado ao Problema	240
6.3	Estudo de caso	240
7	Policiamento Orientado pela Inteligência	252
7.1	Características	252
7.2	Ciclo 3-i	253
7.3	Estudos de caso	254
7.3.1	Delimitação de regiões prioritárias para ações de repressão aos crimes ambientais	254
7.3.2	Força tarefa de repressão aos roubos a banco entre PF e PC/RN no ano de 2017	258
8	Construção de indicadores para a Polícia Judiciária	260
8.1	Conceito de indicadores de desempenho	260
8.2	Tipos de trabalhos da atividade policial	262
8.3	Indicadores da atividade policial	264
8.4	Indicadores e a atividade de Polícia Judiciária	265
8.4.1	Indicador de eficiência	267
8.4.2	Indicador de impacto ou efetividade indicador de risco	268
9	Conclusão	269
	Referências	270
	SOBRE OS AUTORES	273

APRESENTAÇÃO GERAL DO CURSO

1. O Curso de Direito de Polícia Judiciária (CDPJ) estrutura-se a partir de dois postulados fundamentais que se assumem pela coordenação da obra, quais sejam, (i) *a Polícia Judiciária como instituição essencial à função jurisdicional do Estado*; e (ii) *o inquérito policial como processo penal*, visando à consolidação de um devido processo penal para o Estado de Direito.[1]

Esses postulados podem-se remeter a "direitos a organização e procedimento", exigíveis a título de direitos a ações positivas, oponíveis ao legislador, como condições de efetividade prática de direitos fundamentais,[2] pois a proteção desses direitos depende de que o poder punitivo esteja organizado com uma divisão de funções intraprocessuais, que viabilize uma efetiva proporcionalidade no exercício da função jurisdicional.[3]

A considerar tudo que vem implicado nessa concepção, apenas uma dogmática jurídica compartimentada em disciplinas estanques, que já não é possível no atual estágio da ciência jurídica nacional, poderia remeter as matérias de Polícia Judiciária e inquérito policial exclusivamente ao direito administrativo, sem perceber o que há de constitucionalmente relevante e processualmente inevitável na atividade de investigação criminal, além da necessária incursão no campo do direito internacional em virtude da criminalidade organizada transnacional.

Daí a exigência metodológica de estruturar essa obra em volumes de direito constitucional, administrativo, processual (I e II) e internacional de Polícia Judiciária, além do volume dedicado às disciplinas extrajurídicas (teoria da investigação criminal, sistemas comparados

---

[1] Postulados que defendemos desde o nosso PEREIRA, Eliomar da Silva. Introdução: investigação criminal, inquérito policial e Polícia Judiciária. *In*: PEREIRA, Eliomar da Silva; DEZAN, Sandro Lúcio. *Investigação criminal conduzida por delegado de polícia*: comentários à Lei nº 12.830/2013. Porto Alegre: Juruá, 2013. p. 21-34 – embora tenhamos usado inicialmente a expressão "função essencial à Justiça", segundo a linguagem constitucional positiva que agora tentamos explicar melhor na perspectiva do direito de polícia judiciária.
[2] Cf. ALEXY, Robert. *Teoria dos direitos fundamentais*. 2. ed. 4. tir. São Paulo: Malheiros, 2015. p. 470 *et seq.*
[3] Cf. GÖSSEL, Karl Heinz. *El derecho procesal penal en el Estado de Derecho*. Buenos Aires: Rubinzal, 2007. p. 20 *et seq.*

de investigação criminal, gestão estratégica da investigação criminal, gestão pública da Polícia Judiciária), tudo precedido de uma introdução ao direito de Polícia Judiciária, buscando cobrir a totalidade das disciplinas do curso de Especialização em Direito de Polícia Judiciária do Programa de Pós-Graduação da Escola Superior de Polícia, que tem entre seus professores os coordenadores desta obra.

2. A ideia de uma Polícia Judiciária como instituição essencial à função jurisdicional do Estado, distinta rigidamente de uma polícia de segurança pública, vem acrescida de sua necessária autonomia institucional e funcional, bem como de um controle externo democrático e uma fiscalização interna no inquérito policial, não apenas pelo órgão oficial de acusação, assumido pelo Ministério Público, mas também por um órgão oficial de defesa que se deveria assumir pela Defensoria Pública.

Embora ao pensador jurídico dogmático esse postulado pareça estar em desconformidade com o constitucionalismo formal nacional, em verdade ele está, em perspectiva jurídica zetética, em conformidade material com o Estado (constitucional e democrático) de Direito, segundo a concepção de Luigi Ferrajoli, para quem:

> Na lógica do Estado de direito, as funções de polícia deveriam ser limitadas a apenas três atividades: a atividade investigativa, com respeito aos crimes e aos ilícitos administrativos, a atividade de prevenção de uns e de outros, e aquelas executivas e auxiliares da jurisdição e da administração. Nenhuma destas atividades deveria comportar o exercício de poderes autônomos sobre as liberdades civis e sobre os outros direitos fundamentais. As diversas atribuições, por fim, deveriam estar destinadas a corpos de polícia separados entre eles e organizados de forma independente não apenas funcional, mas também, hierárquica e administrativamente dos diversos poderes aos quais auxiliam. Em particular, a polícia judiciária, destinada à investigação dos crimes e à execução dos provimentos jurisdicionais, deveria ser separada rigidamente dos outros corpos de polícia e dotada, em relação ao Executivo, das mesmas garantias de independência que são asseguradas ao Poder Judiciário do qual deveria, exclusivamente, depender.[4]

Ademais, com essa ideia, pretende-se corrigir uma equivocada concepção do constituinte, que já Fábio Konder Comparato havia observado, ao propor ao Conselho Federal da Ordem dos Advogados do

---

[4] FERRAJOLI, Luigi. *Direito e razão*: teoria do garantismo penal. São Paulo: Revista dos Tribunais, 2002. p. 617.

Brasil que se fizesse uma PEC para separar rigidamente as funções de polícia de prevenção e polícia de investigação, atribuindo a um Conselho Nacional de Polícia Judiciária o seu controle externo de maneira mais democrática, retirando o controle exclusivo do órgão oficial de acusação.[5]

3. A ideia de inquérito policial como processo penal, por sua vez, vem acrescida da sua indispensabilidade como fase prejudicial, opondo-se à doutrina tradicional que reivindica a investigação criminal como procedimento exclusivamente preparatório da ação penal, reduzido à mera peça informativa que se pode dispensar e, consequentemente, nunca transmite nulidades ao processo, em flagrante ofensa a direitos fundamentais ao devido processo penal.

A considerar a quantidade de provas que efetivamente se produzem no inquérito policial – numa distinção entre provas repetíveis e provas irrepetíveis, sob a perspectiva do que é efetivamente utilizado nas motivações de sentenças –, parece-nos que a ciência jurídico-processual brasileira já não se pode contentar com a tradição de obstruir a efetividade dos princípios jurídico-processuais na fase em que eles mais se fazem necessários ao devido processo. Trata-se, em última análise, de uma questão de justiça, que requer levar a sério os princípios garantistas do direito processual penal desde a fase de inquérito.

O fato de que a Polícia Judiciária atua mediante um aparelho administrativo, à semelhança de qualquer outra atividade estatal, não nos pode levar à confusão de considerar a investigação criminal como matéria exclusiva de direito administrativo, a considerar seus efeitos irremediavelmente processuais penais, bem como a função judicial que exsurge materialmente de parte essencial de seus atos.

Considerado como fase do processo penal, que produz irremediavelmente prova, o inquérito policial precisa passar a entender-se como fase obrigatória, imprescindível,[6] sem a qual não é possível a efetividade material da jurisdição que requer uma legitimidade cognitiva, trazendo a maior contrariedade possível no juízo de proporcionalidade de medidas restritivas de direito, chamando a Defensoria Pública ao inquérito,

---

[5] Cf., a respeito dessa proposta, COUTINHO, Jacinto Nelson de Miranda. Da autonomia funcional e institucional da polícia judiciária. *Revista de Direito de Polícia Judiciária*, Brasília, v. 1, n. 1, p. 13-23, jan./jul. 2017.

[6] Como se compreende a fase de inquérito no processo penal português, cf. SILVA, Germano Marques. *Processo penal preliminar*. Lisboa: Universidade Católica Portuguesa, 1990. p. 137 *et seq.*

como órgão oficial de defesa, investida na função de fiscalização da efetividade da proteção aos direitos fundamentais, no interesse do indivíduo (proibição de excesso de poder), em igualdade de condições com a fiscalização do Ministério Público, como órgão oficial de acusação, investido na função de fiscalização da efetividade da persecução penal, no interesse da coletividade (proibição de omissão de poder).

Essa nova arquitetura da divisão do poder intraprocessual está em conformidade com a concepção de um direito penal mínimo, cujo objetivo duplo justificante é tanto a prevenção dos delitos quanto a prevenção das penas informais, a exigirem necessariamente um espelhamento na estrutura do processo e na distinção dos interesses,[7] o que se deve observar desde a fase de inquérito, como processo de investigação penal.

4. Trata-se, aqui, de efetivamente distinguir, numa divisão profunda de poder intraprocessual, não apenas o órgão oficial de acusação do órgão de julgamento, mas também do órgão oficial de investigação, bem como de um órgão oficial de defesa,[8] como forma de assegurar uma acusatoriedade não meramente formal ao processo, instituindo assim uma igualdade efetiva de armas, com a limitação dos poderes do Ministério Público, a ser considerado "parte (naturalmente) parcial",[9] enterrando em definitivo o discurso legitimador de poder punitivo que ainda insiste na ideia de uma acusação que também zela pelos direitos de defesa, ao mesmo tempo em que é o titular da investigação criminal.[10]

É preciso, em definitivo, no direito brasileiro, entender-se que o sistema acusatório, ao separar as funções de acusar e julgar, não consente que a acusação possa ter sobre a defesa qualquer proeminência,[11] tampouco que possa produzir provas que serão utilizadas em julgamento, sem controle recíproco das partes, pois isso nos leva

---

[7] Cf. a respeito, FERRAJOLI, Luigi. *Direito e razão*: teoria do garantismo penal. São Paulo: Revista dos Tribunais, 2002. p. 267 *et seq.*
[8] GÖSSEL, Karl Heinz. *El derecho procesal penal en el Estado de Derecho*. Buenos Aires: Rubinzal, 2007. p. 39 *et seq.*
[9] Cf. expressão de MONTERO AROCA, Juan. *Proceso penal y libertad*: ensayo polémico sobre el nuevo proceso penal. Madrid: Civitas, 2008. p. 122 *et seq.*
[10] A chamar atenção para o criptoautoritarismo desse discurso, presente no Código Rocco, mas incompatível com um "giusto processo", cf. RICCIO, Giuseppe. *La procedura penale*. Napoli: Editoriale Scientifica, 2010. p. 27 *et seq.* A considerar isso um mito, cf. CASARA, Rubens R. R. *Mitologia processual penal*. São Paulo: Saraiva, 2015. p. 152 *et seq.*
[11] Nesse sentido, cf. FERRAJOLI, Luigi. *Direito e razão*: teoria do garantismo penal. São Paulo: Revista dos Tribunais, 2002. p. 450 *et seq.*

irremediavelmente de volta ao inquisitório, como o advertia Francesco Carrara.[12]

Em suma, é com esse espírito que se desenvolve todo o *Curso de Direito de Polícia Judiciária*, em sete volumes, no objetivo de estabelecer um novo marco à compreensão da Polícia Judiciária, ao mesmo tempo em que tenta atribuir-lhe o primeiro esboço sistemático de uma disciplina negligenciada pela dogmática jurídica nacional.

5. Contudo, embora se trate de um primeiro passo na sistematização doutrinária do direito de Polícia Judiciária, que para evoluir dependerá de discussões mais constantes e aprofundadas em torno das diversas questões jurídicas que se levantam, é importante que se reconheçam as diversas ações acadêmicas que lhe antecederam e viabilizaram essa nossa iniciativa, que possui débito com muitos colaboradores aos quais deixamos aqui nossos agradecimentos.

Em especial, registramos nossos agradecimentos aos componentes do Grupo de Pesquisa sobre Direito de Polícia Judiciária (2016-2017),[13] aos participantes do I Congresso de Direito de Polícia Judiciária (2017),[14] aos Membros do Conselho Científico da *Revista de Direito de Polícia Judiciária* (2017-)[15] e aos professores do Curso de Especialização em Direito de Polícia Judiciária (2017-),[16] pela adesão ao projeto geral de construção e discussão sobre o Direito de Polícia Judiciária. Nomeadamente, pedindo desculpas se tiver esquecido alguém: Alexandre Moraes da Rosa; Américo Bedê Freire Júnior; Anthony W. Pereira; Carlos Roberto Bacila; Célio Jacinto dos Santos; Diana Calazans Mann; Elisângela Mello Reghelin; Francisco Sannini Neto; Franco Perazzoni; Guilherme Cunha Werner; Henrique Hoffmann Monteiro de Castro; Jacinto Nelson de Miranda Coutinho; Jaime Pimentel Júnior; José Pedro Zaccariotto; Luiz Roberto Ungaretti de Godoy; Manuel Monteiro Guedes Valente; Márcio Adriano Anselmo; Mart Saad; Milton Fornazari

---

[12] CARRARA, Francesco. *Programa do curso de direito criminal*: parte geral. São Paulo: Saraiva, 1957. v. 2. p. 319.
[13] Cf. CNPQ. *Grupo de Pesquisa Direito de Polícia Judiciária*. Disponível em: http://dgp.cnpq.br/dgp/espelhogrupo/4940013669176426.
[14] Cf. DELEGADOS se reúnem em Brasília para congresso da polícia judiciária. *Conjur*, 30 maio 2017. Disponível em: https://www.conjur.com.br/2017-mar-30/delegados-reunem-brasilia-congresso-policia-judiciaria.
[15] Cf. *Revista de Direito de Polícia Judiciária*, v. 2, n. 4, 2018. Disponível em: https://periodicos.pf.gov.br/index.php/RDPJ.
[16] Cf. ACADEMIA NACIONAL DE POLÍCIA. *Pós-Graduação*. Disponível em: http://www.pf.gov.br/anp/educacional/pos-graduacao/.

Júnior; Octavio Luiz Motta Ferraz; Paulo Henrique de Godoy Sumariva; Rafael Francisco Marcondes de Moraes; Rodrigo Carneiro Gomes; Ruschester Marreiros Barbosa; Sandro Lucio Dezan; Vinicius Mariano de Carvalho; Wellington Clay Porcino.

Não poderíamos, ainda, deixar de manifestar nosso agradecimento ao apoio e incentivo que recebemos do coordenador da Escola Superior de Polícia, Dr. Júlio Cesar dos Santos Fernandes, quem por primeira vez suscitou a ideia da necessidade de uma disciplina especificamente orientada à discussão das questões de interesse da Polícia Judiciária.

É a todos que entregamos esta publicação, esperando ter atendido às expectativas geradas, desde o primeiro passo dado em 2016, quando anunciamos a criação de uma nova disciplina jurídica nacional: *Direito de Polícia Judiciária*.

Eliomar da Silva Pereira
Coordenador do Curso

PLANO GERAL DO CURSO
COORD. ELIOMAR DA SILVA PEREIRA

VOLUME 1
Introdução ao Direito de Polícia Judiciária
Eliomar da Silva Pereira

VOLUME 2
Direito Constitucional de Polícia Judiciária
Guilherme Cunha Werner e Sandro Lúcio Dezan

VOLUME 3
Direito Administrativo de Polícia Judiciária
Sandro Lúcio Dezan

VOLUME 4
Direito Processual de Polícia Judiciária I
Eliomar da Silva Pereira e Márcio Adriano Anselmo (Org.)

VOLUME 5
Direito Processual de Polícia Judiciária II
Eliomar da Silva Pereira e Márcio Adriano Anselmo (Org.)

VOLUME 6
Direito Internacional de Polícia Judiciária
Eliomar da Silva Pereira e Milton Fornazari Junior (Org.)

VOLUME 7
Disciplinas Extrajurídicas de Polícia Judiciária
Eliomar da Silva Pereira (Org.)

PREFÁCIO

DISCIPLINAS EXTRAJURÍDICAS DE POLÍCIA JUDICIÁRIA

A Polícia Judiciária é essencialmente uma instituição jurídica, mas assim como todas as demais que constituem o sistema jurídico nacional, a exemplo do acontece com o direito penal que requer o conhecimento criminológico e político-criminal, também ela não pode desenvolver todas suas potencialidades sem o conhecimento de outras disciplinas. Muitas, contudo, são as disciplinas que podem aportar ao amplo espaço de atividade da Polícia Judiciária, mas algumas lhe são especialmente relevantes pela compreensão fundamental de sua estrutura e função.

As *Disciplinas Extrajurídicas de Polícia Judiciária* que congregamos neste volume, relativas à teoria, gestão estratégica e comparação (de sistemas) de investigação criminal, bem como à gestão pública da Polícia Judiciária, pretendem dar ao leitor uma visão mais ampla dos diversos problemas com que essa instituição se depara em sua atividade cotidiana, cuja percepção externa não consegue assimilar mais que os contornos estereotipados daquilo que efetivamente constitui sua realidade.

É com essa perspectiva que o organizador apresentar ao leitor este último volume do Curso de Direito de Polícia Judiciária, com o objetivo de contribuir a uma melhor Polícia Judiciária no Estado (Constitucional e Democrático) de Direito.

Eliomar da Silva Pereira

TEORIA DA INVESTIGAÇÃO CRIMINAL[1]

ELIOMAR DA SILVA PEREIRA

1 Introdução

A investigação criminal é pesquisa orientada processualmente a estabelecer a verdade fática acerca de uma lesão penalmente relevante a um bem jurídico decorrente de conduta humana. É pesquisa que se faz a partir de uma hipótese típico-legal (direito penal) e segundo formas delimitadas juridicamente (direito processual penal). É atividade que não se limita a apenas uma fase do processo penal (inquérito), pois, paralelamente à interpretação jurídica, percorre todas as suas fases. É a parcela do processo que se destina a estabelecer a verdade fática, antes que se faça a subsunção dos fatos à norma penal (verdade jurídica), mas ao passo que se vai investigando, interpretações não definitivas são necessárias. Investigação e interpretação, portanto, não são atividades estanques que se realizam sucessivamente, mas simultaneamente, embora sem definitividade, até que se chegue a uma sentença penal. Nesse caminho, vários sujeitos processuais intervêm e pesquisas de

---

[1] Este capítulo foi originariamente publicado como artigo, com o título "Investigação Criminal: uma abordagem jurídico-científica", na *Revista Brasileira de Ciências Policiais*, v. 1, n. 1, Brasília: ANP, 2010, p. 213-242, tendo sido o ponto de partida para o livro que posteriormente publicamos com o título "*Teoria da Investigação Criminal*: uma introdução jurídico-científica", pela Editora Almedina em 2011, atualmente em sua 2ª edição (2019), na qual o leitor poderá encontrar os desenvolvimentos teóricos iniciais que aqui suscitamos apenas em suas bases mais fundamentais.

naturezas diversas se realizam. Mas, para além de sua dimensão jurídica, a investigação criminal partilha de características epistemológicas e metodológicas que fazem dela uma espécie de pesquisa entre outras formas de pesquisa, como a histórica e a científica, o que nos pede uma teoria da investigação criminal. É a isso que dedicamos esse primeiro capítulo

Assim, a investigação criminal, para além das concepções puramente jurídicas, segundo uma definição prévia e concisa, pode ser entendida como "método para a reconstrução de fatos passados que pretende responder a quatro perguntas básicas: onde, quando e como ocorreu o fato, e quem o praticou" (GARRIDO, STANGELAND Y REDONDO, 2006, p. 853).[2] Nessa mesma linha, podemos dizer que a investigação criminal é uma *pesquisa* – com certas peculiaridades relativas à *verdade* e ao *método* –, que se especifica por seu *objeto* – o *crime*. De forma mais apurada, diríamos melhor que é um *conjunto de pesquisas* de naturezas diversas, o que é bastante evidente considerando os diversos atores da investigação criminal.[3] Menos evidente, contudo, é que todas essas pesquisas na investigação criminal são *administradas estrategicamente*,[4] com tomada de decisões sobre que ato de investigação deve ser realizado e em que ordem.[5]

2 A investigação como pesquisa

A partir de uma definição geral de investigação, segundo proposta de J. Dewey, que nos apresenta um padrão comum a toda categoria de investigação,[6] e levando em consideração uma perspectiva

---

[2] E acrescentam os autores que: "La parte técnica tiene mucho en común con la arqueologia, la física y la química, mientras que la recopilación de información aportada por testigos está más relacionada con la psicologia, así que se puede decir que la criminalística es uma ciencia aplicada, con métodos y teorias derivados de varias ciencias básicas" (p. 854).

[3] Considerando o modelo de inquérito policial brasileiro, em que o agente de polícia realiza pesquisas de campos; o perito, pesquisas laboratoriais; e o escrivão documenta os diversos atos de investigação em um todo formalizado segundo disposições da lei.

[4] Nesse sentido, a investigação criminal envolve atos como administração de pessoal, instrumentos e recursos financeiros essenciais aos diversos atores, dispostos de forma a alcançar o objetivo final de toda investigação.

[5] Nesse ponto, considerando o modelo de inquérito policial brasileiro, sobressai a figura do delegado de polícia, responsável pela unidade das diversas pesquisas e o domínio da finalidade da investigação, bem como do controle da legalidade dos meios utilizados pelos demais atores.

[6] A *investigação*, segundo definição de J. Dewey, em "Lógica: Teoria da Investigação", pode ser entendida como "a transformação dirigida ou controlada de uma situação indeterminada em uma situação de tal modo determinada nas distinções e relações que a constituem,

pragmática da investigação científica, segundo proposta de L. H. Dutra,[7] entendemos que é *possível uma aproximação entre investigação científica e investigação criminal*. Nesse sentido, Luiz Henrique Dutra, em *Verdade e Investigação*, sustenta que "...há *mais que mera semelhança de família entre as diversas atividades investigativas que conhecemos, como a própria investigação científica, a investigação policial*, o jornalismo investigativo (...). A nosso ver, (...), *em todas elas podemos encontrar certos elementos fundamentais da investigação, relevados por uma análise da pragmática da investigação* (2001, p. 14, com grifos nossos). E, com essa premissa, o autor expõe, na referida obra, duas investigações, uma científica e outra policial, demonstrando os pontos em que se aproximam (nesse sentido, cf. 2001, p. 141 e ss).[8]

Sob uma perspectiva particular, assim, podemos, sem dúvida, admitir a categoria autônoma *investigação criminal científica*,[9] em que

---

que converta os elementos da situação original em um todo unificado" (1980, p. 58). Trata-se, segundo J. Dewey (1980), da "mais altamente generalizada concepção de investigação" (p. 58), concebida como base na ideia de que "a investigação, a despeito dos diversos objetos aos quais é aplicada, e da consequente diversidade de suas técnicas específicas, possui uma estrutura ou padrão comum" (p. 55). A partir dessa definição podemos identificar a estrutura fundamental de toda e qualquer investigação, no que há de comum entre elas, para depois distinguir o que há de particular na investigação científica e na investigação criminal.

[7] No âmbito das teorias da ciência e seus métodos, Luiz Henrique Dutra nos adverte que geralmente elas possuem um caráter eminentemente lógico e quase formal, detendo-se no que ele chama de *contexto de justificação*, a exemplo da teoria de K. Popper (A lógica da pesquisa científica) que chega a desdenhar das questões que se encontram no *contexto de descoberta*, "ao qual pertence o tema das formas pelas quais, *de fato*, elaboramos teoria e levantamos hipóteses" (cf. 2008, p. 259-260). Entretanto, segundo L. H. Dutra (2008, p. 261), há outras *modelos de atividade científica*, com ênfase na "atividade de levantar hipótese, avaliá-las de diversas maneiras, inclusive testando-as empiricamente, e de aplicá-las para múltiplos usos, inclusive para dar explicações e fazer predições" – a exemplo da sua própria concepção *Pragmática da Investigação Científica* (2009, Edições Loyola), cujo modelo podemos transportar para outras investigações como a criminal.

[8] Em sentido aproximado, G. F. Kneller (1980, p. 99-100) sustenta que "a tarefa de um detetive pode ser tão difícil quanto a de um cientista", mas "detetives e cientistas têm objetivos diferentes". Assim, segundo o autor referido: "As técnicas de suas investigações também diferem, em virtude da espécie de provas que cada um procura obter. Não obstante, em ambos os exemplos encontramos a mesma seqüência de atividades observadas na pesquisa científica (...). Assim, o método científico não é único. A investigação científica usa conhecimentos mais aprimorados e técnicas mais refinadas do que na resolução de problemas imediatos; mas a estrutura racional é a mesma" (*idem, ibdem*).

[9] Advirta-se, desde já, que com essa expressão não estamos nos referindo exclusivamente à investigação pericial, que para nós é uma parcela da investigação criminal, mas à totalidade da investigação criminal, em todos seus aspectos. A investigação pericial, nesses termos, possui o caráter científico em decorrência das ciências a que recorre, não tendo uma autonomia própria – embora não se olvide que pela perícia muitas ciências obtêm incremento de seus métodos e resultados, aplicados aos problemas típicos da investigação criminal – é importante que se frise esse aspecto.

os conceitos típicos do discurso científico podem ser, com proveito, transpostos para a investigação criminal, naquilo que há de comum entre elas – cuidando-se, contudo, de identificar e resguardar o que há de particular nessa categoria de investigação, em virtude de seu objeto (crime) e sua finalidade (jurídica). No mais, a investigação criminal lida, igualmente, com problema, hipótese, base de dados e demais elementos próprios de uma investigação científica – sendo, assim, possível tratar a investigação criminal como pesquisa.

Sob uma perspectiva geral, contudo, se queremos falar não apenas de uma investigação criminal científica de casos específicos, mas de uma *ciência de investigação criminal*, com teorias e princípios próprios, orientadores daquelas práticas particulares,[10] essa aproximação exige um programa capaz de *instituir* alguns elementos indispensáveis à sustentação de uma ciência, ou nos termos já elucidados, para a constituição de *contexto de investigação criminal científica*. É sob esse aspecto que L. H. Dutra apresenta uma lista com itens que, segundo ele, seriam necessários (mas não suficientes) para constituir o contexto em que o investigador deve agir para realizar uma investigação bem-sucedida, isto é, "para elaborar um modelo e aplicá-lo a situações reais fazendo determinadas aproximações" (2008, p. 280 e ss):

a) um *dialeto* técnico, com *vocabulário* específico, inclusive contendo termos para espécies (naturais ou sociais);

b) uma classe de *teorias* específicas e de *hipóteses* cosmológicas, que relacionam as noções correspondentes ao vocabulário técnico umas das outras, inclusive com padrões de mensuração, quando for o caso;

c) uma *classe* de modelos, que instanciam as noções teóricas em situações possíveis do mundo descrito pela teoria;

d) determinadas *predições* e *explicações*, por meio das quais os modelos acima mencionados podem ser comparados com situações reais;

e) procedimentos de *experimentação* e *observação*, por meio dos quais a comparação dos modelos com situações reais seja igualmente possível;

f) uma classe de *instrumentos* ou *aparelhos* de observação e experimentação autorizadas e certificadas pelo programa de pesquisa;

g) uma classe de *fatos* registrados e considerados relevantes para futura comparação com os modelos da teoria.

---

[10] Em síntese, a prática particular de investigações criminais orientadas por princípios científicos pode assegurar o êxito daquela investigação exclusivamente, mas, ao se perder na prática individual do investigador, deixa de transmitir o conhecimento produzido para uma tradição e impede a sustentação de uma ciência de investigação criminal.

Uma investigação científica,[11] sob esse aspecto, evidentemente, não se constitui exclusivamente pela prática isolada de investigações, segundo modelos particulares, mas a partir de "uma atividade essencialmente coletiva e dependente de um grupo" capaz de propiciar modelos gerais de investigação criminal. Claro é que o desenvolvimento de investigações criminais particulares, orientadas por metodologia científica, antecedidos por estudos que ministrem aos investigadores os conceitos típicos de pesquisas científicas, pode auxiliar no desenvolvimento de uma ciência de investigação criminal – mas não é suficiente sem a criação de um contexto adequado de investigação.

3 Peculiaridades da investigação criminal

Conquanto possível uma aproximação entre investigação científica e investigação criminal, há nessa, contudo, especificidades que a particularizam em relação a uma investigação científica geral, no que concerne à verdade e ao método, sobretudo.

Assim, embora o ponto de partida, para que possamos falar em investigação criminal científica, seja seu enquadramento em um padrão de investigação assim qualificado, não se pode nunca descuidar de que *a investigação criminal é atividade desenvolvida em função de um sistema jurídico-penal que possui finalidade própria,* que é *a elucidação de fatos e busca da verdade a respeito de um crime (a),* e *limites normativos intrínsecos e anteriores, condicionantes de qualquer método de investigação pretendido (b),* os quais constituem as especificidades mais marcantes desse padrão de investigação a serem consideradas.

---

[11] Quando nos referimos à Ciência, pensamos no paradigma científico da *solução de problemas.* J. Dewey, em sua teoria, já enfatizava o problema – *sua instituição e determinação da solução* – como uma questão fundamental para a investigação (nesse sentido, cf. 1980, p. 60 e ss). Também T. Kuhn "coloca como ponto central de sua análise do desenvolvimento de um paradigma a solução de um problema" (DUTRA, 2008, p. 281), mas é em Larry Laudan que podemos encontrar, em definitivo, a concepção de ciência como solução de problemas, levada ao extremo. Segundo Giovani Reale e Dario Antiseri, "a idéia central de Larry Laudan é a de que 'a ciência visa fundamentalmente à solução de problemas'. Em *O progresso científico* (1977), L. Laudan delineou 'as implicações, para a história e a filosofia da ciência, do ponto de vista que concebe a ciência sobre tudo com atividade empenhada na solução de problemas" (2003, p. 1054). O extremo da concepção de Laudan caracteriza-se por sustentar a irrelevância da verdade e da falsidade para a resolução de um problema. Segundo Laudan, "não necessitamos considerar o tema da verdade e da falsidade – como fazem geralmente os cientistas – para determinar se uma teoria resolve ou não um problema empírico concreto" (1986, p. 54, tradução livre nossa). Não nos parece, contudo, ser essa uma concepção adequada para a investigação criminal, embora sem dúvida, a solução do problema como essência da ciência é a que melhor atende à realidade da investigação criminal, desde que não abandonemos a noção de verdade como igualmente necessária.

3.1 O objeto histórico, implicações na verdade e no método da investigação

O primeiro problema que se coloca em relação à investigação do crime (antes de qualquer dedução jurídica que se possa aplicar no momento de interpretação da lei, chamado de subsunção legal) é que o fato que lhe compõe, porque cometido e finalizado no passado, não passa de um *fato histórico*, e com tal a verdade que se constitua acerca dele não passa de uma verdade histórica (relativa a um fato determinado no passado), que, metodologicamente, sofre inevitavelmente dos problemas de qualquer investigação historiográfica.

Segundo Luigi Ferajoli, "deve-se salientar que a verdade processual, seja de fato seja de direito, não pode ser afirmada por observações diretas. A verdade processual fática é, na realidade, um tipo particular de verdade *histórica*, relativa a proposições que falam de fatos passados, não diretamente acessíveis como tais à experiência" (2002, p. 43).

Assim, embora se possa recorrer à idéia de experiência e indução, na referência que há ao crime como fato punível, não se trata exatamente de um *empirismo contemporâneo* (no sentido de experiência atual em relação ao fato investigado), mas somente demonstrável mediante o recurso às provas (comprovação), que passam a ser os verdadeiros e únicos fatos presentes de que dispõe o julgador, assim como o investigador.

3.2 O método legal negativo e os direitos fundamentais

Embora a lei não estabeleça o método de investigação *necessário*, deixando assim, em princípio, abertas todas as possibilidades que se possam extrair das ciências em geral, há certos âmbitos de atuação em que nenhum método pode adentrar, por exclusão legal absoluta, e outros para os quais há uma necessária forma legal sem a qual não se pode investigar. Noutro sentido, contudo, embora não exista um método legal de investigação, há um método legal de demonstração obrigatório, ao se exigir a prova do objeto, uma instrumentalização do conhecimento alcançado, que permita a *verificação* do que se afirma sobre o crime e sua autoria.[12]

---

[12] Essa exigência, além da função epistemológica que cumpre (ao se permitir a verificação da verdade), sob o ponto de vista jurídico, é que vai permitir o contraditório (submetendo-se ao crivo da falseabilidade). A falseabilidade "é o critério sugerido por Karl Popper para acolher as generalizações empíricas [tal como ocorre com as provas relativas a crimes]. O método empírico, segundo Popper, é o que 'exclui os modos logicamente admissíveis de

Assim, por exemplo, está excluído absolutamente pela lei o recurso a qualquer método que importe práticas degradantes (como tortura); por sua vez, quanto a informações sigilosas resguardadas pela lei, pode-se ter acesso a elas, desde que procedidas mediante autorização judicial. Trata-se aqui de verdadeira interferência legal no método de investigação, que embora não seja determinado por regras positivas necessárias de pesquisa, encontra-se limitado por regras negativas que tiram do âmbito de possibilidade da investigação uma parcela de caminhos considerados inadmissíveis, ou admitidos somente sob certas condições.

Dessa forma, embora se admita que "ainda hoje, no atual processo informado pelo princípio da 'livre apreciação do juiz', continuamos disciplinando pelo menos o *método* de investigação e de formação da verdade processual" (FERRAJOLI, 2002, p. 49), não se trata nunca de um método necessário e obrigatório, senão de métodos vetados juridicamente, ficando tudo mais à disposição, desde que não proibido expressamente. Ou seja, não se trata de um método em sentido positivo (que se mantém a requerer uma sistematização empírica pelos órgãos de investigação), mas em sentido negativo (limitado juridicamente).

Especificamente sobre os limites do método de investigação, L. Ferrajoli nos adverte, ainda, que: "Em geral as normas jurídicas em matéria de verdade e de provas substituem os critérios próprios da livre investigação por critérios autorizados de aquisição e de controle da verdade processual" (2002, p. 50). Mas a interferência se justifica, porque "muitas dessas normas sobre a (formação da) verdade se dirigem a garantir contra o abuso e as prevaricações das partes, o desenrolar das investigações e do contraditório entre acusação em defesa" (*idem, ibidem*).

Admite-se, assim que, tratando-se de investigação que se desenvolve em função do direito, há que se reconhecer a exigência da lei, submetendo-se a certas condições limitadoras dos métodos [e técnicas] de investigação, pois, segundo o autor: "...não é só a verdade que condiciona a validade, mas é também a validade que condiciona a verdade no processo. Esta é, com efeito, por assim dizer, uma *verdade normativa*, no tríplice sentido: a) uma vez comprovada definitivamente, tem valor normativo; b) está convalidada por normas; *c) é verdade na medida em*

---

fugir à 'falseação'. Desse ponto de vista, as asserções empíricas só podem ser decididas em um sentido, o da falseação, e só podem ser verificadas por tentativas sistemáticas de colhê-las em erro. Desse modo desaparece todo o problema da indução e da validade das leis naturais" (ABBAGNANO, 2003, p. 427).

que seja buscada e conseguida mediante o respeito às normas. (2002, p. 49, com grifos nossos)

Luigi Ferrajoli (2002, p. 49), a respeito dessa questão, observa que a própria concepção de verdade aceita no processo (bem como na investigação), assim, não se resume exclusivamente a um critério de mera correspondência,[13] pois há um caráter normativo em torno de sua busca. Segundo ele (*idem, ibdem*): "Diferentemente do que ocorre em qualquer outra atividade cognitiva, tanto a verdade fática das teses de fato e das alegações probatórias quanto a verdade jurídica das teses de direito e das interpretações das leis são predicáveis jurisdicionalmente sob a condição de que se observem regras e procedimentos que disciplinam sua comprovação e que imprimem a ambas um caráter *autoritativo* e convencional, em contraste com o de mera correspondência."

4 O crime: objeto da investigação

Jorge Frias Caballero sustenta que o crime é "conducta humana y, por tanto, es un objeto cultural egológico y no un objeto natural, ni ideal, ni psicológico. Aunque lo natural, lo ideal y lo psicológico forman también parte de sua estructura, no constituyen su ser y consistir esencial " (1993, p. 76).

O autor parte da noção ontológica de que há objetos materiais, ideais, culturais, psicológicos e metafísicos (cf. p. 72 e ss),[14] sustentando, acerca dos objetos culturais, que são eles produtos do fazer humano, com o objetivo de satisfazer uma finalidade valiosa. Tais objetos estão no tempo e espaço, na história e na experiência, mas seu ser essencial, sua estrutura ôntica, não se esgota na base naturalística que lhes serve

---

[13] "O conceito de verdade como *correspondência* é o mais antigo e divulgado", bem como "é amplamente empregado", geralmente como relação de conformidade entre o conhecimento e a coisa". Aristóteles enunciava duas teses fundamentais dessa concepção: uma, que a verdade está no pensamento ou na linguagem, não no ser ou na coisa; a outra, que a medida da verdade é o ser ou a coisa, não o pensamento ou o discurso. Nesse sentido, cf. Abbagnano (2003, p. 995 e ss), para quem: "Os lógicos contemporâneos também recorrem à doutrina da correspondência, procurando formulá-la de tal modo que ela seja independente de qualquer hipótese metafísica. Desse ponto de vista, quem melhor formulou essa teoria foi Alfred Tarski, que retomou explicitamente, além da definição aristotélica acima, também algumas definições análogas ou dependentes delas, como aquela segundo a qual 'um enunciado é verdadeiro quando designa um estado de coisas existente'.

[14] O autor baseia seu conceito a partir da teoria dos objetos de Edmund Husserl (1859-1938). "A partir de Edmundo Husserl, creador de la fenomenologia, se denomina 'ontoliga regional' o 'teoria de los objetos' a la investigación que se ocupa de los 'entes en su ser'. Esta investigación reduce la totalidad del conjunto ilimitado de los objetos que integran el universo a uma poças famílias o grupos de entes u objetos" (CABALLERO, 1993, p. 72).

de substrato, sim no sentido valioso que o homem imprime no fragmento da realidade (cf. p. 73 e 74). Entre os objetos culturais, Jorge Frias Caballero faz uma distinção entre os "mundanales" e os "egológicos".[15] Aqueles seriam os objetos reais integrados no mundo da cultura, como utensílios, instrumentos, livros, obras de arte, edifícios etc.; os egológicos, por sua vez, embora decorram do viver e atuar humano, não se esgotam na corporificação real. Segundo o autor, "...hay aqui también una base real, un sustrato naturalístico (...), pero su ser esencial no se agota en esta corporificación, sino en el sentido valioso o disvalioso que hay en ella y que el hombre deja allí impreso, toda vez que la estructura misma de la vida humana es valorativa" (p. 76).

O conceito de crime apresentado é relevante na medida em que nos conduz ao problema da metodologia (ou do "caminho" cognitivo) apropriado para conhecer os objetos, pois cada família de objeto requer um método apropriado à índole do objeto, sendo, no caso do crime, como objeto cultural egológico, a *compreensão* o método adequado.[16] Segundo Jorge Frias Caballero, "dicho método consiste en discurrir desde el sustrato material que le sirve de base al sentido valioso o disvalioso en que radica la esencia, y desde allí nuevamente al sustrato, en uma espécie de movimiento continuado que se há denominado 'circular' a través del cual se accede a ala esencia, en un tránsito y aproximación creciente y sucessiva; aprehendiéndose así, en definitiva, el sentido valioso o disvalioso" (1993, p. 78). Esse método de compreensão, segundo entendemos, remete-nos a uma compreensão tridimensional do crime – como fato, valor e norma –, na linha da teoria de Miguel Reale.[17]

---

[15] Nesse ponto, recorrendo o autor à teoria egológica de Carlos Cossio, para quem "a ciência jurídica deve estudar a conduta humana enfocada em sua dimensão social, e não a norma jurídica. Considera o direito um objeto cultural, composto de um substrato, que é a conduta em interferência intersubjetiva, e de um sentido, que é o dever de realizar um valor." (DINIZ, 2001, p. 135).

[16] Nesse ponto, o autor recorre a Dilthey, Wilhelm (1833-1911). "Filósofo, crítico literário e historiador alemão. (...) Dilthey é especialmente conhecido pelos seus estudos sobre a metodologia das ciências sociais... Para Dilthey, estas se distinguem das ciências naturais pelo uso do método da compreensão, ou *verstehen*, pelo qual compreendemos o significado de expressões humanas, como as palavras ou as ações." (BLACKBURN, 1997, p. 102).

[17] Miguel Reale costuma ser situado entre os filósofos do culturalismo jurídico, ao lado de Carlos Cossio (nesse sentido, cf. DINIZ, 2001, p. 131 e ss). "O culturalismo jurídico enfatiza os valoers do direito, sendo que algusn desses valores assumem maior importância sob o influxo de conteúdos ideológicos em diferentes épocas e conforme a problemática social de cada tempo e lugar". Assim, há em Cossio já uma tendência tridimensionalista do direito, mas, segundo observou Miguel Reale, "é uma tridimensionalidade genérica" (cf. nesse sentido, 1994, p. 40), diversa do *tridimensionalismo específico* que ele defende (cf. 1994, p. 48).

A partir da noção ôntica do direito como objeto cultual, Miguel Reale sustenta que "o Direito é uma realidade, digamos assim trivalente ou, por outras palavras, tridimensional. Ele tem três sabores que não podem ser separados um dos outros. O Direito é sempre fato, valor e norma, para quem quer que o estude, havendo apenas variação no ângulo ou prisma de pesquisa" (REALE, 1994, p. 121).

A norma jurídica em geral – assim como a norma penal incriminadora em específico – apresenta-se sempre como um modelo de estrutura tridimensional, em que as diversas facetas do fenômeno jurídico estão em relação dialética. Com isso, podemos ter uma "visão integral do direito" – como sustentado por Miguel Reale – bem assim do crime como fenômeno jurídico (cf., nesse sentido, 1994, p. 121). De forma mais detalhada, devemos compreender – na linha do filósofo que (2007, p. 67):

> a) onde quer que haja um fenômeno jurídico, há, sempre e necessariamente, um *fato* subjacente (fato econômico, geográfico, demográfico, de ordem técnica etc.); um *valor*, que confere determinada significação a esse fato, inclinando ou determinando a ação dos homens no sentido de atingir ou preservar certa finalidade ou objetivo; e, finalmente, uma *regra* ou *norma*, que representa a relação ou medida que integra um daqueles elementos ao outro, o fato ao valor;
>
> b) tais elemento ou fatores (*fato, valor* e *norma*) não existem separados um dos outros, mas coexistem numa unidade concreta;
>
> c) mais ainda, esses elementos ou fatores não só exigem reciprocamente, mas atuam como elos de um processo (já vimos que o Direito é uma realidade histórico-cultural) de tal modo que a vida do Direito resulta da interação dinâmica e dialética dos três elementos que a integram.[18]

A respeito dos três elementos, Maria Helena Diniz explica-nos que "quando se procura combinar os três pontos de vista unilaterais, ou melhor, os resultados decorrentes de estudos levados a cabo separadamente, segundo aqueles pontos de vistas, configura-se a *tridimensionalidade genérica do direito*"; noutro sentido, "quanto não se realiza uma simples harmonização de resultado de ciências distintas, mas se

---

[18] A partir dos elementos constitutivos da teoria – *fato, valor e norma* – o filósofo relaciona, respectivamente, os planos de *eficácia, fundamento* e *vigência* do direito, bem como às concepções científicas do *sociologismo jurídico, moralismo jurídico* e *normativismo jurídico* (nesse sentido, cf. DINIZ, 2001, p. 142). Em relação ao crime, como fenômeno jurídico, podemos relacionar ao *fato, valor e norma*, respectivamente, a *criminologia, a política criminal e o direito penal (ou dogmática jurídico-penal)*, como concepções científicas acerca do crime.

analisa previamente, a correlação essencial dos elementos constitutivos do direito, mostrando que se implicam numa conexão necessária, se tem a *tridimensionalidade específica*, que pode ser estática ou dinâmica e de integração" (2001, p. 143).[19]

4.1 A complexidade ontológica do crime

Na linha da teoria tridimensional de Miguel Reale, podemos sustentar que o crime não é apenas o fato (segundo a ideia de um "crime natural"),[20] nem apenas o tipo penal hipoteticamente previsto em lei (crime formal) independente do bem jurídico tutelado e ofendido por uma lesão de fato (crime material). O crime é o conjugado de fato, norma e valor – daí a complexidade ontológica do objeto (segundo Jorge Frias Caballero, um "objeto cultural egológico"). Com base nessa concepção é que vamos expor o conceito de crime que, sob uma perspectiva jurídico-científica, entendemos necessário à investigação criminal.

I O fato do crime – *corpus delicti*

A *compreensão fática* do crime nos exige resgatar o conceito de *corpus delicti*,[21] de acordo com o atual estágio da teoria dos tipos penais em conexão com sua aplicação no processo penal.

---

[19] Nos termos do próprio M. Reale: "Tal concepção cessa de apreciar fato, valor e norma como *elementos separáveis* da experiência jurídic e passa a concebê-las, ou como perspectivas (SAUER e HALL) ou como *fatores* e *momentos* (REALE e RECASÉNS) inilimináveis do direito: é o que denomino 'tridimensionalidade específica', sendo que a de Sauer apresenta mais caráter estático ou descritivo; a segunda se reveste de acentuado cunho sociológico, enquanto a minha teoria procura correlacionar dialeticamente os três elementos em uma unidade integrante, e Recaséns Siches a insere no contexto de sua concepção de *logos del razonable*". Para aprofundar-se nessa concepção, cf. *Teoria Tridimensional do Direito*. São Paulo: Saraiva, 1994.

[20] Segundo a noção de "delito natural" de Garófalo cuja concepção, "em vão, tenta atribuir uma base ontológica segura ao conceito de delito, neutra, livre de valorações e com sustento empírico (conceito "material")" (MOLINA; GOMES, 2008, p. 68).

[21] "El cuerpo del delito (*corpus delicti*) consiste en un añejo concepto, que ubica la doctrina en su raiz em las leyes egrmánicas de la Edad Media, las cuales contemplaban hellas del examen del cuerpo de la víctima. Em Inglaterra se legisló de manera especial. Más tarde, las legislaciones de todos los países aceptaron la necesidad de la comprobación del cuerpo del delito, lo cual povocó que dicho concepto sufriera variaciones sujetas a diversas influencias, algunas derivadas del paso del tiempo y otras propiciadas por la cultura inmersa en el país en cual se adoptó. En el siglo XX el concepto de cuerpo del delito, se tradujo em uma expresión de uso común por los prácticos europeos e incluso por las legislaciones americanas, a tal nível que representou, em su momento, um papel verdaderamente transcendente por su importância en el Estado de derecho, especialmente derivado del principio de legalidad, el cual ahora asume el tipo penal." (VILLANUEVA, 2004, p. 85).

Raúl Plascencia Villanueva sustenta que, na doutrina em geral, é possível identificar três sentidos de corpo-delito – como o *fato objetivo*, tanto o permanente como o transitório, inserto em cada crime, ou seja, a ação punível descrita em toda e qualquer infração penal; como o *efeito material* que os delitos permanentes deixam depois de perpetrados; ou, ainda, como *qualquer rastro ou vestígio* de natureza real, que se conserva como registro da ação material perpetrada. Em síntese, trata-se de identificar o corpo de delito com alguma materialidade em geral (cf. 2004, p. 86 e ss.), distinguindo-se entre *delicta facti permanentis* e *delicta facti transeuntis*, segundo deixem ou não vestígios e rastros.

Partindo-se dessa concepção, convencionou-se enquadrar os elementos do corpo de delito em três grupos: *a) corpus criminis* – a pessoa ou coisa sobre a qual se realizou o ato proibido pela lei, como objeto da conduta (sujeito passivo, ou objeto material); *b) corpus instrumentorum* – os instrumentos utilizados, as coisas com as quais e cometeu ou tentou cometer o fato delituoso (meios de ação); *c) corpus probationem* – as chamadas peças de convicção, nas quais se encontram vestígios, rastros e sinais deixados pelo sujeito ativo do crime (cf. VILLANUEVA, 2004, p. 88).

A respeito dessa concepção, contudo, Raúl Plascencia Villanueva (2004, p. 89 e ss), chama-nos atenção para o fato de que ela exclui todo e qualquer elemento subjetivo, porque em consonância com uma teoria causal do crime, em que se distinguia em absoluto a face objetiva da subjetiva, esta contida apenas na culpabilidade, bem como da ideia de elemento normativo do tipo. Daí porque a noção de corpo de delito se foi deixando esquecer – embora tão importante para o processo penal – para ceder à noção legal de tipo penal, com ênfase no direito penal. No entanto, sustenta o autor que o corpo de delito constitui ainda um elemento do tipo penal, com respeito ao caráter objetivo deste, apesar dos elementos também subjetivos, normativos e descritivos. Em síntese, o tipo penal seria um continente, em que contido o corpo de delito (cf. 2004, p. 89). Sob essa perspectiva, o corpo de delito consiste na primeira dimensão necessária, mas não suficiente, da investigação criminal, a partir da qual é possível considerar o crime sob os demais aspectos.

Noutro sentido, contudo, encontram-se doutrinas que sustentam que o corpo de delito seja todo e qualquer elemento relativo ao fato do crime, mas não necessária e exclusivamente material, que componha toda a descrição típica – seja com elementos objetivos, subjetivos ou normativos.[22] Não nos parece, contudo, seja essa uma compreensão

---

[22] Nesse sentido, cf. Sergio García Ramírez (*apud* UROSA RAMÍREZ, 2003, p. 306): "la tendencia moderna de la doctrina mexicana se proncuncia, de plano, en el sentido de referir

adequada à investigação criminal – não obstante termos de trabalhar com a noção de tipo penal com elementos objetivos, subjetivos e normativos. A questão que se coloca frente a essa noção de corpo de delito – a envolver elementos objetivos, subjetivos e normativos – concerne à dificuldade de constatação e demonstração de elementos que não sejam materiais, mas isso é um problema de prova, para o qual precisamos de uma adequada *teoria das provas criminais* orientada à prática da investigação criminal, em consonância com a teoria dos tipos penais crime que lhe sirva de base, sem desconsiderar qualquer elemento.

No entanto, preferimos considerar o *corpo de delito*, não como o espelho fático completo do tipo penal, sim como fato do crime, ou em termos mais preciso, *a evidência fática da prática do crime*, tudo que, uma vez externalizado, estando em forma de vestígio ou registro, possa contribuir para a compreensão fática do crime, ainda que não se identifique com todos os elementos objetivos do crime, ou que, mesmo se identificado, haja necessidade de investigar os demais elementos – subjetivos e normativos – sem referência ao corpo de delito. Não obstante, é esse corpo de delito que lhe serve de suporte fundamental, pois os elementos subjetivos e normativos não podem ser hauridos do nada, ou em conflito com as conclusões acerca dos elementos objetivos.

O certo, portanto, é que a instância fática, embora possamos recorrer à noção de corpo de delito, não pode esgotar a compreensão do crime. Embora seja o ponto de partida, não se pode extrair exclusivamente dos fatos a compreensão do crime, embora deles seja necessário partir. É que, sendo o fato um dado do passado (como em geral sói ocorrer na grande maioria das investigações), somente os vestígios deixados pela ação (o que deixou marca – v.g. a lesão de uma ofensa física), ou os registros da ação (ainda que não tenha deixado marca – v.g. a gravação de voz de uma ofensa moral, ou apenas o testemunho de um terceiro que presenciou a ação), é que nos dão *notícia* de que um crime foi cometido. Assim, parece-nos que o conceito de corpo de delito, indispensável à compreensão fática do crime, não pode, contudo, ser confundido, ou espelhado na noção de tipo, em sua integralidade, devendo circunscrever-se aos elementos materiais que, após a prática do crime, a este remetem, sejam para compor o tipo legal, seja para apenas sustentar as circunstâncias em que ele foi cometido, embora estejam fora do tipo. Em síntese, corpo de delito são elementos que

---

el cuerpo del delito a los elementos plenários del tipo. Distinguiendo entre los de carácter objetivo, los subjetivos y los normativos, se afima que el cuerpo del delito existe cuando se hallan debidametne integrados tales elementos, en los términos del tipo correspondiente"

representam a externalização da conduta, composta tanto de elementos objetivos que compõem o tipo legal, como de outros que apenas circunscrevem a conduta típica. Os demais elementos do crime, portanto, resolvem-se, não na dimensão fática do crime, mas nas demais dimensões, normativa e valorativa.

Em todo caso, entenda-se em espalhamento absoluto ou parcial com o tipo penal, a compreensão fática do crime nos exige ter em mente que *é pressuposto de uma investigação criminal a notícia de um fato (notitia criminis)* que possa a ser constatado pelo seu *corpo de delito*, antes de ser enquadrado tipicamente como crime em sentido formal,[23] pois será ele a base fática de que decorre a possibilidade de concluir acerca de demais elementos do crime.

II O tipo de crime – princípio da legalidade

A *compreensão normativa* do crime nos exige uma noção adequada de tipo penal, a partir do entendimento do princípio da legalidade, como pressuposto essencial da investigação criminal, pois "só é possível verificar empiricamente que se cometeu um delito se, antes, uma convenção legal estabelecer com exatidão que fatos empíricos devem ser considerados como delitos" (FERRAJOLI, 2002, p. 38). Essa delimitação do âmbito da investigação decorre de uma concepção convencionalista do sistema penal, que se encontra em nosso sistema jurídico-penal brasileiro, e se expressa pelo princípio fundamental da legalidade, segundo o qual *não há crime nem pena sem lei*,[24] previsto na Constituição Federal, como direito fundamental (art. 5º, XXXIX), e no Código Penal (art. 1º), como base da fonte exclusiva da norma penal incriminadora, e reflete um ideal político e de justiça, defendido pelas doutrinas do Liberalismo e do Estado de Direito, fontes do Constitucionalismo moderno.

A lei incriminadora, que tipifica a conduta reprovável, para realizar devidamente o princípio da legalidade, deve ainda atender a certas exigências que são identificadas na doutrina pelos princípios

---

[23] Essa primeira exigência poderia ser suficiente para eliminar miríades de investigações criminais fundadas em conjecturas inaptas à constatação ou demonstração, e, portanto, para sustentar qualquer processo penal, ou sobretudo para admitir ao investigado opor-se concretamente a alguma imputação, em geral tão difusa que impede qualquer defesa efetiva. Daí porque as notícias de crime devem conter requisitos mínimos que justifiquem a investigação criminal, ainda que oriundas de órgãos que em geral detêm poder de requisição.

[24] "Enunciado por Anselm von Feuerbacho atavés de la conocida fórmula latina (*nulla poena sine lege, nulla poena sine crimine, nullum crimen sine poena legale*) aunque no fue creado por El, su moderno origem arranca de la filosofía iluminista del siglo XVIII" (CABALLERO, 1993, p. 33.l

nullum crimen, nulla poena sine lege scripta; nullum crimen, nulla poena sine lex certa; nullum crimen, nulla poena sine lex praevia; nullum crimen, nulla poena sine lege stricta, que podem ser identificados, concisa e respectivamente, como princípio da reserva da lei, ou de reserva legal (ou do monopólio exclusivo do Poder Legislativo em matéria penal); princípio da taxatividade (ou da tipicidade, segundo alguns, relativa à técnica legislativa de tipificação de condutas); princípio da irretroatividade da lei penal (salvo em caso de lei mais benéfica ao réu); e princípio da proibição de analogia (relativa à limitação da fonte do direito penal).[25]

No âmbito do direito penal, o princípio da legalidade nos remete ao conceito de tipo penal, cuja raiz histórica se encontra no conceito de corpo de delito, vertido para a língua alemã com a denominação de *Tatbestand* (no século XIX), cujo significado era o fato do delito, seu conteúdo real e objetivo, em oposição ao seu conceito abstrato (*Degriff*), somente alcançando a independência (fase defensiva) pela doutrina do tipo penal de Ernest Beling em 1906 (nesse sentido, cf. MARQUEZ PIÑERO, 2005, p. 132).[26] Em síntese, o conceito de tipo penal evolui na medida em que o direito vai se aprofundando teoricamente, a partir das conquistas políticas em torno da liberdade do homem.[27] Assim, admite-se que no direito penal moderno, o tipo penal constitui a base de todo ordenamento jurídico-penal com função de segurança (nesse sentido, cf. MARQUEZ PIÑERO, 2005, p. 129 e 133).[28]

Rafael Marquez Piñero (2005, p. 130), com base em definição do tipo penal de Olga Islas,[29] articula um conceito com a seguinte explanação:

a) El tipo es una mera descripción general y abstrata;
b) Su elaboración corresponde exclusivamente al legislador;

---

[25] Para aprofundar e melhor entender cada um desses princípios, cf. Caballero, 1993, p. 31 e ss.
[26] Para conhecimento da doutrina de Beling, cf. tradução espanhola da obra original, disponível em: http://www.bibliojuridica.org/libros/4/1553/3.pdf.
[27] Para uma visão completa da evolução do conceito de tipo, cf. Márquez Piñero, 2005, p. 133 e ss, cujo autor assim divide: "1. Fase de la independência; 2. De carácter indiciário; 3. Fase de la ratio essendi de la antijuridicidad; 4. Fase defensiva. La figura rectora de Beling; 5. Fase destructiva; 6. Fase finalista."
[28] Sobre essa função de segurança, o autor se refere às palavras de Mariano Jiménez Huerta, para quem "las figuras típicas geometrizan lo antijurídico, corrigen la intuición, frenan la emoción y proporcionan al derecho penal uma mística noble y uma reciedumbre segura y grandiosa, que corta de raiz los arrebatos de la ira, los despotimos, las arbitrariedades y todos los excesos emotivos ínsitos em la endeble conición humana" (2005, p. 129-130).
[29] "El tipo constituye, funcionalmente, uma figura elaborada por el legislador, descriptiva de uma deetrminada clase de eventos antisociales, con un contenido suficiente y necesario para garantizar la protección de um o más bienes jurídicos".

c) *El tipo regula, tan solo, eventos que tienen la propriedad de ser antisociales;*
d) *El tipo determina que um evento antisocial adquiera relevância penal;*
e) *Para cada clase de eventos antisociales hay um, y solo um, tipo penal;*
f) *Cada tipo penal señala uma, y sólo uma, clase de eventos antisociales;*
g) *La necessariedade y la suficiência especifican la lcase de eventos antisociales descrita;*
h) *El tipo delimita, com toda precisión, el âmbito de lo punnible, como consecuencia, permite conocer, com certeza, lo que no es punible;*
i) *El tipo tiena como funión la protección de bienes jurídicos;*
j) *Sin la existência previa de um tipo, no hay delito.*

O tipo penal, nesses termos, tem para a investigação criminal, em um sentido científico, a relevância de uma hipótese legal previamente delimitada, a respeito da qual deve concluir positiva ou negativamente, não se admitindo a inovação hipotética para sustentar uma tese fora dos parâmetros legais. Sob essa perspectiva, devemos entender que a estrutura dos tipos penais pode influenciar no caráter mais ou menos científico da investigação criminal, pois, quanto mais se faça referência a elementos não objetivamente observáveis, tende a diminuir o espaço de certeza objetiva acerca dos elementos do tipo penal, remetendo a outras formas de constatação e demonstração dos elementos, pois não pode ser exigível demonstrar os elementos subjetivos e normativos igualmente como se demonstram os elementos objetivos.

Disso decorre o *necessário caráter fático (ou empírico) das hipóteses legais*, sem os quais se tornaria impossível proceder com precisão à investigação de certos crimes. O tipo penal deveria, nesse sentido, ser tanto mais objetivo quanto possível. Trata-se de uma questão de *qualidade dos tipos penais*, sem o que inevitavelmente o princípio da legalidade tende a cair na mera formalidade e ineficácia, remetendo sempre a juízo de valores sobre pessoas, e não juízo de verificação sobre fatos; ou seja, "a lei não pode qualificar como penalmente relevante qualquer hipótese indeterminada de desvio, mas somente comportamentos empíricos determinados, identificados exatamente como tais e, por sua vez, aditados à culpabilidade de um sujeito" (FERRAJOLI, 2002, p. 31).

Não obstante, há tipos penais, cada vez mais no direito penal contemporâneo, instituídos com base em elementos não objetivos, alguns até em função de garantia da liberdade do homem,[30] mas outros

---

[30] Nesse sentido, pode-se entender o dolo como elemento subjetivo implícito em todo crime, que exclui da tutela penal as condutas com base em responsabilidade objetiva.

por consequência da pouca técnica legislativa no mister da tipificação penal, ou do afã político de responder com a tutela penal a todo e qualquer problema social.[31] Daí a relevância de recorrer à noção de *pressupostos materiais mínimos do crime*,[32] indiscutivelmente importantes para uma adequada investigação criminal, orientada pelo substrato dos tipos penais. Tais pressupostos podem ser identificados nos princípios *nullum crimen, nulla poena sine conducta* (a) e *nullum crimen, nulla poena sine injuria* (b).[33] Pelo primeiro, exige-se a existência de um fato material, uma conduta exteriorizada; pelo segundo, um resultado que implique uma lesão juridicamente relevante, respectivamente identificados como *princípio da materialidade da ação* e *princípio da lesividade do resultado*, que são princípios de ordem garantista substancial.[34] Em síntese, o tipo penal – seja qual for sua estrutura jurídica – deve ter em seu desenho legal a previsão de uma conduta material e uma lesão como resultado.

Quanto ao princípio da materialidade da ação, deve-se entender que: "Nenhum dano, por mais grave que seja, pode-se estimar penalmente relevante, senão como efeito de uma ação. Em consequência, os delitos, como pressupostos da pena, não podem consistir em atitudes ou estados de ânimo interiores, nem sequer, genericamente, em fatos, senão que devem se concretizar em ações humanas, materiais, física ou externas, quer dizer, empiricamente observáveis – passíveis de serem descritas, enquanto tais, pela lei pena." (FERRAJOLI, 2002, p. 384). Por sua vez, o *princípio da lesividade* "impõe à ciência e à prática jurídica precisamente o *ônus da demonstração*. A necessária lesividade do resultado, qualquer que seja a concepção que dela tenhamos, condiciona toda justificação utilitarista do direito penal como instrumento de tutela e constitui seu principal limite axiológico externo" (FERRAJOLI, 2002, p.373). Mas aqui também há um problema, vez que há crimes omissivos

---

[31] Em contradição com um direito penal mínimo, a política criminal atual ignora o caráter fragmentário e subsidiário do direito penal, tornando-o tanto mais simbólico do que efetivo, na medida em que a inflação legislativa alcança normativamente todos e qualquer problema, mas sem eficácia social.

[32] Sobre o tema, cf. BIANCHINI, Alice. Pressupostos materiais mínimos da tutela penal. Revista dos Tribunais, 2002. Trata-se de elementos sustentado em estudos de política criminal que têm sustentado a existência de elementos substanciais essenciais para orientar a política legislativa de tipificação dos crimes.

[33] A esses princípios a doutrina acresce o *nullum crimen, nulla poena sine culpa*, ou princípio da culpabilidade, que, segundo entendemos, consiste em matéria reservada à apreciação do Judiciário, como pressuposto de aplicação da pena – questão fora do âmbito de atuação da investigação criminal, destinada a subsidiar uma denúncia e legitimar a instauração do processo penal.

[34] Cf., nesse sentido, Ferrajoli, 2002, p. 387 e ss.

(sem ação) e formais ou de mera conduta (sem resultado). Esse é uma questão, contudo, que concerne à teoria dos tipos penais – a exigir uma adequada compreensão dos tipos legais orientada às dificuldades práticas da investigação criminal –, bem como a integração da dimensão valorativa do crime, para uma compreensão completa do fenômeno.

III O valor do tipo – o bem jurídico

Toda norma jurídica assimila um valor ético que a política legislativa identificou no âmbito das relações sociais, conferindo-lhe uma tutela jurídica pelo Estado. Sob uma perspectiva moderna dos direitos humanos e fundamentais, há sempre um direito implícito na tutela da norma, que se qualifica com um bem tutelado juridicamente. Mais especificamente, devemos entender que o Estado, ao tipificar uma conduta como crime, por um lado limita o âmbito de liberdade de um, por outro aumenta o âmbito de proteção de outro.

É com esse sentido que podemos compreender a tutela penal na dimensão dos direitos humanos fundamentais, como o que entendemos porque, no caso da Constituição Federal, há previsão de tipificação de certos crimes considerados mais graves (v.g. art. 5º, inc. XLI), em atenção aos direitos das vítimas, entre os demais direitos fundamentais de interesse do criminoso (v.g. art. 5º, XLIX). Trata-se, em última análise, de atender a um princípio que já constava na Declaração Universal dos Direitos Humanos, de 1948, art. XXIV, item 2 (com grifos nossos): "No exercício de seus direitos e liberdades, toda pessoa estará sujeita apenas às limitações determinadas pela lei, *exclusivamente com o fim de assegurar o devido reconhecimento e respeito dos direitos* e liberdades de outrem e de satisfazer às justas exigências da moral, da ordem pública e do bem-estar de uma sociedade democrática."

A *compreensão valorativa* do crime, assim, passa necessariamente pela compreensão do bem jurídico tutelado juridicamente pelo direito penal.[35] Santiago Mir Puig (2007, p. 139) distingue dois conceitos de bem jurídico: "(a) no 'sentido político-criminal' (*de lege ferenda*) daquilo que merece ser protegido pelo Direito penal (em contraposição, sobretudo, aos valores apenas morais); (b) no 'sentido dogmático, (*de lege lata*) de objetivo efetivamente protegido pela norma penal vulnerada", a exemplo da vida, propriedade, liberdade, honra. A partir desse conceito, o

---

[35] A respeito da questão, cf. "Bem jurídico-penal e Constituição", de Luiz Regis Prado, Revista dos Tribunais.

autor explicita as funções do bem jurídico (além da função de limite do legislador), sustentando existir uma a) *função sistemática* (na classificação dos diversos crimes previstos no Código Penal); b) *função de guia de interpretação* (já que exclui do tipo condutas que não o lesionam nem o ponham em perigo); e c) *função de critério de medida da pena* (conforme a maior ou menor gravidade da lesão).

Luiz Flávio Gomes, por sua vez, adverte-nos para que não se confunda o bem jurídico-penal com o *objeto material do delito*, ou objeto da ação, que é uma coisa física. "O bem jurídico é um conceito jurídico (é resultado de uma valoração); o objeto material é um conceito naturalístico" (2007, p. 384). Ainda, segundo o autor que: "O substrato empírico do bem jurídico é, em outras palavras, uma relação social positivamente aceita que se vincula a uma coisa (material ou imaterial); tem como objeto um bem ou interesse existencial (pessoal), mas essa coisa (a vida, a honra, etc.), para se transformar em um bem jurídico, precisa ser objeto de um interesse humano e ainda depende de uma significação social, é dizer, de uma valoração (positiva do legislador" (2007, p. 383).

A noção de bem jurídico, em sentido geral relevante a todo ordenamento jurídico, no âmbito penal, contudo, somente se completa com a compreensão da *fragmentariedade* e *subsidiariedade*, como característica do direito penal. "A *fragmentariedade* pretende que o Direito penal somente tenha intervenção diante dos ataques especialmente graves a bens jurídicos que ostentam grande relevância social. (...) A *subsidiariedade* do Direito penal, por seu turno, significa sua posição de *ultima ratio* frente aos demais sistemas de controle social formal ou informal." Tais características que, em geral, são indicadas como orientações para a política criminal legislativa, podem ter na investigação criminal uma função ímpar em relação a tipos penais que não são claros quanto aos limites do penalmente relevante.

Com efeito, em relação a certos tipos penais, para uma adequada compreensão da tutela penal, somente recorrendo à compreensão integral da tutela jurídica, para além das normas penais, podemos delimitar o âmbito do penalmente relevante, não confundido qualquer lesão ao bem como objeto da norma penal.[36] Trata-se, em síntese, de entender o bem jurídico como instituição do Direito, segundo uma delimitação

---

[36] Nesse sentido, por exemplo, conferir alguns crimes ambientais, cuja tutela penal não pode ser compreendida sem o conhecimento das demais normas que autorizam certas lesões controladas por órgãos de fiscalização, dentro de limites regulados por outros ramos do direito, sendo às vezes necessário entender o funcionamento administrativo do IBAMA.

conceitual legal.[37] Como instituição jurídica, o bem jurídico não se limita apenas ao direito penal – sua lesão não se limita ao penalmente relevante. Há outras normas, variadas e dispersas, que em seu conjunto, permite entender o que é *permitido, proibido ou obrigatório*. Assim, "o conceito de instituição jurídica permite absorver num mesmo complexo jurídico as múltiplas facetas de um fenômeno social, portanto conhecê-lo bem" (BERGEL, 2001, p. 232), o que – embora aparentemente supérfluo para a investigação de crimes corriqueiros (como homicídio e furto, em referência a bens jurídicos assimilados pela sociedade, como a vida e o patrimônio) –, mostra-se essencial para compreender crimes mais complexos (como os relativos a bens supraindividuais, como crimes contra a ordem econômica, a previdência social, o meio ambiente etc.).[38] Nesse sentido, a compreensão valorativa do bem jurídico, como dimensão do crime, em conexão com o entendimento da instituição jurídica em que se insere, é essencial a uma investigação criminal.

4.2 Enfoques investigativos do crime

O crime – como objeto de investigação em geral – pode ser pesquisado por diversas e variadas ciências, sendo comum dar-se a esse conjunto de conhecimento o nome de Ciências Criminais, cuja tríade fundamental é sustentada pela criminologia, política criminal e direito penal (ou dogmática jurídico-penal).[39] Segundo Jorge de Figueiredo Dias: "Desde há muito e por toda a parte se reconhece que o 'crime' constitui um fenómeno de *patologia social* diversificado, que releva não

---

[37] "As instituições jurídicas são 'conjuntos de regras de direito organizadas em torno de uma idéia central, que forma um todo sistematicamente ordenado e permanente'. Designam-se assim pessoas e coisas tão diversas quanto o Estado, as associações, as sociedades, os sindicatos, a família, o casamento, a propriedade, os procedimentos técnicos, tais como a representação, a instância, as vias de recurso etc." (BERGEL, 2001, p. 229). Em outros termos, é "um conjunto de regras de direito que abarca uma série de relações sociais tendentes aos mesmos fins" (p. 233). Referindo-se à utilidade do conceito de instituição jurídica, o autor explica-nos que: "Ela possibilita reunir em torno de um interesse comum e de uma mesma inspiração regras dispersas sob rubricas diferentes nos textos ou nos códigos, mas que são complementares pela finalidade e pelo espírito que as animam. (...) Apenas o conceito de instituição jurídica permite absorver num mesmo complexo jurídico as múltiplas facetas de um fenômeno social, portanto conhecê-lo bem" (p. 232).

[38] Em tais casos, é possível que se exija conhecer as normas administrativas, ou mesmo o funcionamento de entidades que se destinam a gerenciar a proteção e fiscalização do bem jurídico. Assim, por exemplo, dificilmente será possível investigar um crime previdenciário sem conhecer a instituição previdência social e a estrutura de funcionamento do INSS.

[39] Nesse sentido, cf. Molina, 2007, p. 162: "... é hoje opinião dominante a de que a Criminologia, a Política Criminal e o Direito Penal são os três pilares do sistema das ciências criminais, inseparáveis e interdependentes"

apenas de condicionalismos exógenos (externos, sociais), mas também de substratos endógenos (internos, individuais) componentes da mais complexa de todas as realidades: a realidade humana; que revela do Homem total e da sua condição. Isso faz compreender que, ao longo do séc. XIX, quando se estabeleceu (julgava-se que definitivamente) o estatuto do pensamento científico moderno, o crime se tenha tornado em objecto de uma multiplicidade de ciências. (...) A esse conjunto vastíssimo de disciplinas científicas que têm o crime por objecto chamou Von Liszt a 'enciclopédia das ciências criminais" (DIAS, 2007, p. 18-19).

I Direito penal, criminologia e política criminal

O *Direito penal* consiste em um dos meios de controle social formal[40] que costuma ser definido, sob seu aspecto objetivo, como o conjunto de "normas jurídicas que associam ao delito, como pressuposto, penas e/ou medidas de segurança, como conseqüência jurídica" (MIR PUIG, 2007, p. 38), sendo a *dogmática jurídico-penal* a ciência normativa que tem esse direito por objeto (ciência do direito penal).[41] Nesse âmbito, o crime tende a ser investigado a partir da norma, da tipificação legal estabelecida pelo legislador acerca de determinadas condutas observadas na sociedade.

A *Criminologia*, por sua vez, qualifica-se como ciência focada na dimensão fática do crime.[42] Alfonso Serrano Maíllo (2007, p. 21) a define como "a ciência que se ocupa do delito e do delinquente como fenômeno individual e social". Sua atividade principal, segundo o autor, é o estudo das causas do delito (perspectiva etiológica), mas também se interessa

---

[40] Nesse sentido, cf. Gomes, 2007, p. 24: "... pode-se definir o Direito penal, do ponto de vista *dinâmico e social*, com um dos instrumentos do controle social *formal* por meio do qual o Estado, mediante um determinado sistema normativo (leis, mediante normas penais), castiga com sanções de particular a gravidade (penas e outras conseqüências afins) as condutas desviadas (crimes e contravenções) mais nocivas para a convivência, visando a assegurar, dessa maneira, a necessária disciplina social bem como a convivência harmônica dos membros do grupo."

[41] Para uma distinção adequada entre direito penal e ciência do direito penal, Cf. "Conceito e Método da Ciência do Direito Penal", de Enrique Gimbernat Ordeig, Revista dos Tribunais.

[42] Segundo Antonio Garcia-Pablos de Molina (2008, p. 32), "cabe *definir* a Criminologia como ciência empírica e interdisciplinar, que se ocupa do estudo do crime, da pessoa do infrator, da vítima e do controle social do comportamento delitivo, e que trata de subministrar uma informação válida, contrastada, sobre a gênese, dinâmica e variáveis principais do crime – contemplando este como problema individual e como problema social –, assim como sobre os programas de prevenção eficaz do mesmo e técnicas de intervenção positiva no homem delinquente e nos diversos modelos ou sistemas de resposta ao delito".

pelas formas de responder ao fenômeno delitivo, por prevenção ou controle, bem como pelos quantos crimes são cometidos e em que situação, além dos motivos e meios que conduzem à elaboração das leis. Na sua relação com o Direito penal, Antonio Garcia-Pablos de Molina sustenta que a Criminologia não opera com o *conceito jurídico-penal* de crime, em razão das distintas funções com relação ao crime que corresponde a cada uma (cf. 2008, p. 67). Segundo o autor, "o jurista cuida do fato delitivo como abstração, não de forma direta ou imediata, senão por meio da figura típica prevista na norma, isto é, valorativamente, normativamente. As definições 'formais' de delito delimitam a intervenção punitiva do Estado, por imperativo inescusável do princípio da legalidade. O 'realismo' criminológico, pelo contrário, libera as disciplinas empíricas destas exigências garantidoras ('garantistas') típicas do Direito, reclamando do investigador uma análise totalizadora do delito, sem mediações formais ou valorativas que relativizem ou obstaculizem seu diagnóstico." (2008, p. 68).[43]

A Política criminal, por fim, "compreende o *conjunto dos procedimentos pelos quais o corpo social organiza as respostas ao fenômeno criminal*, aparecendo, portanto, como 'teoria e prática das diferentes formas de controle social" (DELMAS-MARTY, 2004, p. 3-4).[44] Como ciência valorativa, na medida em que capta as necessidades sociais sob uma perspectiva decisória, a Política criminal tende a ser uma ponte entre o Direito penal e a Criminologia, colhendo dessa o conhecimento empírico necessário, valorando-o segundo as necessidades sociais, e decidindo por normatizar ou as condutas indesejáveis, ou tomar outras decisões, o que nos permite uma compreensão integral do fenômeno delitivo.

Antonio Garcia-Pablos de Molina, nesse mesmo sentido, relacionando essas três ciências, explica-nos que "a Criminologia deve se

---

[43] Com isso podemos antever que a investigação criminal participa das duas formas de investigação, criminológica e normativa, sem limitar-se a uma em específico nem descartar o conhecimento de nenhuma delas.

[44] "Geralmente atribuída ao professor alemão Feuerbach (1803), a expressão 'política criminal' foi durante muito tempo sinônimo de teoria e prática do sistema penal, designando, segundo este auto, 'o conjunto dos procedimentos repressivos pelos quais o Estado reage contra o crime'. Este ainda é o sentido que lhe dão diversos autores contemporâneos. No entanto, constata-se hoje que a política criminal destacou-se tanto do direito penal quanto da criminologia e da sociologia criminal e adquiriu uma significação autônoma. E ao fundar, em 1975, os *Archives de politique criminelle*, Marc Ancel imediatamente assinala a necessidade de não reduzi-la ao direito penal e propõe que se veja nela 'a reação, organizada e deliberada, da coletividade contra as atividades delituosas, desviantes ou anti-sociais', destacando seu duplo caráter de 'ciência de observação' e de 'arte', ou de 'estratégia metódica da reação anticriminal" (DELMAS-MARTY, 2004, p. 3-4)

incumbir de fornecer o substrato empírico do sistema, seu fundamento científico. A Política Criminal deve se incumbir de transformar a experiência criminológica em opções e estratégias concretas assumíveis pelo legislador e pelos poderes públicos. O Direito Penal deve se encarregar de converter em proposições jurídicas, gerais e obrigatórias o saber criminológico esgrimado pela Política Criminal, com estrito respeito às garantias individuais e aos princípios jurídicos de segurança e igualdade típicos do Estado de Direito" (2008, p. 162). Trata-se em síntese do que Jorge de Figueiredo Dias chama de *ciência conjunta do direito penal*.[45]

II Investigação criminológica e criminalística

Dentre as ciências criminais, a criminologia, em virtude de sua ênfase na dimensão fática do crime, tende a aproximar-se da criminalística, embora com esta não se confunda, sobretudo em função de suas *finalidades próprias e distintas*. A criminalística – entendida aqui em seu sentido amplo e originário – como investigação criminal,[46] corresponde à disciplina fundada por Hans Gross, que a definiu como "o conjunto de teoria que se referem ao esclarecimento dos casos criminais", expondo-a como ciência de investigação do crime, posteriormente desenvolvida e ampliada por Edmund Locard, em seu Tratado de Criminalística (nesse sentido, cf. BARBERÁ Y TURÉGANO, 1998, p. 24).[47]

---

[45] "Foi mérito de Von Liszt ter criado, na base das *especiais* relações intercentens entre estes vários pensamentos do crime (...) o *modelo tripartido* do que chamou a *ciência conjunta (total ou global) do direito penal*... Uma ciência conjunta, esta, que compreenderia como ciências autónomas: a *ciência estrita do direito penal* (ou *dogmática jurídico-penal*), concebida, ao sabor do tempo, como o conjunto de princípios que subjazem ao ordenamento jurídico-penal e devem ser explicitados dogmática e sistematicamente; a *criminologia*, como ciências das causas do crime e da criminalidade; e a *política criminal*, como 'conjunto sistemático dos princípios fundados na investigação científica das causas do crime e dos efeitos da pena, segundo os quais o estado deve levar a cabo a luta contra o crime por meio da pena e das instituições com estas relacionadas" (2007, p. 20).

[46] Nesse sentido, cf. Barberá y Turégano, 1998, p. 23 e ss.: "Criminalítica significa em sentido amplio 'investigación criminal. (...) el francés CECCLADI (Director del laboratorio de la Polícia judicial francesa), llama criminalística al conjunto de procedimientos aplicables a la investigación y al estudio del crimen para llegar a la prueba. La criminalística es el arte y la técnica de la investigación criminal (JEAN NEPOTE). Esse é o sentido original da palavra, que aqui retomamos, em divergência com o uso vulgar que o estabeleceu no Brasil, limitando-o à investigação pericial.

[47] Trata-se de um ramo que se situa no âmbito da ciência policial. "La Ciencia policial es uma Ciencia cnocreta, incluso separada de la medicina, la toxicologia y la psiquiatría legales, cuyo sujeto es muy distinto el objeto es la criminalística. (...) STOCKIS creador, junto a LAVALEYE, em 1896, en Bélgica do servivio de reconocimento e identificación, según el método y princípios del bertillonaje e introductor, em dicho país, de la dactiloscopia em 1904, afirma que '*la Ciencia Policial*' es uma ciência Independente, hija de la Antropologia

A investigação criminológica tem metodologia própria das ciências naturais e sociais, em geral com base em método empírico,[48] mas não necessariamente experimental, como nos adverte Antonio Garcia-Pablos de Molina (2008, p. 35). Nesse sentido, adverte o autor que "a observação parece necessária, pois o objeto da investigação – ou os fins desta – pode tornar inviável ou ilícita a experimentação e, não obstante, o criminólogo seguirá em condições de constatar empiricamente a hipótese de trabalho com as garantias que exige o conhecimento científico mediante outras técnicas não experimentais, assegurando, também, assim, a confiabilidade do resultado". Daí o recurso e a métodos e técnicas várias utilizadas pela Criminologia, como a exploração, entrevista, a observação, o questionário etc.,[49] muitas das quais possíveis de aplicação igualmente na investigação criminalística, pois esta parte inicialmente de dados objetivos, embora não se limite à investigação fática. Em verdade, "la Criminología se enriquece con el acceso a los datos establecidos por la polícia, y la polícia necesita de teorías criminológicas para mejorar su funcionamento. Entre la criminalística y la Criminológica existe, entoces, uma simbiosis fructífera para ambas partes". Com isso, não chegamos, contudo, ao ponto de confundir investigação criminológica e criminalística, ou fazer dessa um simples ramos da criminologia.[50]

A investigação criminal, como ciência ou criminalística, "se basa em la aportación de datos – evidencias – tratando de alguna manera de ajustarlos metódicamente em sistemas, de manera que tengan sentido

---

y de la Medicina lega. Es uma Ciencia auxiliada por otras. De lo dicho se desprende que la Criminalística requiere el conocimiento y aplicación de métodos científicos a la investiación del delito y de esto trata precisamente, Polícia Científica" (Barberá y Turégano, 1998, p. 24).

[48] "La metodologia utilizada em las inestigaciones criminológicas procede de las ciencais sociales y naturales, como, por ejemplo, la sociologia, la psicológica y la biologia. Todas ellas utilizan métodos empíricos de trabajo, es decir, se basan em la observación del mundo que nos rodea, y el estabelecimiento de hipótesis a partir de estas observaciones. Esta metodologia es conocida también como el método hipotético-inductivo" (Garrido, Stangeland, Redondo, 2006, p. 78)

[49] Para conhecer tais técnicas, cf. Molina 2008, p. 37 e ss, bem como Garrido, Stangeland e Redondo, 2006, p. 82 e ss.

[50] Há quem sustente, no entanto, que, pela proximidade, a criminalística seria um ramo, ou uma técnica dentro da Criminologia, desconsiderando a finalidade diversa de cada uma, bem como a necessária compreensão valorativa e normativa do crime. No sentido da vinculação, cf. Garrido, Stangeland e Redondo, 2006, p. 107: "Si llamamos a la criminalística uma 'técnica' dentro de la Criminologia, y no ciência própria, no es por limitaciones em los métodos que utilizan, sino em su finalidad"; cf. Barberá y Turégano, 1998, p. 23, que define a criminalística como "la Criminología que se ocupa de los métodos y modos prácticos de dilucidar las cincrunstancias de la perpretacións de los delitos e individualizar a los culpables"

y Sean coherenes com la verdade histórica del delito investigado, mediante um proceso de acumulación de antecedentes y su ordenamiento simultâneos, no separadamente. Es la acumulación de datos ordenamente, um recurso para elucidar las incógnitas o para apoyar o rechazar una idea vinculada a um hecho delicitivo' (BARBERÁ Y TURÉGANO, 1998, p. 25). Mas a investigação criminal não se limita aos elementos materiais, nem se reduz a investigações periciais. Apesar de o conhecimento criminológico auxiliar na investigação criminal, não limita a investigação criminal a ela, ante sua necessária vinculação ao caráter normativo do crime, vinculado à hipótese típica legal. Assim, a investigação criminal, em sentido científico, exige de todos quantos a conduzam uma atitude científica.

Manuel Monteiro Guedes Valente (2009, p. 307), a respeito da relação discutida, sustenta que "a investigação criminal e a investigação criminológica, mesmo que as queiramos aproximar e determinar como ciências exactas, não poderão ser consideradas como tal, apesar de terem como fundamento a procura da verdade dos factos que originam o cometimento de um crime, a sua análise, o estudo do deliquente, da vítima e do controle social." E ao enfrentar a questão de saber se investigação criminal é o mesmo que investigação criminológica, entre outros pontos suscitados, vai concluir pela distinção em virtude das finalidades diversas. Assim, segundo o autor, ao passo que "a investigação criminológica tem como finalidade transformar a criminologia em uma ciência credível no estudo do crime...", a investigação criminal, por sua vez, "recorrendo a ciências auxiliares, entre as quais se inclui a criminologia, e utilizando quer métodos adequados, quer processos apropriados de actuação técnicas especializada", tem por finalidade "reconstituir factos já ocorridos (factos com relevância penal) e descobrir quem os produziu – identificar e determinar o objeto do processo e os seus autores –, melhor, fundar os alicerces da realização do Direito Penal" (2009, p. 312).[51]

Noutros termos, diríamos que a investigação criminal, conquanto se utilize do conhecimento das ciências criminais, com ênfase na criminologia, e demais ciências, não se limita a estas, e distingue-se

---

[51] Acrescenta, ainda, o autor: "A investigação criminal tem como fim último a realização do direito nas prossecuções de defesa da sociedade, do coletivo, que tem o direito de viver em segurança e numa ordem social e internacional que lhe garanta a efectivação plena dos seus direitos e liberdade, ou seja, a realização dos fins e interesses de ordem jurídica, em particular do direito penal e das penas, subjugados a princípios consagrados constitucionalmente que só se alcançam quando se descobre *que é que, como é que, quando é que, onde é que, e o porquê é que* se praticou aquele delito."

pela finalidade própria destinada a sustentar um processo penal, legitimando a denúncia com uma justa causa, e justificando a submissão de um cidadão à condição de réu.

III A legitimação do processo pela investigação criminal

Sob essa perspectiva, podemos sustentar que a investigação criminal, com seu resultado provisório (instrução preliminar), contribui para justificar (legitimando) a instauração de um processo penal fundado em um mínimo de elementos probatórios acerca do crime,[52] evitando que o cidadão seja submetido, diante de qualquer notícia de crime, de forma direta e imediata, a um processo penal.[53] Esta parece, aliás, ser a concepção que já constava na Exposição de Motivos do Código de Processo Penal, ao considerar a investigação criminal "uma *garantia* contra apressados e errôneos juízos, formados quando ainda persiste a trepidação moral causada pelo crime, ou antes, que seja possível uma exata cisão de conjunto dos fatos, nas suas circunstâncias objetivas e subjetivas" (grifo nosso).

E é para bem legitimar um processo que a investigação criminal requer uma teoria jurídico-científica, com cada vez mais certeza acerca do crime, de um ponto de vista científico, e mais segurança em relação ao autor, de um ponto de vista jurídico. Para tanto, somente colhendo das ciências criminais, e demais ciências, o conhecimento necessário a uma compreensão integral do crime, poderá desenvolver um método adequado de investigação, tendo em conta a complexidade ontológica do crime com suas diversas dimensões – fática, normativa e valorativa.

Essa finalidade, contudo, pode ser considerada essencial, porque não vinculativa, na medida em que a investigação criminal pode resultar em justificar a não instauração de um processo, deslegitimando-o, portanto, em razão de sua finalidade própria, que consiste na busca

---

[52] Com isso não estamos a sustentar que o *inquérito policial* seja imprescindível à denúncia, mas que a *investigação criminal*, seja qual for a sua *forma* (o instrumentos jurídico-formal), ou mesmo o *sujeito* investigador, é essencial ao processo penal. Quanto à forma e ao sujeito, trata-se de uma decisão política fundamental, contida na Constituição e realizada nas disposições legais acerca da questão. Quanto ao sujeito, em específico, já há no Brasil intensa discussão em torno da investigação pelo Ministério Público, razão por que não pretendemos multiplicar tais discussões. Aqui, interessa-nos apenas discutir sobre a investigação criminal como *conteúdo* do instrumento jurídico-formal (seja qual for o sujeito e a forma), questão que, no Brasil, não tem tido tanta atenção pela doutrina.

[53] A angústia de um processo sem conteúdo determinado é exposto por F. Kafka (O Processo), a demonstrar a relevância de se prevenir um tal modelo, porque ofensivo à dignidade da pessoa humana.

pela verdade – essa sim uma finalidade vinculativa. Assim podemos concluir que a investigação criminal possui dupla finalidade: *a) externa*, que consiste em justificar um processo penal; e *b) interna*, que consiste em perseguir a verdade acerca dos fatos.

5 Conclusão

Tendo em vista um conceito geral de investigação (segundo noção de J. Dewey, baseada na solução de problemas) e o caráter científico possível de toda investigação (sob a perspectiva pragmática proposta por Luiz Henrique Dutra), bem como todas as questões suscitadas e discutidas concisamente, em conclusão podemos definir que *a investigação criminal, atividade pragmática e zetética[54] por essência, é uma pesquisa, ou conjunto de pesquisas, administrada estrategicamente que, tendo por base critérios de verdade e métodos limitados juridicamente por direitos e garantias fundamentais, está dirigida a obter provas acerca da existência de um crime, tendo por fim justificar um processo penal, ou a sua não instauração, tudo instrumentalizado sob uma forma jurídica estabelecida por lei.*

No entanto, insistimos na advertência já pontuada sobre a necessidade de criação de um contexto apropriado de investigação científica, cujos elementos somente podem ser alcançados por uma *comunidade científica de investigadores criminais*, que nos exige um plano institucional, mediante ações dirigidas a esse objetivo, entre as quais podemos sugerir:

1. A atribuição de competência a um órgão responsável pela coordenação de ações de pesquisa, mediante identificação dos tópicos relevantes ao aperfeiçoamento da investigação criminal, fomento de atividade de pesquisa e publicação;[55]

---

[54] Nicola Abbagnano (2003, p. 1013) refere-se ao termo *zetético*, atribuindo-o à corrente céptica, pelo fato de *procurar e investigar*. Segundo o autor, "esse termo foi primeiramente aplicado por Trasilo para indicar um grupo de diálogos de Platão (...). Em seguida, foi assumido como denominação da atitude céptica: 'A corrente céptica é chamada de *zetética* por procurar e investigar; *suspensiva* pela disposição da alma que, depois da indagação, mantém em relação ao objeto indagado; e *dubidativa* por duvidar e indagar todas as coisas" (2003, p. 1013). Trata-se, em síntese, do que D. Hume considerou uma espécie de *ceticismo antecedente*, que teria sido recomendado por Descartes como eficaz proteção contra o erro e o juízo precipitado. Segundo ele, "este ceticismo, prescrevendo uma dúvida universal que abrange tanto o conjunto de nossas opiniões e princípios anteriores como também nossas próprias faculdades, de cuja veracidade – dizem eles – devemos assegurar-nos mediante uma cadeia de raciocínios deduzida de um princípio primitivo que não pode ser enganador ou duvidoso." (2001, p. 178 e ss.).

[55] Atualmente, na Polícia Federal, a Coordenação da Escola Superior de Polícia (CESP), da Academia Nacional de Polícia, ocupa esse lugar.

2. A instituição de programas de pesquisa que fomentem não apenas o estudo teórico de conceitos científicos aplicados à investigação criminal, mas igualmente o estudo dirigido e comparado de investigações criminais bem-sucedidas que possam servir de modelo de investigação;[56]
3. A publicação especializada de artigos e estudos decorrentes das pesquisas referidas,[57] bem como seminários induzidos sobre pontos relevantes identificados, para promover intercâmbio de conhecimento entre instituições congêneres;[58]
4. Entre outras que concernem a uma comunidade científica em geral.[59]

Somente assim, efetivamente, poderemos falar, no futuro quiçá próximo, em uma investigação criminal científica e uma ciência de investigação criminal, para além de uma mera teorização de sua possibilidade, como aqui suscitada e sustentada. Isso, no entanto, exige o necessário diálogo entre *teoricistas* e *praxistas* da investigação criminal, no âmbito acadêmico, para chegarmos tanto a uma *teoria da investigação criminal*, quanto a uma *prática da investigação criminal* dirigida a certos crimes em particular.[60]

---

[56] A referida CESP tem trabalhado no sentido de instituir um "Programa de Pesquisa Policial", para estudos desvinculados da pós-graduação, como outro caminho para o desenvolvimento de estudos dirigidos a responder questões pontuais sobre problemas da polícia.

[57] A exemplo da Revista Brasileira de Segurança Pública e Cidadania e agora, mais pontualmente, a Revista Brasileira de Ciências Policiais a que se destina esse trabalho.

[58] Citem-se, como exemplos, o I Congresso Internacional de Ciência Policial (Bogotá, Colômbia), bem como o I Seminário Internacional de Ciências Policiais, a ser promovido pela Coordenação de Altos Estudos de Segurança Pública (entre 6 e 9 de julho de 2010).

[59] Para uma visão completa sobre os elementos que compõem uma comunidade científica, cf. Kneller, 1980 (Capítulo 8, A Comunidade Científica), em que o autor discute sobre as instituições (revistas especializadas, conferências etc); a manutenção dos padrões de pesquisa (educação, acesso a instalações de pesquisa etc); o mecanismo de recompensa e competição (p. 182 e ss).

[60] Como já podemos observar no desenvolvimento de estudos isolados sobre investigação particulares de certos crimes, no âmbito da Polícia Federal, a exemplo dos crimes financeiros, cibernéticos, previdenciários, ambientais etc.

Referências

ABBAGNANO, Nicola. *Dicionário de Filosofia*. – São Paulo: Martins Fontes, 2003.

BARBERÁ, Franciso Antón; LUIS Y TURÉGANO, Juan Vicente. *Polícia Científica*. V. I. 3. ed. Colección Ciencia Policial. Valencia: Tirant Lo Blanch, 1998.

BERGEL, Jean-Louis. *Teoria geral do direito*. São Paulo: Martins Fontes, 2001.

CABALLERO, Jorge Frias. *Teoría del delito*. Buenos Aires: Hammurabi, 1993.

DELMAS-MARTY, Mireille. *Os Grandes Sistemas de Política Criminal*. – Barueri, SP: Manoel, 2004.

DEWEY, John. Lógica: A Teoria da Investigação [Capítulos VI]. In: *Os Pensadores*. São Paulo: Abril Cultural, 1980 [p. 53-70].

DIAS, Jorge de Figueiredo. *Direito Penal*: Parte Geral. Tomo I: Questões fundamentais. A Doutrina Geral do Crime. São Paulo: Revista dos Tribunais – Portugal: Coimbra, 2007.

DUTRA, Luiz Henrique de Araújo. *Pragmática da investigação científica*. São Paulo: Loyola, 2008.

DUTRA, Luiz Henrique de Araújo. *Verdade e investigação*: O problema da verdade na teoria do conhecimento. São Paulo: EPU, 2001.

FERRAJOLI, Luigi. *Direito e Razão: Teoria do garantismo penal*. São Paulo: Revista dos Tribunais, 2002.

GARRIDO, Vicente; STANGELAND, Per; REDONDO, Santiago. *Princípios de Criminología*. Valencia: Tirant Lo Blanch, 2006.

GOMES, Luiz Flávio; MOLINA, Antonio García-Pablos. *Direito Penal*: Parte Geral, v. 2. São Paulo: Revista dos Tribunais, 2007.

KNELLER, G. F. *A Ciência como atividade humana*. Rio de Janeiro: Zahar/São Paulo: Edusp, 1980.

MAÍLLO, Alfonso Serrano. *Introdução à Criminologia*. São Paulo: Revista dos Tribunais, 2007.

MARQUEZ PIÑERO, Rafael. *El tipo penal*. Algunas consideraciones em trorno al mismo. Universidad Autônoma de México. Instituto de Investigaciones Jurídica. Série G: Estúdios Doctrinales, Num. 99. México, 2005, Segunda edicción atualizada. Disponível em: http://www.bibliojuridica.org.

MIR PUIG, Santiago. *Direito Penal:* Fundamentos e Teoria do Delito. – São Paulo: Revista dos Tribunais, 2007.

MOLINA, Antonio García-Pablos de; GOMES, Luiz Flávio. *Criminologia*. 6. ed. Coleção Ciências Criminais v. 5. – São Paulo: Revista dos Tribunais, 2008.

REALE, Miguel. *Teoria tridimensional do direito*. 5. ed. São Paulo: Saraiva, 1994.

REALE, Miguel. *Lições preliminares de Direito*. 27. ed. São Paulo: Saraiva, 2007.

UROSA RAMÍREZ, Gerardo Armando. Consideraciones críticas em torno al cuerpo del delito en materia federal, *Revista de la Facultad de Derecho de México*, Número 241, Sección de Artículos, 2003. Disponível em: http://www.bibliojuridica.org.

VALENTE, Manuel Monteiro Guedes. *Teoria geral do direito policial*. 2. ed. Coimbra: Almedina, 2009.

VILLANUEVA, Raúl Plascencia. *Teoria del delito*. 3ª reimp. México, Universidad nacional Autonóma de México, 2004. Disponível em: http://www.bibliojuridica.org.

Informação bibliográfica deste texto, conforme a NBR 6023:2018 da Associação Brasileira de Normas Técnicas (ABNT):

PEREIRA, Eliomar da Silva. Teoria da Investigação Criminal. *In*: PEREIRA, Eliomar da Silva (Org.). *Disciplinas extrajurídicas de Polícia Judiciária*. Belo Horizonte: Fórum, 2020. p. 21-50. (Curso de Direito de Polícia Judiciária, v. 7). ISBN 978-85-450-0622-0.

SISTEMAS COMPARADOS DE INVESTIGAÇÃO CRIMINAL

FRANCO PERAZZONI

1 Introdução

Ao longo deste capítulo, procurar-se-á apresentar um panorama geral dos principais sistemas de investigação criminal hoje existentes no mundo, sob uma perspectiva técnico-jurídica, bem como relacionar as principais características de cada um.

O material que se segue busca ser uma síntese de nossas pesquisas e, sobretudo, nossas aulas proferidas sobre o tema, nestes últimos anos, durante o curso de pós-graduação da Escola Superior da Polícia Federal.

A ideia central é não apenas fornecer ao leitor uma visão geral desses sistemas e dos principais estudos já existentes sobre o tema, mas também auxiliá-lo a melhor compreender o papel desempenhado pelo inquérito policial e o delegado de polícia no ordenamento brasileiro, sob a perspectiva comparada do Direito de Polícia Judiciária.

Traremos também alguns dados sobre a taxa de solução de crimes em cada um desses modelos, a fim de avaliarmos, ainda que de forma pouco mais que perfunctória, se, de fato, existiria um sistema que seja mais eficiente que os demais.

Tal abordagem, cremos, também lhe proporcionará as bases necessárias para um olhar crítico mais apurado sobre alguns dos principais temas que, vez por outra, surgem e geram acalorados debates e discussões nessa seara (*v.g.*, modelos de investigação e sua eficiência, audiência de custódia, juiz de garantias, ciclo completo de polícia, investigação defensiva, contraditório no inquérito, dentre outros).

Da mesma forma, cremos que o estudo do tema é bastante relevante, sobretudo porque permite compreender que, na verdade, cada modelo ou sistema investigativo é único, fruto de evoluções históricas e legislativas próprias e que, mesmo dentro de um mesmo país (sobretudo aqueles com dimensões continentais como o Brasil e os EUA), existirão peculiaridades que farão com que, por exemplo, as taxas de solução de crimes variem de forma bastante abrupta mesmo que, em tese, o sistema seja o mesmo.

O tema é empolgante, porém sua complexidade e os estreitos limites deste capítulo não nos permitirão, em vários pontos, apresentar mais que os principais diplomas e dispositivos legais relacionados e algumas ideias gerais que reputamos importantes à sua compreensão.

Por essa razão, recomendamos aos leitores interessados que desejem aprofundamento a leitura das obras e legislações constantes de nossas referências, notadamente aquelas que, ao longo do texto formos mencionando como de maior relevância em relação a certos temas.

2 O papel da investigação preliminar no processo penal

A partir de uma perspectiva bastante simplista,[1] poderíamos dizer que a investigação criminal é o "método para a reconstrução de fatos passados que pretende responder a quatro perguntas básicas: onde, quando e como ocorreu o fato, e quem o praticou" (GARRIDO, STANGELAND Y REDONDO, 2006, p. 853 *apud* PEREIRA, 2011, p. 59).

Em outras palavras, poderíamos dizer que a investigação criminal consiste, basicamente, na busca da verdade,[2] ou seja: coletar evidências, formular hipóteses e analisá-las, de forma a produzir novo conhecimento, bem como corrigir e integrar conhecimentos pré-existentes.

Por óbvio, nesta importante busca, faz-se imperativo que o investigador seja capaz de chegar a conclusões que se sustentem nas evidências apresentadas, que com elas estejam de acordo, e é justamente

---

[1] Veremos, mais adiante, que muito mais importante que definir o que seja a *investigação criminal* é preciso estabelecer o que, de fato, a lei estabelece como sendo uma investigação criminal juridicamente válida e cujos resultados possam ser efetiva e eficazmente utilizados durante um processo judicial.

[2] Ao tratarmos dos limites jurídicos da investigação criminal veremos que essa verdade é distinta da verdade factual, é uma verdade juridicamente qualificada.

nesse ponto que se constata que a própria noção de verdade se revela de suma importância no processo investigativo.

Nessa empreitada, a atividade do investigador pode ser concebida como tendo dois objetivos distintos: a) o primeiro está relacionado à criação de uma base de dados que lhe permita avaliar a hipótese levantada (objetivo médio); b) o segundo consiste na efetiva verificação de uma hipótese ou sua refutação, eventualmente (objetivo final).

Vê-se, portanto, que a investigação é realizada com vistas à busca da verdade, compreendida, neste contexto, como o acordo[3] (ou *consistência*) entre a hipótese levantada e as sentenças que informam a respectiva base de dados.

É essa noção de verdade como acordo que dá sentido ao comportamento do investigador. É ela, de fato, não apenas a mola propulsora de seu comportamento, mas a principal ferramenta por meio da qual a investigação pode e deve ser conduzida e garante que os pensamentos do investigador procedam corretamente até conclusões que se fundamentem, de fato, nas evidências coligidas na base de dados.

É, por assim dizer, um processo de reconstrução histórica do fato criminoso, pelo qual o investigador busca a verdade e, nesse ponto, guarda estreita semelhança com as investigações e pesquisas científicas, sobretudo àquelas levadas a efeito por historiadores e arqueólogos.

A investigação criminal possui, portanto, uma estreita semelhança com a investigação científica, que também se caracteriza como sendo uma atividade voltada à formulação e averiguação de hipóteses.

Nessa esteira, tomando por exemplo o inquérito policial, cabe à autoridade policial, a partir do registro da notícia-crime, instaurar o respectivo procedimento, formular hipóteses e traçar uma linha investigativa, ainda que preliminar, com vistas à sua averiguação.

Em seguida, dentre os meios investigativos disponíveis, são selecionados aqueles mais adequados ao caso concreto (testemunhas, exames periciais, vigilâncias, monitoramentos telefônicos, quebras de sigilo bancário e fiscal, buscas e apreensões etc.) e as evidências coligidas são avaliadas à luz das hipóteses previamente levantadas.

O processo é cíclico e dinâmico: não raro, evidências anteriormente descartadas ou até então desconhecidas são trazidas à baila e outras, até então robustas e consideradas incontestáveis, revelam-se falíveis e, portanto, incapazes de sustentar as hipóteses anteriormente estabelecidas, exigindo-se, portanto, sejam cogitadas novas.

---

[3] Daí, aliás, é que exsurge a importância de que se reveste a verdade como acordo, tal como concebida por Luiz Henrique Dutra (2001) para a investigação criminal.

Entretanto, é importante termos em mente que não basta ao investigador criminal demonstrar a verdade factual (quem, quando, onde e como praticou o fato-crime): faz-se, sobretudo, imperativo que essa verdade factual seja juridicamente qualificada (verdade processual).

Isso porque, apesar dessa forte aproximação entre a investigação científica e a investigação criminal, esta última é desenvolvida, precipuamente, em função do sistema de justiça criminal, o que sujeita seus métodos e a própria verdade factual passível de ser reconhecida em juízo aos limites normativos impostos pelo ordenamento pátrio, sobretudo em sede de direitos e garantias do investigado.

Noutras palavras, à investigação criminal não basta, portanto, demonstrar a verdade factual (quem, quando, onde e como praticou o fato-crime). Faz-se imperativo que essa verdade factual seja juridicamente qualificada (verdade processual).

Isso porque se, sob uma perspectiva contratualista e humanista, é o próprio cidadão que legitima o Estado a exercer o poder investigativo e, por conseguinte, a punição penal dos infratores identificados, não se pode, em hipótese alguma, cogitar por uma investigação criminal que desconsidere os valores ínsitos à personalidade humana, como a dignidade.

E mais: a investigação criminal como fenômeno processual possui duas faces, que, apesar de aparentemente opostas, se afiguram indispensáveis no Estado Democrático: tutelar os bens jurídicos mais importantes e ameaçados pela conduta humana, sem, contudo, deixar de proteger o próprio investigado dos excessos e arbítrios outrora cometidos pelo próprio Estado, em total desrespeito à sua condição de pessoa humana e, como tal, titular de garantias e direitos inatos e de caráter inalienável.

Nesse sentido, aliás, bastante pontuais os seguintes ensinamentos:

[...] os direitos fundamentais são os lindes jurídicos da investigação criminal. Embora a lei não diga o que fazer na investigação criminal, estabelecendo o caminho necessário de pesquisa do crime (um método positivo), acaba o delimitando sob certos aspectos na medida em que estabelece limites legais que dizem o que não se pode fazer (um método negativo), ou o que se pode fazer sob certas condições, tendo por balizas os direitos fundamentais (PEREIRA, 2011, p.289).

É, justamente, daí, que exsurge a inarredável constatação de que o exercício da atividade investigativa criminal não pode ser dissociado, jamais, de sua abordagem jurídica e que a gestão estratégica da investigação criminal difere dos projetos comumente realizados no âmbito da investigação e pesquisa científica, cujas limitações se circunscrevem, com maior frequência, a fatores como recursos (financeiros, humanos e materiais) e prazos.

Não que não seja possível que um pesquisador-cientista se depare com limitações jurídicas no exercício de suas atividades, como no caso de pesquisas que envolvam o acesso ao patrimônio genético, clonagem ou células-tronco humanas ou, ainda, naqueles casos em que a própria coleta e análise materiais sejam proibidas ou dependam de prévia autorização dos poderes públicos.

Note-se, porém, que, nesses casos, mesmo que tais pesquisas científicas fossem realizadas em dissonância com as respectivas normas que as regulamentam e que esses pesquisadores pudessem sofrer reprimendas nas diferentes esferas (cível, administrativa e criminal), o resultado da pesquisa continuaria a ser aceito pela comunidade científica, pois nas ciências em geral o que prepondera é a indução fática ou a chamada *verdade factual*. Em outras palavras: a simples desobediência à norma não possui o condão de desqualificar uma descoberta científica como sendo uma verdade, tampouco de lhe retirar a eficácia e validade perante o restante da comunidade científica.

No caso da investigação criminal o que ocorre é bem diverso: a desobediência à norma implica a completa invalidade e ineficácia da prova produzida perante a comunidade jurídica.

Trata-se, aqui, de verdadeira interferência legal no método de investigação, que desconsidera a verdade factual quando a prova foi produzida por meios considerados juridicamente inadmissíveis (PEREIRA, 2011, p. 63).

Eis porque a investigação criminal deve ser vista e compreendida como um fenômeno processual penal, a ser administrado, sempre, sob esse enfoque.[4]

A verdade processual aqui tem primazia sobre os fatos e resulta, muitas vezes, na impossibilidade de repetição dos atos, ainda que, desta vez sejam realizados com estrita observância das normas respectivas, seja porque o fato já se consumou no tempo, sendo impossível a repetição da diligência investigativa (o chamado *princípio da oportunidade* aplicável, por exemplo, nos casos de monitoramento telefônico, entrega

---

[4] Daí, aliás, serem as investigações preliminares conduzidas, na maior parte do mundo, por autoridades judiciárias ou ministeriais, e no Brasil por ocupante de cargo privativo de bacharel em direito, submetido a concurso de provas e títulos nos mesmos moldes daqueles que se submetem as demais autoridades do mundo jurídico.

controlada, infiltrações, etc.) ou por efeitos de fenômenos processuais específicos, a exemplo da prescrição, decadência ou preclusão, que impediriam, da mesma forma, a retomada das investigações.

Daí porque Adriano Mendes Barbosa (2011) se refere especificamente à investigação criminal como um projeto *sui generis*, na medida em que exige por parte de seu gestor uma estrita obediência aos limites estabelecidos pelo ordenamento jurídico, sob pena, não apenas de eventual responsabilização, mas, sobretudo, de falência de todo o esforço, tempo e recursos despendidos, pela nulidade de todos os meios de prova produzidos e, por conseguinte, da própria empreitada investigativa, muitas das vezes, sem qualquer possibilidade de que sejam repetidas (em face do princípio da oportunidade, dos efeitos da preclusão ou da própria extinção da punibilidade dos agentes envolvidos).

No Brasil, em sede de inquérito policial, a responsabilidade pela condução desse projeto, assim como pelo controle da sua execução nos estritos contornos estabelecidos pelas normas constitucionais e legais recai, por força de imperativo legal (art. 4º do CPP) sobre o delegado de polícia.[5]

Interessante, aliás, termos em mente que o delegado de polícia, no Brasil, cumula tanto funções tipicamente gerenciais (atribuídas em outras nações a xerifes, chefes e comissários de polícia), como deveres e prerrogativas jurídico-processuais (atribuídas, por seu turno, a juízes de instrução e membros do ministério público com atribuições investigativas), conforme veremos a seguir.

3 Como se investiga um crime: os principais modelos investigativo-criminais em espécie

Tratar de modelos comparados de investigação criminal não é fácil.

Afinal, a experiência demonstra que, com frequência, subsistem mesmo dentro de único país diferentes sistemas investigativos, que se aplicam conforme o tipo de infração, local em que ocorreu, a qualidade

---

[5] Importante, portanto, que as autoridades policiais e demais operadores do direito, dentre eles, destacadamente, os integrantes da magistratura e do ministério público, compreendam que a própria razão da existência da função do delegado de polícia, no Brasil, escuda-se no reconhecimento de que além da investigação preliminar ser um fenômeno a merecer um abordagem estratégico-gerencial, reveste-se, também, numa função tipicamente jurídica, a se pautar pela estrita legalidade e imparcialidade, só plenamente obtenível, por meio da existência de um Estado-investigação, dotado de autonomia e que não se confunda com os futuros personagens que agirão na *persecutio criminis in juditio*.

do suspeito, ou até mesmo, em determinadas circunstâncias, pela repercussão ou clamor público da respectiva conduta.[6]

Fácil perceber que, quando tratamos de ordenamentos jurídicos diversos, realizar comparações e paralelos resulta ainda mais difícil.

Para além disso, é possível dividir e subdividir os modelos de investigação em diferentes grupos, pelos mais diferentes critérios, tais como: i) qual o órgão que detém a titularidade da investigação; ii) investigações judiciais vs. investigações administrativas; iii) investigações compulsórias, realizadas pelo órgão que a lei determina seja, naquele caso, seja o detentor de atribuições para a investigação criminal, e que se funda em critérios de obrigatoriedade e legalidade, ou investigações discricionárias, quando quem investiga se justifica em critérios ou parâmetros de seletividade, realizando, em geral, uma investigação paralela àquela principal, ainda que, eventualmente, disponha de poderes análogos ou até mesmo idênticos aos do investigador criminal oficial.

Assim, diferentes estudiosos adotarão classificações distintas, a depender dos objetivos do estudo.

Para os fins deste capítulo e com o escopo apenas de situar o leitor, utilizaremos, em linhas gerais, um critério bastante semelhante ao que já havíamos adotado no volume II desta coleção, separando os principais modelos ou sistemas de investigação criminal vigentes no mundo atual em 04 categorias: i) o juizado de instrução; ii) o promotor-investigador; iii) o sistema norte-americano; e iv) o inquérito policial.

A tratar de cada sistema, buscaremos fazer uma breve apresentação de como funciona em linhas gerais o processo penal e a investigação preliminar em alguns países que adotam cada um desses, suas principais características e, na medida do possível, críticas pontuais que reputamos úteis.

Por oportuno, o leitor atento perceberá que a escolha e a ordem em que apresentamos os sistemas e os exemplos nacionais analisados não é fruto do acaso.

Ao contrário, buscamos seguir uma linha lógica, abordando, inicialmente, sistemas em que, a nosso ver, as funções judiciais, de acusação e de investigação criminal ainda se encontram de tão forma entrelaçadas, que permitem (quando não geram deliberadamente) uma

---

[6] Como curiosidade, no volume 4 desta coleção, identificamos, abordamos e comparamos, em linhas gerais, os 06 (seis) principais modelos investigativos hoje vigentes no Brasil, a saber: i) o juiz-instrutor; ii) o promotor-investigador; iii) o inquérito policial; iv) a investigação administrativa pura; v) a comissão parlamentar de inquérito e vi) a investigação criminal particular.

certa confusão e cumulação de funções entre os respectivos atores, até aqueles em que existe clara separação de cada uma dessas funções.

3.1 O juizado de instrução: características gerais

É o modelo mais antigo, dentre os atualmente vigentes.[7] Nele a presidência da investigação criminal é titularizada por um magistrado, denominado juiz de instrução ou juiz instrutor. Dentre as atribuições do juiz instrutor encontram-se, por exemplo, proceder ao formal interrogatório do suspeito, determinar medidas cautelares pessoais ou reais, colher todos os elementos de convicção necessários ao esclarecimento do fato noticiado e requisitar perícias. A iniciativa e os poderes instrutórios encontram-se inteiramente concentrados na figura do juiz instrutor que, posteriormente, submeterá os autos do procedimento investigativo a órgão distinto do Poder Judiciário para o julgamento (LOPES JR. *et al.*, 2015, p. 133). Neste modelo, à polícia judiciária compete, apenas, cumprir as determinações emanadas do juiz de instrução,[8] não dispondo, portanto, a autoridade policial de poderes investigativos próprios (*Ibidem*). Foi o modelo que vigorou como sendo o principal sistema investigativo criminal no Brasil até 1871, quando foi substituído pelo inquérito policial (PERAZZONI, 2011).[9] É o modelo principal ainda vigente em Espanha e França.[10]

---

[7] É importante termos em mente que o juizado de instrução foi introduzido no século XIX, primeiramente na França e depois na Espanha, tornando-se o sistema-padrão da Europa Continental até finais do século XX e início do século XXI. À época de sua introdução na Espanha, por exemplo, revelou-se um importantíssimo avanço, justamente por separar as funções de investigação e julgamento, antes concentradas em uma única autoridade. Nesse sentido, cremos valioso o seguinte trecho, que narra um pouco sobre a introdução desse modelo no ordenamento espanhol: "En su momento, su aparición fue un acto casi revolucionario. Manuel Alonso Martínez, ministro de Gracia y Justicia del Gobierno liberal de Sagasta, presentaba orgulloso el 14 de septiembre de 1882 la Ley de Enjuiciamiento Criminal que llevó a España a la modernidad con uno de los sistemas procesales más avanzados de Europa. Era un código basado en la legislación nacida tras la Revolución Francesa y en los principios liberales de la Constitución de Cádiz de 1812 que reafirmó la idea de que una misma persona no puede investigar un hecho delictivo y después juzgarlo. Quedó instaurada entonces la figura del juez instructor, que se asentó definitivamente un siglo después, tras la llegada de la democracia" (BELAZA, 2016).

[8] Trata-se, portanto, de um sistema de investigação preliminar puramente judicial, eis que todos os atos de investigação são realizados diretamente por autoridade judiciária e submetidos a regramento processual penal específico (competência para investigar, prazos, poderes investigativos, garantias do investigado, demais limites aos poderes investigativos e formas de controle).

[9] Dentre as principais desvantagens apontadas para este sistema, afigura-se destacadamente o excesso de poderes conferidos a uma única pessoa.

[10] Na prática, entretanto, o juiz, nesse sistema, acaba por delegar suas funções investigatórias a outros funcionários, conforme se infere do seguinte trecho que nos mostra o que

3.1.1 A persecução penal e o juizado de instrução na Espanha

A *Ley de Enjuiciamento Criminal* espanhola (LECrim) é de 1882, ano em que foi introduzido no ordenamento jurídico espanhol a figura do juizado de instrução, tendo, entretanto, sofrido várias alterações ao longo dos anos, sendo a mais recente em 2015.

A LECrim dedica aproximadamente 350 artigos (299 a 624; 769 a 799) para a investigação preliminar e as atividades de *Policía Judicial*.

Para fins didáticos, podemos dizer que o processo penal espanhol se divide em três fases[11] distintas e sucessivas, a saber:

PROCESSO PENAL ESPANHOL - FASES

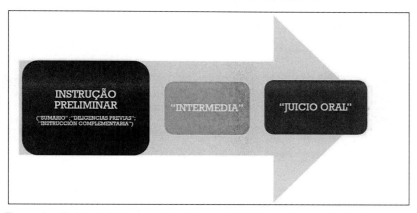

Figura 1 – Fases do Processo Penal Espanhol (elaborado a partir de ESPANHA, 1882)

---

ocorria, até bem recentemente no Uruguai: "(...) la práctica judicial indica, -por lo menos en nuestra capital- que el juez realiza una delegación de funciones en sus funcionarios administrativos, y 'no procede directamente a la investigación de los hechos', como lo impone la normativa vigente (arts. 115 y 135 CPP), en razón de la acumulación de tareas y del aumento significativo de causas a su estudio" (UBIRIA, 2015).

[11] Note-se que, para os fins deste capítulo, cujo foco é justamente tratar da investigação preliminar e seu papel em cada ordenamento, iremos apenas apresentar as fases que, a nosso ver, compõe o processo até o julgamento em primeira instância, sem adentrar em questões referentes a eventuais recursos, seus órgãos competentes etc. Esclarecemos tratar-se de uma classificação e divisão meramente didáticas e que visam facilitar a compreensão do leitor, mas, obviamente diferentes autores adotam classificações e divisões diversas, ainda que com semelhanças entre si.

1ª Fase: Instrução preliminar: É a fase investigativa formal que antecede o processo. Nela, a exemplo do que ocorre no inquérito policial brasileiro, são realizadas medidas tanto de cunho estritamente investigativo, que se voltam à identificação e preservação dos meios prova relacionados ao ilícito, mas não demandam provimento jurisdicional específico (como entrevistas e oitivas, apreensão de bens e instrumentos do crime, exames cadavéricos etc.), como medidas que demandam análise técnico-jurídica e respectiva autorização judicial, como prisões cautelares, interceptações telefônicas, buscas e apreensões etc.[12] São previstos no ordenamento espanhol, três tipos de instrução preliminar:

- *Sumário*: Previsto nos arts. 299 a 624 da LECrim, afigura-se como a regra geral do ordenamento espanhol. É iniciado *ex officio*, assim como por *denúncia* ou *querella*,[13] sendo presidido sempre pelo juiz instrutor.
- *Diligências prévias*: Previsto nos arts. 774 a 799 da LECRim, aplica-se nos casos de infrações penais com pena máxima até 9 anos, exceto procedimentos submetidos ao júri.[14]

---

[12] Em nossos estudos sobre o tema, uma das principais constatações que fizemos é justamente a de que o vocábulo "investigação criminal" comporta uma múltipla variedade de acepções nos diferentes ordenamentos. Com efeito, nos sistemas europeus, há uma tendência de se separar conceitualmente o que são atos de investigação (que por prescindirem de autorização judicial, podem e são realizados, com certa frequência de forma mais ou menos autônoma, diretamente pelas polícias judiciárias ou outras autoridades administrativas autorizadas pela lei) e aqueles que demandam análise técnico-jurídica, por interferir mais diretamente em direitos e garantias do investigado (como por exemplo, as prisões processuais, os incidentes e as cautelares em geral), considerados, nesse caso, não simples atos investigativos, mas atos de instrução preliminar. Isto porque, em verdade, para nós, essas expressões acabam que se equivalendo, já que durante a fase do inquérito policial, no Brasil, são realizados concomitantemente atos que se enquadram em ambas as categorias. Tal constatação é importante, sobretudo quando tratamos do papel desempenhado pelas polícias judiciárias europeias em comparação ao papel aqui desempenhado pelas polícias civis e federal. Com efeito, embora frequentemente se aponte essas polícias estrangeiras como sendo instituições de "ciclo completo", a realizar ao mesmo tempo funções de policiamento preventivo e investigações criminais, a nosso sentir, em verdade, tal comparação deixa de considerar que as atribuições das polícias judiciárias, por aqui, são extremamente mais amplas e complexas.

[13] São modalidades de notícias-crime que, equivalem, respectivamente, à representação e queixa-crime previstas no ordenamento jurídico brasileiro. Para o aprofundamento sobre cada uma dessas modalidades de início do *sumário* recomendamos a leitura da obra de Aury Lopes Jr. e Ricardo Jacobsen Gloeckner (2015, 354-355).

[14] Note-se que, na Espanha, o júri (*tribunal del jurado*) possui atribuições mais amplas que no Brasil, sendo competente para julgar, por força do art. 125 da CE e dos dispositivos constantes na Lei Orgânica nº 05 de 22 de maio de 1995, diversos crimes, dentre eles o homicídio, a ameaça, a omissão do dever de socorro, a invasão de domicílio, além de crimes relacionados à violação de deveres dos servidores públicos, tais como o extravio e violação de sigilo de documentos públicos ou à facilitação de fuga de presos, o tráfico de influência, o peculato, fraudes e corrupção.

É iniciado por *denúncia* ou *atestado*.[15] É possível a investigação ministerial.
* *Instrucción complementaria*: Previsto no art. 780 da LECrim. Refere-se à realização de diligências imprescindíveis à acusação.[16]

2ª Fase: *Intermedia*: Nesta fase, após a conclusão das investigações, o juiz instrutor (ou o *fiscal*, conforme o caso) fará a remessa dos autos ao órgão jurisdicional competente para avaliar os resultados das ações realizadas durante a fase instrucional.[17]

3ª Fase: *Juicio oral*: É o processo criminal acusatório propriamente dito, que se inicia com o recebimento da peça acusatória pelo juízo competente, citação do acusado para que tome conhecimento de seu teor e subsequente produção de provas pelas partes envolvidas, até a sentença definitiva.[18]

Dentre as principais curiosidades[19] desse sistema podemos citar:
* A investigação preliminar espanhola "é essencialmente dominada pela figura do juiz de instrução" (LOPES JR. *et al.*, 2015, p. 352), tanto no rito *sumário* como no de *diligências prévias*, embora as reformas de 1988 (LO 7) e 1995 (LO 5) atribuíram certos poderes investigativos ao *Ministerio Fiscal*.[20]

---

[15] O "atestado" é uma forma de notícia-crime elaborada pela polícia e cujo teor, grosso modo se assemelha a nosso Boletim de Ocorrência ou ao Termo Circunstanciado de Ocorrência. Também é elaborado pela polícia nos casos de flagrante delito, sendo encaminhado juntamente com o conduzido ao juiz de instrução, a quem competirá, dentre outras providências, tomar as declarações do preso e decidir pela prisão ou liberdade com ou sem fiança.

[16] Ocorre naquelas situações em que, apesar de concluída a investigação pelo juiz de instrução, o fiscal entenda serem necessárias diligências ulteriores para a formação de sua *opinio delicti*.

[17] "Artículo 622.1. Practicadas las diligencias decretadas de oficio o a instancia de parte por el juez instructor para la investigación de los hechos, si éste considera terminado el sumario, lo declarará así, acordando remitir los autos (incluyendo todas las piezas) al tribunal competente para el enjuiciamiento".

[18] Denomina-se juízo oral, pois, em regra, as provas serão produzidas e apresentadas oralmente, o que visa maior objetividade e fidedignidade. Existem, obviamente, algumas exceções à oralidade no Direito Espanhol, como: a. *prova documental* (art. 726 LECrim) e *termos de declarações* (artigos 714 e 730 LECrim), já que tais documentos são examinados diretamente sem a necessidade de lê-los em voz alta (embora isso possa ser realizado); e b. *laudo pericial*: também é escrito (embora a declaração do perito que ratifique o laudo seja oral).

[19] Para outras curiosidades e um maior aprofundamento sobre outros aspectos desse modelo investigativo, sugere-se fortemente a consulta às obras de Aury Lopes Jr. *et al.* (2015) e Delmas-Marty (2005), constantes de nossas referências.

[20] Instituição espanhola que, no geral, corresponde ao Ministério Público brasileiro. O órgão espanhol integra o Poder Judiciário, mas possui autonomia funcional. Encontra-se

- Ao juiz de instrução espanhol compete, basicamente, desde a instauração[21] e condução do apuratório,[22] passando pela decretação de medidas cautelares no curso da investigação.
- Nos casos de flagrante delito, o preso é apresentado ao juiz de instrução, a quem compete tomar suas declarações e decidir pela manutenção da prisão, ou liberdade provisória com ou sem fiança (arts. 489 a 501 da LECrim).
- Com as reformas mais recentes, o *Ministerio Fiscal* passou a ter, em alguns casos, poderes investigativos, contudo, ainda depende do juiz instrutor para a obtenção de cautelares e medidas consideradas tipicamente judiciais naquele ordenamento. Além disso, a investigação conduzida pelo juiz instrutor terá sempre preponderância,[23] sendo vedada a coexistência de ambas as investigações (ministerial e judicial).[24]
- O cumprimento das medidas investigativas, determinadas, conforme o caso, pelo juiz ou membro do *Ministerio Fiscal*, compete à *Policía Judicial*, que se encontra totalmente subordinada a essas autoridades no plano funcional,[25] como previsto no art. 126 da Constituição Espanhola (CE).
- Importante ter em mente que, na Espanha, a *Policía Judicial* refere-se a um segmento específico das instituições policiais (prioritariamente das instituições nacionais, a saber, o *Cuerpo Nacional de Policía* e a *Guardia Civil*, mas também presentes nas das polícias das regiões autonômicas e em algumas polícias

---

previsto no art. 124 da Constituição Espanhola (CE) e é regulamentada nos termos do respectivo Estatuto Orgánico del Ministerio Fiscal (Lei 50/81, posteriormente alterada pela lei 24/2007).

[21] "Artículo 326. cuando el delito que se persiga haya dejado vestigios o pruebas materiales de su perpetración, el juez instructor o el que haga sus veces ordenará que se recojan y conserven para el juicio oral si fuere posible, procediendo al efecto a la inspección ocular y a la descripción de todo aquello que pueda tener relación con la existencia y naturaleza del hecho".

[22] "Artículo 777. 1. El juez ordenará a la policía judicial o practicará por sí las diligencias necesarias encaminadas a determinar la naturaleza y circunstancias del hecho, las personas que en él hayan participado y el órgano competente para el enjuiciamiento (...)".

[23] "Artículo 773 (...) cesará el fiscal en sus diligencias tan pronto como tenga conocimiento de la existencia de un procedimiento judicial sobre los mismos hechos."

[24] Isso reforça que o modelo prioritário de investigação na Espanha é, efetivamente, o juizado de instrução, bem como que, a nosso ver, bastante acertadamente, o legislador espanhol optou por evitar duplicidade de investigações sobre o mesmo objeto, com menor dispêndio de recursos humanos e materiais.

[25] "Artículo 126. La policía judicial depende de los Jueces, de los Tribunales y del Ministerio Fiscal en sus funciones de averiguación del delito y descubrimiento y aseguramiento del delincuente, en los términos que la ley establezca".

locais), bem como alguns funcionários dos tribunais e até mesmo agentes pertencentes a outros órgãos da administração pública, tais como o Serviço de Vigilância Aduaneira (*Servicio de Vigilancia Aduanera*) e da Agência Estatal de Administração Tributária (*Agencia Estatal de Administración Tributaria*).[26] Trata-se, portanto, não de instituições policiais específicas, mas de segmentos (tais como a polícia de trânsito, a polícia ambiental, a polícia técnico-científica etc.), bem como de outras autoridades (como prefeitos, cuja atribuição é o de auxiliar as atividades investigativas desempenhadas prioritariamente pelo juiz de instrução ou, nos casos permitidos em lei, ao membro do *Ministério Fiscal*, atuando na dependência direta dessas autoridades.[27] [28]

---

[26] "Artículo 283. Constituirán la Policía Judicial *y serán auxiliares de los Jueces y Tribunales competentes en materia penal y del Ministerio Fiscal*, quedando obligados a seguir las instrucciones que de aquellas autoridades reciban a efectos de la investigación de los delitos y persecución de los delincuentes: 1.º Las autoridades administrativas encargadas de la seguridad pública y de la persecución de todos los delitos o de algunos especiales. 2.º Los empleados o subalternos de la policía de seguridad, cualquiera que sea su denominación. 3.º Los Alcaldes, Tenientes de Alcalde y Alcaldes de barrio. 4.º Los Jefes, Oficiales e individuos de la Guardia Civil o de cualquier otra fuerza destinada a la persecución de malhechores. 5.º Los Serenos, Celadores y cualesquiera otros Agentes municipales de policía urbana o rural. 6.º Los Guardas de montes, campos y sembrados, jurados o confirmados por la Administración. 7.º Los funcionarios del Cuerpo especial de Prisiones. 8.º Los Agentes judiciales y los subalternos de los Tribunales y Juzgados. 9.º El personal dependiente de la Jefatura Central de Tráfico, encargado de la investigación técnica de los accidentes" (grifos nossos).

[27] Sobre o tema, que por si só resultaria certamente em conteúdo a ensejar um inteiro capítulo, recomenda-se, fortemente, a consulta dos artigos 282 a 298 da LECrim. Neles é possível verificar que a subordinação dos integrantes da denominada *polícia judicial* ao juiz de instrução e ao *fiscal*, no âmbito da investigação preliminar é total. A LECrim prevê, inclusive, poderes disciplinares autônomos dessas autoridades investigativas em relação aos funcionários de polícia judicial que deixem de atender prazos legais ou outras determinações delas emanadas no interesse das investigações.

[28] Situação semelhante ocorre nos demais países em que vigora o modelo de *Civil Law*, seja nos que adotam o juizado de instrução como aqueles que adotam a investigação ministerial, permitindo-nos lançar luzes sobre alguns temas que, frequentemente, são trazidos à baila, no Brasil, quando tratamos de investigação criminal. A uma, porque reforça, como já dissemos, que a condução de investigações criminais é considerada nesses ordenamentos como uma atividade essencialmente jurídica, sendo exercida por autoridade judiciárias ou ministeriais (que, aliás, não por caso, guardam estreita similitude com aquelas desempenhadas pelas autoridades policiais civis e federais brasileiras, afinal, conforme veremos, oportunamente, referido cargo e atribuições, de fato, decorrem de uma paulatina evolução histórica a partir do juizado de instrução, o que trataremos oportunamente ao falarmos do sistema do inquérito policial). A duas, porque sinaliza que as polícias espanholas, assim como todas as demais que atuam nesse tipo de sistema, diversamente do que eventualmente é propagado, não executariam um verdadeiro "ciclo completo" de polícia, cumulando funções ostensivas e de investigação criminal, eis que sua atuação na fase investigativa se circunscreve a auxiliar os órgãos verdadeiramente incumbidos constitucionalmente des-

- Conforme nos recordam Aury Lopes Jr. e Ricardo J. Gloeckner (2015, p. 365), os integrantes da polícia judicial espanhola, durante a investigação criminal, gozam da garantia da inamovibilidade nos termos do art. 550 da *Ley Orgánica del Poder Judicial* (LOPJ),[29] podendo apenas ser afastados por determinação da respectiva autoridade investigativa (o juiz de instrução ou o *fiscal*).

- A introdução do juizado de instrução resultou, sem dúvida, num grande avanço à época, justamente por separar as funções de investigar e julgar, antes concentradas em uma única pessoa (BELAZA, 2016). Entretanto, mesmo com as recentes inovações que atribuíram mais poderes ao *fiscal*, e tendo perdido, há muito, os poderes de julgar definitivamente o caso, o juiz de instrução espanhol continua a deter não apenas poderes investigativos, mas também atribuições tipicamente jurisdicionais, como o deferimento de medidas cautelares, inclusive as que limitam direitos individuais, como o sequestro de bens, as buscas e apreensões e até mesmo as prisões processuais.[30]

---

sas tarefas, não dispondo os integrantes de tais forças policiais de poderes autônomos de investigação, sobretudo quando comparados com as instituições que exercem funções de polícia judiciária no Brasil, claramente mais amplas e, por isso mesmo, objeto de diversas formas de controle inexistentes nas polícias estrangeiras. Noutras palavras, é equivocado pensar que o que se convencionou chamar de "ciclo completo" nas polícias estrangeiras, seria a junção de funções que, por aqui, são exercidas pelas polícias ostensivas e até mesmo por alguns órgãos administrativos como a alfândega, com aquelas exercidas pelas Polícias Civis e Federal, no âmbito de suas funções previstas na CF/88 e no CPP, eis que grande parte das atividades, aqui denominadas de *Polícia Judiciária*, talvez a sua maioria (abertura de ofício e conclusão de investigações, indiciamento, intimação e interrogatórios, lavratura de flagrantes, requisição de documentos e laudos periciais, arbitramento de fianças, representação por cautelares e incidentes etc.), não pertencem ao campo mais restrito de atribuições das polícias judiciais estrangeiras (basicamente relacionadas ao cumprimento de diligências determinadas pela autoridade que preside a investigação, ainda que, possa haver a delegação de algumas atividades mais amplas, sem contudo, representar, que a investigação corre sob a condução direta daquela força policial).

[29] "Artículo 550. 1. En las funciones de investigación penal, la Policía Judicial actuará bajo la dirección de los juzgados y tribunales y del Ministerio Fiscal. 2. Los funcionarios de Policía Judicial a quienes se hubiera encomendado una actuación o investigación concreta dentro de las competencias a que se refiere el artículo 547 de esta ley, no podrán ser removidos o apartados hasta que finalice la misma o, en todo caso, la fase del procedimiento judicial que la originó, si no es por decisión o con la autorización del juez o fiscal competente".

[30] Os inconvenientes desse tipo de cumulação de funções obviamente não são poucos. Aury Lopes Jr. e Ricardo J. Gloeckner (2015, p. 150-151) chegam a apontar um total de 08 (oito) consequências negativas desse modelo, com destaque para o fato de que, nele, uma mesma pessoa avalia a necessidade de medidas de cautelares no curso da investigação, e também, avalia sua legalidade e as autoriza.

- As soluções geralmente apresentadas para os problemas acima citados passam, basicamente, pela redução dos poderes do juiz instrutor, atribuindo-se a função de investigar ao *fiscal*[31] e criando-se um magistrado de garantias, com atividades específicas de controle da fase investigativa, deferimento de cautelares etc. (BELAZA, 2016). Ao estudarmos o sistema francês, no tópico a seguir, entenderemos um pouco mais sobre essas sugestões e de que forma já vem sendo adotadas no referido sistema já há algum tempo.

3.1.2 A persecução penal e o juizado de instrução na França

O sistema francês de investigação, como veremos, possui algumas semelhanças e diferenças quando comparado ao espanhol.

Isso porque, apesar de se tratar de um sistema em que o juizado de instrução (ou *Instruction Preliminaire*, em francês) ainda se destaca fortemente como sendo o principal modelo investigativo, o Código de Processo Penal Francês (CPPf) de 1958 permitiu a hipótese de investigação preliminar a cargo do Ministério Público (*Procureur de la République*)[32] para as infrações penais consideradas de menor gravidade e complexidade, a denominada *Poursuite*.

Outra peculiaridade do sistema francês é que em ambos os casos, tanto nas investigações a cargo do procurador ou do juiz de instrução, existe atualmente uma terceira figura, denominada de juiz

---

[31] Há, entretanto, aqueles que se opõe à adoção de um modelo que tenha por regra a investigação direta pelo *fiscal*, pois os integrantes da *fiscalia* espanhola, apesar de pertencerem ao Poder Judicial, não dispõem de autonomia e independência, tal qual os juízes, estando assim, sujeitos à interferência política. Vamos além e compactuamos inteiramente da posição de Eloy Velasco Núñez (2019), o qual reforça que a questão espanhola é bem mais complexa que apenas alterar o titular da investigação e exige estruturar e investir efetivamente no modelo existente, capacitar investigadores, aprimorar a participação da defesa, dentre outras medidas que requerem gastos e o abandono de discussões meramente classistas.

[32] Note-se que, na França, os procuradores são magistrados, integrando aquilo que se convencionou chamar de *magistrature du parquet*, em contrapartida à *magistrature du siège*, em referência à posição ocupada pelos seus membros nos tribunais (LOPES JR. *et al.*, 2005, p. 367), com as respectivas garantias e prerrogativas funcionais, estando, porém, subordinados ao Procurador-geral nos termos do art. 36 do CPPf: "Le procureur général peut enjoindre aux procureurs de la République, par instructions écrites et versées au dossier de la procédure, d'engager ou de faire engager des poursuites ou de saisir la juridiction compétente de telles réquisitions écrites que le procureur général juge opportunes" (tradução livre: "Artigo 36. O procurador-geral pode ordenar que os procuradores da República, mediante instruções escritas e juntadas ao respectivo processo, instaurem ou façam instaurar procedimentos, iniciem ou intentem uma ação ou levem ao tribunal competente as questões constantes das requisições escritas que o Procurador-Geral considere apropriadas").

das liberdades e da prisão (*juge des libertés et de la détention*, também conhecido pela sigla *JLD*), cujas atribuições se encontram previstas no art. 137-1 do CPPf,[33] o qual é o encarregado de decidir sobre um rol variado de medidas cautelares no curso das investigações, tais como decretação e prorrogação de prisões, incidentes de sanidade metal, buscas e apreensões, escutas telefônicas etc.

Para compreendermos um pouco melhor as principais características desse sistema, convém esclarecer, inicialmente, que, na França, existem 3 tipos de infrações penais, em ordem crescente de gravidade da conduta imputada e da respectiva pena máxima a ser atribuída: I) contravenção; II) delito; e III) crime (RODRIGUES, 2017, p. 2).

Isso porque é justamente o tipo de infração que irá determinar a forma como se dará a investigação preliminar e o respectivo julgamento, conforme a seguir:

TABELA 1
Infrações penais no Direito francês
(a partir de Rodrigues, 2017, p. 2 e Dervieux, 2005, p. 172)

INFRAÇÃO	CARACTERÍSTICAS	INVESTIGAÇÃO	JULGAMENTO
Contravention	Infração penal menos grave punida com penas não privativas de liberdade. São definidas por regulamento do poder executivo.	Regra: *Poursuite* (MP) Exceção: *Instruction Preliminaire* (JI)	Tribunal de Polícia[34]
Délit	Infração penal punida com pena de prisão de até 10 anos e multa até 3.750 Euros.	Regra: *Poursuite* (MP) Exceção: *Instruction Preliminaire* (JI)	Tribunal de Correições
Crime	Infração penal mais grave punida até com pena de prisão perpétua e multa superior a 3.750 Euros.	Apenas *Instruction Preliminaire* (JI)	Escabinato[35]

---

[33] A figura do *juiz das liberdades* foi introduzida pela lei francesa de 15 de junho de 2000 sobre a presunção de inocência, alterando o artigo 137-1, parágrafo 2, do CPPf.

[34] Trata-se de uma corte especializada no julgamento das contravenções, extinta em 2005, mas que retornou ao ordenamento francês em 2017. Interessante registrar que, nela, nos casos de contravenções menos graves, as funções do *Parquet* podem ser desempenhadas por um comissário de polícia, nos termos do art. 45 do CPPf.

[35] O Escabinato ou *Cour d'Assises* é um órgão jurisdicional formado por 03 juízes togados e 09 juízes leigos, exigindo-se para a condenação do acusado pelo menos 8 votos favoráveis.

Tal qual fizemos para o modelo espanhol, podemos dizer que o processo penal francês se divide em três fases distintas, a saber:

PROCESSO PENAL FRANCÊS - FASES

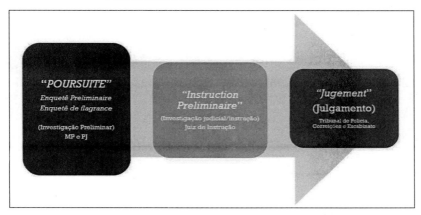

Figura 2 – Fases do Processo Penal Francês (elaborado a partir de Dervieux, 2005, p. 149-242)

1ª Fase: Poursuite: é uma fase investigativa simplificada, conduzida pelo *procureur de la République*, que antecede o processo propriamente dito. São previstos no ordenamento francês, dois tipos de instrução preliminar (LOPES JR. *et al.*, 2015, 366):

- Enquêtê en flagrance (ou *enquête sur infraction flagrante*): ocorre na hipótese de crimes em flagrante (arts. 53 e ss. do CPPf). A investigação é conduzida pelo procurador, com prazo de 8 dias, prorrogável por igual período.[36]

---

[36] "Article 53. Est qualifié crime ou délit flagrant le crime ou le délit qui se commet actuellement, ou qui vient de se commettre. Il y a aussi crime ou délit flagrant lorsque, dans un temps très voisin de l'action, la personne soupçonnée est poursuivie par la clameur publique, ou est trouvée en possession d'objets, ou présente des traces ou indices, laissant penser qu'elle a participé au crime ou au délit. A la suite de la constatation d'un crime ou d'un délit flagrant, l'enquête menée sous le contrôle du procureur de la République dans les conditions prévues par le présent chapitre peut se poursuivre sans discontinuer pendant une durée de huit jours. Lorsque des investigations nécessaires à la manifestation de la vérité pour un crime ou un délit puni d'une peine supérieure ou égale à cinq ans d'emprisonnement ne peuvent être différées, le procureur de la République peut décider la prolongation, dans les mêmes conditions, de l'enquête pour une durée maximale de huit jours" (tradução livre: "Artigo 53. Um crime ou ofensa em flagrante é definido como o crime ou ofensa que foi cometida agora ou recentemente. Também existe um crime ou ofensa flagrante quando, em um período muito próximo da ação, a pessoa suspeita é identificada por clamor público, ou é encontrada na posse de objetos, ou apresenta traços

- *Enquetê Préliminaire*: ocorre nos demais casos de infrações penais sujeitas a investigação preliminar conduzida pelo procurador (arts. 75 a 78 do CPPf).

2ª *Fase*: *Instruction Préparatoire*: é uma fase investigativa judicial ou de instrução, conduzida diretamente pelo juiz de instrução. É, em regra, obrigatória em se tratando de crimes, porém opcional em matéria de delitos e contravenções.[37]

3ª *Fase*: *Jugement*: É o processo criminal propriamente dito, cuja competência é fixada a partir do tipo de infração penal apurada, como já mencionado no quadro anterior.

PROCESSO PENAL FRANCÊS - FASES

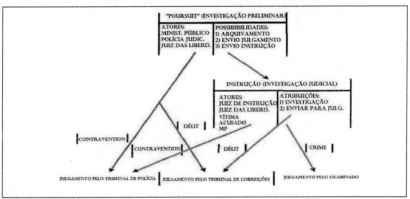

Figura 3 – Resumo esquemático do Processo Penal Francês (Dervieux, 2005, p. 172)

Dentre as principais características desse sistema, sobretudo quando confrontado com o modelo espanhol, podemos citar:

---

ou pistas, sugerindo que ela participou do crime ou delito. Após a constatação de um crime ou delito em flagrante, a investigação é conduzida sob a supervisão do Ministério Público, nas condições previstas neste capítulo, podendo continuar sem interrupção por um período de oito dias. Quando as investigações necessárias para a apuração de um crime ou ofensa punível com pena de cinco anos de prisão ou mais não puderem ser concluídas, o promotor público poderá decidir a extensão, nas mesmas condições, da investigação por um período máximo de oito dias".

[37] "Article 79. L'instruction préparatoire est obligatoire en matière de crime ; sauf dispositions spéciales, elle est facultative en matière de délit ; elle peut également avoir lieu en matière de contravention si le procureur de la République le requiert en application de l'article 44" (tradução livre: "Artigo 79. A instrução preparatória é obrigatória em matéria de crime; exceto disposições especiais, é opcional em matéria de delito; também pode ocorrer em caso de contravenção se o promotor público o solicitar de acordo com o artigo 44").

- A investigação preliminar no processo penal francês está a cargo do juiz de instrução ou do procurador, conforme o tipo de infração penal cometida: a instrução é obrigatória nos crimes, facultativa nos delitos e excepcional nas contravenções.
- Diversamente, porém, do que ocorre no sistema espanhol, o juiz instrutor francês não age *ex officio*: ele necessita de requerimento específico formulado pelo *Parquet* para a abertura do apuratório, bem como autorização formal dele para apurar novos fatos que surjam no curso das investigações (LOPES JR., 2015, 369).
- Semelhantemente ao que ocorre no sistema espanhol, as atividades de polícia judiciária (*police judiciaire*) são desempenhadas por integrantes da *Police Nationale* e da *Gendarmerie Nationale*,[38] bem como uma série de outras autoridades e agentes públicos que, por força legal, atuam em auxílio ao procurador e/ou ao juiz de instrução, autoridades que, efetivamente, dispõem de poderes investigativos.[39]

---

[38] Sobre as polícias francesas e suas respectivas áreas de atuação, transcrevemos os seguintes ensinamentos, que reputamos bastante oportunos: "Na prática, o que diferencia as duas polícias francesas (...) são as suas circunscrições de atuação, já que ambas têm por missão tanto a manutenção da segurança e ordem pública (polícia preventiva) como o desempenho de atividades de polícia judiciária. Grosso modo, a circunscrição da Polícia Nacional abrange predominantemente as áreas urbanas enquanto que a circunscrição da *Gendarmerie* abrange as áreas rurais. Não obstante, há grupos especiais da *Gendarmerie* que atuam em todo território francês, além de subsistir também alguns grupos afetos a funções militares ligadas ao Ministério da Defesa. Pode-se dizer que a função de polícia judiciária encontra um terreno bem mais amplo no âmbito da Polícia Nacional, mas a *Gendarmerie* possui atribuições e poderes para levar a efeito investigações criminais" (RODRIGUES, 2017, p. 4).

[39] O rol é bastante extenso e inclui desde servidores da alfândega, guardas municipais, prefeitos e seus substitutos, fiscais ambientais, até agentes da Companhia Nacional Ferroviária Francesa (SNCF). Tais autoridades são enquadradas em diferentes categorias, com denominações específicas que designam o tipo de atividades que podem/devem desempenhar no exercício da polícia judiciária, bem como sua posição hierárquica em relação aos demais integrantes da polícia judiciária. Assim, por exemplo, os oficiais das polícias nacionais designados especificamente para atuar nas atividades de polícia judiciária, possuem status de oficiais de polícia judiciária (*officiers de police judiciaire* – OPJ), com poderes mais amplos que os policiais de hierarquia inferior designados para atuar como agentes de polícia judiciária (*agents de police judiciaire* - APJ) a eles subordinados. A lei prevê, inclusive, que qualquer policial, ainda que não pertencente a uma unidade de PJ, mas em casos específicos, como diante de um flagrante delito, age na condição de agente adjunto de polícia judiciária (*agent de police judiciaire adjoint* - APJA) e, portanto, subordinado em ordem crescente, a quaisquer APJs, OPJs e juízes de instrução ou procuradores, conforme o caso. Existem denominações semelhantes para integrantes de outras carreiras públicas, como os servidores da alfândega especialmente designados, denominados de oficiais de aduana judicial (*officier de douane judiciaire* - ODJ) e que detêm poderes e, principalmente, deveres semelhantes aos seus colegas oficiais que integram os

- Para além da prisão em flagrante e das prisões provisórias, que guardam grande similitude com os institutos correlatos do ordenamento brasileiro, há previsão expressa no ordenamento francês do *garde à vie* (art. 63 do CPPf), uma medida de restrição de liberdade, determinada pelo OPJ ou pelo *procureur de la République*, cuja regra geral de duração é de 24 horas, prorrogáveis por igual período.[40]

- As investigações, tanto na *poursuite* como na *instruction* como regra geral: i) têm suas oitivas reduzidas a termo, caracterizando-se como uma fase prioritariamente escrita,[41] ao contrário do que ocorre no *jugement*, prioritariamente oral (arts. 106, 107 e 121); ii) são sigilosas (art. 11 do CPPf) e a participação da defesa é bastante limitada, sobretudo na *poursuite*, ainda que um pouco mais ampla durante a *Instruction*, após a *mise en examen*.[42]

órgãos policiais. Na prática, o que se verifica é que, a legislação francesa, sabiamente a nosso ver, conferiu a um rol variado de agentes e autoridades, nos mais diferentes níveis da administração pública, o dever de colaborar e atuar em apoio às investigações criminais conduzidas por magistrados e procuradores. Isso é reforçado pela constatação que uma vez que se encontre em uma situação que lhe atribua a condição de APJA, o policial francês não só se encontra diretamente subordinado à autoridade investigativa respectiva (juiz de instrução ou procurador) ou quem lhe faça as vezes, no caso de um ato de delegação específico, devendo cumprir as requisições e determinações dela emanadas no interesse da investigação respectiva, como também responderá perante ela por eventuais ações ou omissões cometidas nessa condição.

[40] Sobre o assunto, merecem transcrição os seguintes ensinamentos: "(...) para se levar a efeito a *garde à vue* é necessário que haja indícios plausíveis da prática de crime ou delito punidos com uma pena de prisão e a medida seja o único meio para alcançar um dos seguintes objetivos: 1. Permitir a realização de medidas ou atos de investigação que necessitem da presença ou participação da pessoa (art. 62-2 do CPP francês); 2. Garantir a apresentação do suspeito ao procurador da república para deliberação quanto aos próximos atos investigativos; 3. Impedir a modificação das provas; 4. Impedir a coação de testemunhas ou vítimas; 5. Impedir a comunicação com outros suspeitos de serem coautores ou cúmplices; 6. Garantir a execução de medidas tendentes a cessar a prática do crime ou delito (exemplo clássico seria a extorsão diante sequestro). O prazo da custódia provisória é de 24 horas e o procurador da república deve ser imediatamente informado do início da medida. Pode haver uma prorrogação de mais 24 horas que é decidida pelo próprio procurador da república, devendo o custodiado ser a ele apresentado pessoalmente ou por meio de vídeo conferência (...) em matéria de criminalidade organizada ou terrorismo podem ocorrer outras prorrogações da custódia provisória até o prazo máximo de 144 horas desde que atendidos requisitos específicos. Essas prorrogações ulteriores são decididas pelo juiz de liberdades e detenção ou pelo juiz de instrução (art. 706-88 do CPPf)" (RODRIGUES, 2017, p. 10).

[41] Importante registrar aqui que tais depoimentos, ainda que produzidos perante o MP ou juiz de instrução, são considerados atos de mera informação ou investigação, com conteúdo probatório limitado.

[42] Trata-se de ato praticado pelo juiz de instrução equivalente ao indiciamento do direito brasileiro. A pessoa *mise en examen* é aquela contra a qual existem fortes indícios de que

- No que se refere às principais críticas feitas a esse sistema, cremos importante trazer à baila os seguintes trechos de artigo elaborado por Hervé Lehman, ex-juiz de instrução francês:

  A instrução é um sistema processual que não funciona mais. A duração média da fase de instrução que era de 14,6 meses em 1994 passou para 22,4 meses em 2005, enquanto o prazo médio da prisão provisória passou de 5,6 meses em 1994 para 8,7 meses em 2005 (...) na medida em que os casos se tornaram mais complexos — especialmente os casos financeiros — se tornaram frequentes atrasos de cinco a dez anos antes que a instrução seja concluída. Mais além dos números, a instrução é um mecanismo no qual as pessoas suspeitas são colocadas em análise, mandadas para a prisão provisórias, expostas à execração pública, depois, alguns anos mais tarde, julgadas: (...) no país do homem dos direitos e do juiz de instrução, pessoas são colocadas em prisão provisória que serão, na conclusão do processo, declarados não culpados. O juiz de instrução não é uma conquista da democracia: é uma instituição criada em 1811 para o Napoleão, por muito tempo marcada pela obsessão do segredo e pelo desprezo aos direitos da defesa. É certo que as reformas legislativas das últimas décadas permitiram melhorar estes direitos, mas para cair num formalismo excessivo que engessa os inquéritos. O "pequeno juiz" se reduz nada mais do que a um homem, às vezes inexperiente, que exerce um poder muito solitário. (...) marcado por uma contradição interna que toca em seus limites, hoje em dia, no Estado de direito desenvolvido.
  " (...) ele é ao mesmo tempo o que toca a investigação, interroga, prequestiona e aquele que julga (...) (LEHMAN, 2009).

- Vê-se, portanto, que as inovações trazidas no sistema francês desde 1958, notadamente no que se refere à atribuição de alguns poderes investigativos aos membros do *Parquet* e a criação de um juiz de garantias (JLD) não foram suficientes para suprir todas as deficiências desse sistema. Uma solução frequentemente apresentada, inclusive pelo próprio Lehman no artigo supramencionado, seria a substituição em definitivo do juizado de instrução, pela investigação direta pelo órgão de acusação, conforme experiências de outros países, a exemplo de Portugal e Itália, os quais abordaremos a seguir.

---

possa ter participado, como autor ou cúmplice, na prática de uma infração penal (artigo 80-1 do CPPf). O indiciado, nesse caso, passa ter direito a assistência de um advogado, nos termos dos arts. 80-2 e 114 do CPPf).

3.2 O sistema continental europeu (promotor investigador): características gerais

É o sistema adotado, hoje, na maioria dos países da Europa Continental, América Latina e, para boa parte dos autores, também nos EUA.[43]

No sistema do promotor-investigador, o órgão acusador é que preside as investigações, cabendo a Polícia Judiciária,[44] como no sistema do juizado de instrução, apenas auxiliá-lo.

Em vários países, sobretudo na Europa Continental, começou a surgir a partir do final das décadas de 1970 (Alemanha) e 1980 (Portugal e Itália), em substituição ao modelo do "Juiz de Instrução".

3.2.1 A persecução penal e o promotor investigador em Portugal

As disposições sobre a investigação preliminar em Portugal encontram-se previstas no Código de Processo Penal Português (CPPp)[45] e na Lei de Organização da Investigação Criminal (LOIC).

Portugal adotava até 1987 um sistema fundamentado principalmente no juizado de instrução, com características bastante semelhantes ao modelo ainda hoje vigente na França, composto por uma diversidade de procedimentos, que variavam conforme o tipo de infração penal e havendo hipóteses de investigações que transcorriam a cargo do MP e, em casos mais simples, da própria polícia, mas, em 1987, com o novo CPPp, uma profunda reforma foi realizada no referido sistema, passando a ser adotado um sistema de promotor-investigador, composto por 3 fases distintas, conforme a seguir:

---

[43] Neste capítulo, entretanto, em razão das diversas peculiaridades que envolvem o sistema norte-americano, optamos por tratá-lo em tópico específico, conforme veremos oportunamente.

[44] Ou *Polícia Criminal*, como é chamada em Portugal.

[45] Decreto-Lei nº 78/87, de 17 de fevereiro, no uso de autorização legislativa concedida pela Lei nº 43/86, de 26 de setembro, em vigor desde 1º de janeiro de 1988.

PROCESSO PENAL PORTUGUÊS - FASES

Figura 4 – Fases do Processo Penal Português (elaborado a partir de PORTUGAL, 1987)

1ª *Fase: Inquérito Penal*: compreende, conforme expressa previsão legal: "o conjunto de diligências que, nos termos da lei processual penal, se destinam a averiguar a existência de um crime, determinar os seus agentes e a sua responsabilidade e descobrir e recolher as provas, no âmbito do processo" (art. 1º da LOIC[46]). É uma fase obrigatória, dirigida pelo magistrado do MP,[47] mas em que o deferimento de medidas cautelares e alguns atos considerados invasivos, dependem de prévia

---

[46] Lei nº 21/2000, de 10 de agosto.
[47] "Artigo 2º 1 - A direcção da investigação cabe à autoridade judiciária competente em cada fase do processo. 2 - A autoridade judiciária é assistida na investigação pelos órgãos de polícia criminal. 3 - Os órgãos de polícia criminal, logo que tomem conhecimento de qualquer crime, comunicam o facto ao Ministério Público no mais curto prazo, que não pode exceder 10 dias, sem prejuízo de, no âmbito do despacho de natureza genérica previsto no nº 4 do artigo 270.º do Código de Processo Penal, deverem iniciar de imediato a investigação e, em todos os casos, praticar os actos cautelares necessários e urgentes para assegurar os meios de prova. 4 - Os órgãos de polícia criminal actuam no processo sob a direcção e na dependência funcional da autoridade judiciária competente, sem prejuízo da respectiva organização hierárquica. 5 - As investigações e os actos delegados pelas autoridades judiciárias são realizados pelos funcionários designados pelas autoridades de polícia criminal para o efeito competentes, no âmbito da autonomia técnica e táctica necessária ao eficaz exercício dessas atribuições. 6 - A autonomia técnica assenta na utilização de um conjunto de conhecimentos e métodos de agir adequados e a autonomia táctica consiste na escolha do tempo, lugar e modo adequados à prática dos actos correspondentes ao exercício das atribuições legais dos órgãos de polícia criminal. 7 - Os órgãos de polícia criminal impulsionam e desenvolvem, por si, as diligências legalmente admissíveis, sem prejuízo de a autoridade judiciária poder, a todo o tempo, avocar o processo, fiscalizar o seu andamento e legalidade e dar instruções específicas sobre a realização de quaisquer actos".

autorização judicial, deferida pelo juiz de instrução (arts. 268[48] e 269[49] do CPPp). Ao final do inquérito penal, o MP, conforme o caso, procederá à notificação da acusação ao imputado (art. 283 do CPPp) ou ao arquivamento do expediente.

2ª *Fase*: *Instrução Criminal*: é uma fase facultativa, que sucede à notificação da acusação ou ao arquivamento do inquérito penal, nos termos do art. 287 do CPPp.[50] Assemelha-se, neste sentido, à fase *intermedia* do processo penal espanhol, no sentido de avaliar a existência de indícios suficientes aptos a ensejar o julgamento. Possui, porém, também um forte caráter contraditório e de controle judicial da atuação MP, vez que possibilita rever tanto a sua decisão de acusação, como a de arquivamento do expediente. Essa fase é concluída por meio de decisão instrutória que pode ser de pronúncia (o arguido será julgado) ou de não pronúncia (o caso é arquivado).[51]

---

[48] "Art. 268 do CPPp. 1 - Durante o inquérito compete exclusivamente ao *juiz de instrução*: a) Proceder ao primeiro interrogatório judicial de arguido detido; b) Proceder à aplicação de uma medida de coacção ou de garantia patrimonial, à excepção da prevista no artigo 196º, a qual pode ser aplicada pelo Ministério Público (termo de identidade e residência); c) Proceder a buscas e apreensões em escritório de advogado, consultório médico ou estabelecimento bancário; d) Tomar conhecimento, em primeiro lugar, do conteúdo da correspondência apreendida; e) Declarar a perda a favor do Estado de bens apreendidos, com expressa menção das disposições legais aplicadas; f) Praticar quaisquer outros actos que a lei expressamente reservar ao juiz de instrução. 2 - O juiz pratica os actos referidos no número anterior a requerimento do Ministério Público, da autoridade de polícia criminal em caso de urgência ou de perigo na demora, do arguido ou do assistente. 3 - O requerimento, quando proveniente do Ministério Público ou de autoridade de polícia criminal, não está sujeito a quaisquer formalidades. 4 - Nos casos referidos nos números anteriores, o juiz decide, no prazo máximo de vinte e quatro horas, com base na informação que, conjuntamente com o requerimento, lhe for prestada, dispensando a apresentação dos autos sempre que a não considerar imprescindível".

[49] "Art. 269 do CPPp. 1 - Durante o inquérito compete exclusivamente *ao juiz de instrução* ordenar ou autorizar: a) A efectivação de perícias, nos termos do n.º 3 do artigo 154.º; b) A efectivação de exames, nos termos do n.º 2 do artigo 172.º; c) Buscas domiciliárias, nos termos e com os limites do artigo 177.º; d) Apreensões de correspondência, nos termos do n.º 1 do artigo 179.º; e) Intercepção, gravação ou registo de conversações ou comunicações, nos termos dos artigos 187.º e 189.º; f) A prática de quaisquer outros actos que a lei expressamente fizer depender de ordem ou autorização do juiz de instrução".

[50] "Artigo 287 do CPPp. 1 - A abertura da instrução pode ser requerida, no prazo de 20 dias a contar da notificação da acusação ou do arquivamento: a) Pelo arguido, relativamente a factos pelos quais o Ministério Público ou o assistente, em caso de procedimento dependente de acusação particular, tiverem deduzido acusação; ou b) Pelo assistente, se o procedimento não depender de acusação particular, relativamente a factos pelos quais o Ministério Público não tiver deduzido acusação. 4 - No despacho de abertura de instrução o juiz nomeia defensor ao arguido que não tenha advogado constituído nem defensor nomeado. 5 - O despacho de abertura de instrução é notificado ao Ministério Público, ao assistente, ao arguido e ao seu defensor".

[51] "Art. 17. Compete ao juiz de instrução proceder à instrução, decidir quanto à pronúncia e exercer todas as funções jurisdicionais até à remessa do processo para julgamento, nos termos prescritos neste Código".

3ª *Fase: Julgamento*: É o processo criminal propriamente dito. Curiosidades e características deste modelo:
- Como vimos, em Portugal, o juiz de instrução (ou juiz *da* instrução, como frequentemente é mencionado[52]), difere bastante das autoridades homônimas presentes no ordenamento espanhol e francês. Na prática, o que se verifica, é que com o total esvaziamento de suas funções de direção das investigações criminais, hoje concentradas no MP, ele passou a figurar no ordenamento lusitano numa posição que mescla atividades ainda hoje denominadas de instrução, porém mais assemelhadas àquelas exercidas na fase *intermedia* do direito processual espanhol, com atividades que muito se assemelham àquelas exercidas pelo juiz das liberdades e da prisão no ordenamento francês.

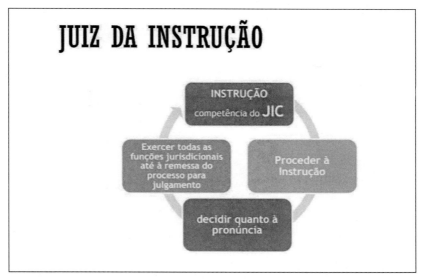

Figura 5 – Competências do Juiz da Instrução no ordenamento português (elaborado a partir de PORTUGAL, 1987)

- À semelhança das polícias judiciárias espanholas e francesa, O CPPp define, em seu art. 1º, os chamados *Órgãos de Polícia*

---

[52] Nesse sentido: LOPES *et al*. (2015, p. 388).

Criminal (OPCs[53]), como sendo todas as entidades e agentes policiais com incumbência de coadjuvar as autoridades judiciárias durante o processo penal.[54]

- Entretanto, interessante termos em mente que a dependência funcional das polícias em relação ao MP, tal como prevista no ordenamento português, se coloca como uma posição intermediária entre a total autonomia dispensada à polícia investigativa no sistema inglês (inquérito policial) e a dependência orgânica/hierárquica da polícia judiciária em relação às autoridades judiciais a cargo da investigação (como vimos nos sistemas Espanhol, Francês e voltaremos a ver, mais adiante no Italiano).[55]
- Na teoria, as polícias portuguesas podem realizar, por delegação, quaisquer atos do inquérito penal, salvo os reservados estritamente para as autoridades judiciárias,[56] porém sempre dirigidas pelo MP.

---

[53] Para um aprofundamento sobre o papel dos OPCs e toda a legislação correlata, recomenda-se como leitura obrigatória a obra do prof. Manuel Monteiro Guedes Valente (2009), "Teoria geral do Direito Policial", constante de nossas referências.

[54] No rol de OPCs portugueses encontram-se diversas instituições, dentre elas destacadamente, a Polícia Judiciária (PJ), uma instituição ligada ao Ministério da Justiça português e que durante muito tempo figurou como sendo o braço investigativo da magistratura lusitana, sob o comando dos respectivos juízes de instrução. Com as reformas legislativas que se sucederam nas últimas décadas, e a passagem dos poderes investigativos aos magistrados do MP, foi criada a nomenclatura órgão de polícia criminal (OPC) para designar um rol mais amplo de instituições policiais e administrativas que passaram a ter atribuições gerais ou específicas de coadjuvar o MP na realização do inquérito penal, tais como a Guarda Nacional Republicana (GNR), a Polícia de Segurança Pública (PSP) e o Serviço e Emigração e Fronteiras (SEF) (VALENTE, 2009, p. 351-371).

[55] Neste sentido: FERNANDES, 2014, p. 64.

[56] "Art. 270 do CPPp. 1 - O Ministério Público pode conferir a órgãos de polícia criminal o encargo de procederem a quaisquer diligências e investigações relativas ao inquérito. 2 - Exceptuam-se do disposto no número anterior, além dos actos que são da competência exclusiva do juiz de instrução, nos termos dos artigos 268.º e 269.º, os actos seguintes: a) Receber depoimentos ajuramentados; b) Ordenar a efectivação de perícia; c) Assistir a exame susceptível de ofender o pudor da pessoa; d) Ordenar ou autorizar revistas e buscas, nos termos e limites dos n.os 3 e 5 do artigo 174.º; e) Quaisquer outros actos que a lei expressamente determinar que sejam presididos ou praticados pelo Ministério Público. 3 - O Ministério Público pode, porém, delegar em autoridades de polícia criminal a faculdade de ordenar a efectivação da perícia relativamente a determinados tipos de crime, em caso de urgência ou de perigo na demora, nomeadamente quando a perícia deva ser realizada conjuntamente com o exame de vestígios. Exceptuam-se a perícia que envolva a realização de autópsia médico-legal, bem como a prestação de esclarecimentos complementares e a realização de nova perícia nos termos do artigo 158º 4 - Sem prejuízo do disposto no nº 2, no nº 3 do artigo 58º, no nº 3 do artigo 243º e no n.º 1 do artigo 248º, a delegação a que se refere o nº 1 pode ser efectuada por despacho de natureza genérica que indique os tipos de crime ou os limites das penas aplicáveis aos crimes em investigação".

- Na prática, entretanto, o que se verificou, nestes últimos anos, foi uma forte tendência na redução do papel desempenhado efetivamente pelo *Parquet* na investigação preliminar, inclusive com a delegação para a presidência do inquérito para as Polícias Criminais. Neste sentido é a LOIC (Lei nº 21/2000, de 10/8), bem como a reforma de 1998 no art. 270 do CPPp (COSTA, 2019).
- Noutras palavras, o que se verifica, em Portugal, é aquilo que se convencionou chamar em Portugal de *policialização da investigação criminal*[57] e, há anos, gera diversas discussões no meio jurídico lusitano, notadamente no que se refere à validade, sob o prisma constitucional, de investigações que não tenham sido efetivamente conduzidas pelo Ministério Público, órgão incumbido constitucionalmente de tal mister.
- Sobre o assunto, cremos bastante valioso o seguinte depoimento:

> Numa visão, completamente pessoal e enformada pela experiência de alguns anos do autor deste trabalho, no exercício das funções de órgão de polícia criminal, mais concretamente de autoridade de polícia criminal, referimos que foi possível observar com alguma frequência que o Ministério Público se limita a seguir o impulso dos órgãos de polícia criminal. Após um primeiro despacho de delegação de competências, os processos regressam ao Ministério Público com a sugestão da prática de atos que carecem da autorização do Juiz de Instrução Criminal e, sem outras intervenções ou orientações processuais, o Ministério Público limita-se a promover o que lhe é sugerido pelos órgãos de polícia criminal - de forma totalmente acrítica, remetendo, na maior parte das vezes, para a fundamentação apresentada pelos órgãos de polícia criminal, nas suas sugestões (FERNANDES, 2014, p. 65).[58]

3.2.2 A persecução penal e o promotor investigador na Itália

Assim como Portugal, a Itália, por ocasião da edição do novo Código de Processo penal (*Codice di Procedura Penale* – CPPi), em vigor

---

[57] Nesse sentido: BRAZ (2010, p. 59-61) e VALENTE (2009, p. 348 e ss.).
[58] Interessante registrar que, a nosso ver, o modelo português, apesar de definir, na teoria, um sistema de investigação ministerial, na prática, já caminha (e a passos largos) no sentido de consolidar um modelo de investigação policial, nos moldes do inglês (e, por conseguinte, do brasileiro).

desde 24.10.1989, abandonou o anterior sistema de juizado de instrução e passou a adotar um sistema de investigação preliminar a cargo do Ministério Público (*Pubblico Ministero*).⁵⁹
Dessa forma, o processo penal italiano atual pode ser dividido da seguinte forma:

PROCESSO PENAL ITALIANO - FASES

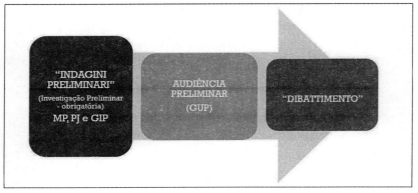

Figura 6 – Fases do Processo Penal Italiano (elaborado a partir de ITÁLIA, 1988)

1ª *Fase*: *Indagini Preliminari* (investigações preliminares): compreende, conforme expressa previsão legal: "as diligências necessárias para as determinações inerentes ao exercício da ação penal, desenvolvidas pelo ministério público e a polícia judiciária, no âmbito de suas respectivas atribuições"⁶⁰ (art. 326 do CPPi⁶¹). É uma fase obrigatória que se inicia com a notícia-crime, prevista nos arts. 326 a 437 do CPPi, dirigida pelo ministério público (*pubblico ministero*) que atua com o apoio

---

⁵⁹ Como bem observam Aury Lopes Jr. e Ricardo J. Gloeckner (2015, p. 370), o legislador italiano buscou "extinguir os rasgos inquisitivos da fase preliminar, abandonando a figura do juiz de instrução (...)".

⁶⁰ Vê-se, de plano, que a lei italiana define o escopo da investigação preliminar italiana como sendo um conjunto de atos a subsidiar o exercício da ação penal. Tal constatação é relevante, pois deixa claro que, no ordenamento italiano as *indigini preliminari* são, de fato e de direito, uma fase preparatória da acusação, com flagrantes consequências não apenas no que se refere à forma e conteúdo do respectivo caderno apuratório, mas, sobretudo, porque ensejou, como veremos mais adiante, o surgimento de uma peculiaridade desse sistema que, prevê, também expressamente a possibilidade da coexistência de investigações defensivas (*investigazioni diffensive*, previstas arts. 391bis a 391nonies do CPPi).

⁶¹ No original: "Articolo 336. 1. Il pubblico ministero e la polizia giudiziaria svolgono, nell'ambito delle rispettive attribuzioni, le indagini necessarie per le determinazioni inerenti all'esercizio dell'azione penale".

da polícia judiciária (*polizia giudiziaria*). Nesta fase, a exemplo do que ocorre nos sistemas francês e português, existe o chamado *juiz para as investigações preliminares* (*giudice per le indagini preliminari* – GIP), com funções de juiz de garantias.[62] Se, ao final das investigações preliminares, o MP acredita não ter obtido elementos suficientes a ensejar a propositura da ação penal, ele propõe ao *GIP* o arquivamento do expediente, o qual, se acolhido, devolverá os autos para arquivo na procuradoria. *Contrario sensu*, havendo elementos, o MP formulará o requerimento de designação de audiência preliminar (*richiesta di udienza preliminare*), dando início à fase seguinte. Ponto importantíssimo é que toda a atividade realizada pelo MP nessa fase "somente gera atos de investigação, e não prova" (LOPES JR. *et al.*, 2015, p. 375-376), servindo apenas para "fundamentar o exercício e o recebimento da acusação"[63] (*ibidem*).

2ª Fase: *Udienza Preliminare* (audiência preliminar): Prevista nos arts. 416 a 433 do CPPi,[64] a audiência preliminar a exemplo fase *intermedia* do sistema espanhol, visa a avaliar a existência de elementos probatórios e requisitos legais suficientes aptos a sustentar a acusação e o prosseguimento da causa para julgamento. Nos dizeres de Amodio (1988, p. 2172), representa a fase de transição do procedimento investigativo para o processo com o objetivo principal de filtrar, em benefício do acusado, as ações penais imprudentes. É desenvolvida com a presença do MP, da vítima e do acusado e seus respectivos advogados, na presença de um novo juiz, diverso do juiz da investigação preliminar, denominado *juiz da audiência preliminar* (*giudice della udienza preliminare* – GUP). As partes têm acesso aos autos e documentos produzidos na fase anterior, com antecedência mínima de 10 dias. Em apertada síntese, a audiência preliminar trata-se de um procedimento oral e contraditório em que, ao final, o GUP decide pela aceitação da peça acusatória (*decreto que dispone il giudizio*) ou sua rejeição (*sentenza di non luogo a procedere*). Com a aceitação da denúncia, o GUP determina sejam formados os autos do processo que seguirão para o julgamento

---

[62] Entre as funções mais importantes do GIP figuram: i) análise e deferimento de pedidos de interceptação telefônica ou telemática (art. 267 do CPPi); ii) produção antecipada de provas a pedido do Ministério Público ou da defesa, no caso de investigação defensiva (art. 392 do CPPi); iii) decidir sobre o pedido de arquivamento do apuratório (art. 409 CPPi).

[63] Explicam referidos autores que isso ocorre porque o sistema italiano atribui aos atos das *indagini* um "valor endoprocedimental, e para evitar a contaminação do processo, determina sua exclusão física" (LOPES JR. *et al.*, 2015, p. 377).

[64] A realização dessa audiência é a regra no sistema italiano, porém comporta exceções, como, por exemplo, as previstas no art. 550 do CPPi.

(*fascicolo per il dibattimento*).[65] O GUP também é responsável por realizar, conforme o caso, nesta fase, alguns procedimentos especiais como: i) o juízo abreviado, um rito em que o acusado solicita que o processo seja julgado, no estado em que se encontra, em definitivo, já na audiência preliminar (giudizio abbreviato, previsto nos arts. 438 a 443 do CPPi) e; ii) a aplicação da penalidade a pedido das partes (o *patteggiamento*, previsto nos arts. 444 a 448 do CPPi), uma forma de acordo entre acusação e a defesa, em que o acusado admite a culpa em troca de uma pena mais branda, nos moldes do *plea bargain* norte-americano.

3ª Fase: *"Dibattimento"* (julgamento): É o processo criminal propriamente dito.

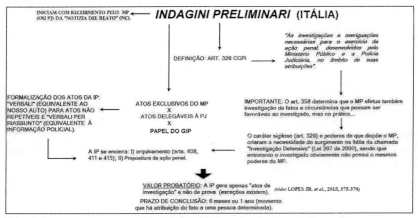

Figura 7 – Resumo das principais características das *indagini preliminari* (elaborado a partir de VIGNA, 2014)

Como características gerais e principais curiosidades desse sistema, além das já referidas, poderíamos citar:

- As investigações preliminares são chamadas de *indagini preliminari*, e ao Ministério Público, como titular da investigação compete realizar diretamente as diligências investigativas,

---

[65] Esta é uma característica única do processo penal italiano: uma grande parte dos atos e documentos produzidos na fase da investigação preliminar não é levada ao conhecimento da autoridade que julgará o processo em definitivo. A ideia é que o convencimento da autoridade julgadora deve se formar apenas com base nas provas produzidas em contraditório, ou seja, já na fase de *dibattimento*, exceto, obviamente, aqueles referentes a atos que não podem ser repetidos em juízo pela sua própria natureza (provas periciais, documentos e objetos que constituem corpo de delito etc.) e/ou foram produzidos por meio de incidente próprio, em contraditório, como a oitiva de testemunhas que se encontravam com saúde debilitada ou idade avançada.

inclusive oitivas e interrogatórios, produzir o caderno apuratório, autuá-lo, também, por óbvio lhe cabe manter o respectivo cartório (arts. 358 a 378 do CPPi).
* A exemplo do que já vimos nos sistemas anteriores, notadamente ao tratarmos do sistema francês, as funções de polícia judiciaria (*polizia giudiziaria*) na Itália são exercidas por integrantes especialmente designados nas diferentes forças policiais,[66] bem como algumas autoridades e agentes públicos (como prefeitos, fiscais sanitários e do trabalho, bombeiros etc.), com o escopo de apoiar e auxiliar as autoridades judiciárias em sua tarefa de conduzir as investigações criminais, nos termos do art. 57 do CPPi.
* Ainda de forma bastante semelhante ao sistema francês, os integrantes das forças policiais e autoridades designados especificamente para atuar nas atividades de polícia judiciária podem ser considerados *oficiais de polícia* judiciária (*ufficiale di polizia giudiziaria* – UPG) ou agentes de polícia judiciária (*agente di polizia giudiziaria* – APG), justificando-se a distinção tanto no que diz respeito à organização interna das várias unidades de polícia judiciaria, quanto no que se refere à competência para realizar determinados atos (arts. 55 e 57 do CPPi).
* Nessa esteira de raciocínio e como já visto nos ordenamentos tratados anteriormente, o caráter auxiliar[67] atribuído à Polícia Judiciária italiana fica bastante evidenciado das atribuições que lhe são previstas nos arts. 347 a 357 do CPPi, senão vejamos: a) receber a notícia-crime e transmiti-la ao Ministério Público; b) assegurar as fontes de prova, conservando o estado de lugares e coisas úteis a reconstrução dos fatos e individualização do suspeito; c) tomar declarações espontâneas do suspeito (que, como já referimos anteriormente, não poderão ser utilizadas em juízo na fase de *dibattimento*, salvo exceções previstas em lei); d) realizar busca pessoal ou local, em caso de flagrante delito ou fuga, encaminhando os resultados ao Ministério Público em quarenta e oito horas, para convalidação;

---

[66] A saber: *Arma dei Carabinieri, Guardia di Finanza, Polizia Penitenziaria* e *Polizia di Stato* (AQUAVIVA, 2017).

[67] Na prática, entretanto, o que se verifica no modelo italiano, a exemplo do que já havíamos dito em relação ao português, é que o órgão ministerial acaba por delegar a realização de muitas dessas tarefas diretamente às polícias, seja pela falta de pessoal, seja pelo fato de o órgão-acusador não estar familiarizado e tampouco preparado para a realização desse tipo de tarefa.

e) apreender correspondências e documentos e encaminhá-los intactos ao Ministério Público; f) elaborar relatório das atividades desenvolvidas e colocá-lo à disposição do Ministério Público (PERAZZONI, 2011).

- A formalização dos atos pela PJ, durante as investigações, se dá basicamente de duas formas: i) *verbali*, que são documentos equivalentes aos nossos autos e termos (a exemplo dos nossos auto de interrogatório, auto circunstanciado de busca e apreensão e o termos de oitiva de testemunhas), os quais documentam algum ato específico e seguem assinado pela autoridade respectiva e todos os demais envolvidos que dele tomaram parte (suspeito, vítima, advogados etc.); ii) e *verbali per riassunto*, equivalentes, grosso modo às nossas informações policiais e certidões, as quais apresentam uma narrativa ou resumo sobre alguma diligência realizada ou circunstância verificada durante a investigação, sendo firmado apenas pelo respectivo policial que o elaborou.
- É interessante registrar que o Ministério Público italiano dispõe de poderes investigativos bastante amplos em alguns aspectos, inclusive com a possibilidade de determinar medidas que, no ordenamento jurídico brasileiro, dependem de ordem judicial específica. Um exemplo bastante ilustrativo disso é a possibilidade prevista no art. 269.2 do CPPi,[68] que autoriza o MP italiano, em situações de urgência, a realizar diretamente ou por intermédio da polícia judiciária, a interceptação de comunicações telefônicas ou telemáticas, comunicando em 24 horas o GIP.[69]

---

[68] "Articolo 267. 2. Nei casi di urgenza, quando vi è fondato motivo di ritenere che dal ritardo possa derivare grave pregiudizio alle indagini" il p.m. dispone l'intercettazione con decreto motivato da comunicarsi entro non oltre 24 ore al G.I.P. che entro 48 ore decide sulla convalida con decreto motivato. In caso di mancata convalida "l'intercettazione non può essere proseguita e i risultati di essa non possono essere utilizzati" (tradução livre: "Artigo 267. 2. Em casos de urgência, quando houver motivos razoáveis para acreditar que a demora possa resultar grave prejuízo às investigações, o MP poderá ordenar a interceptação através de decisão fundamentada, comunicando-se em 24 horas ao juiz das investigações preliminares que dentro de 48 horas decidirá sobre a convalidação por decisão fundamentada. Em caso de não convalidação a interceptação não poderá ser continuada e os resultados dela não podem ser aproveitados".

[69] Apenas como curiosidade, situação semelhante ocorre no ordenamento colombiano, que após abandonar o juizado de instrução em 2005, adota, hoje, um sistema de promotor-investigador em que o fiscal dispõe de poderes investigativos extremamente amplos e pode, nos termos do artigo 235 do *Código de Procedimiento Penal*, determinar diretamente a referida medida, com duração de até 06 (seis) meses, sendo necessária decisão do juiz de garantias apenas em casos de prorrogação: "Artículo 235. Interceptación de comunicaciones.

- Nessa mesma esteira de raciocínio, Luigi Ferrajoli (2010, p. 704-745) faz uma série de críticas pontuais a situações e poderes investigativos do MP e das polícias judiciárias, previstos no ordenamento italiano, que não guardariam estreita consonância com um sistema verdadeiramente garantista,[70] conforme quadro abaixo:

TABELA 2
Críticas de Ferrajoli (2010) ao sistema italiano vs. situação no sistema brasileiro (Perazzoni, 2011)

(continua)

CRÍTICA APRESENTADA POR FERRAJOLI AO SISTEMA JURÍDICO ITALIANO	SITUAÇÃO NO ORDENAMENTO JURÍDICO BRASILEIRO
Interrogatórios: Pode não ser admitida a presença de advogado no primeiro contato entre o indiciado e a polícia ou com o órgão de acusação (p. 704).	A assistência de advogado é garantida pelo art. 5º, LVIII, da CF/88.
Prisões de Polícia: fora das hipóteses de flagrante delito, a autoridade de segurança pública e o Ministério Público podem realizar o *fermo* (art. 384 do CPPi[71]), que consiste prender pessoas "em casos excepcionais de necessidade e urgência, indicados taxativamente pela lei" (a comunicação à autoridade judiciária deve ser realizada em 48 horas sob pena de revogação). Todavia, as condições de excepcionalidade nem sempre são respeitadas (p. 730).	Não há prisões de polícia. Não havendo flagrante delito (art. 302 do CPP), exige-se, sempre, mandado de prisão expedido pela autoridade judiciária.

El fiscal podrá ordenar, con el objeto de buscar elementos materiales probatorios, evidencia física, búsqueda y ubicación de imputados, indiciados o condenados, que se intercepten mediante grabación magnetofónica o similares las comunicaciones que se cursen por cualquier red de comunicaciones, en donde curse información o haya interés para los fines de la actuación (...) La orden tendrá una vigencia máxima de seis (6) meses, pero podrá prorrogarse, a juicio del fiscal, subsisten los motivos fundados que la originaron. La orden del fiscal de prorrogar la interceptación de comunicaciones y similares deberá someterse al control previo de legalidad por parte del Juez de Control de Garantías (...)". Note-se que referido artigo foi objeto de apreciação pela Corte Constitucional colombiana, que declarou sua constitucionalidade em 2014, por meio da sentença C-366.

[70] Apenas como paralelo, demonstraremos na referida tabela que muitas das críticas realizadas por Ferrajoli aos poderes conferidos ao MP e à PJ italianos se relacionam ao exercício de atividades que, no Brasil, demandariam provimento jurisdicional específico.

[71] Dentre as referidas hipóteses autorizativas, apenas como exemplo, podemos citar o perigo de fuga de pessoa suspeita da prática de crimes para a qual a lei italiana prevê pena de prisão perpétua ou reclusão de no mínimo dois anos, ou, ainda, crimes relacionados a armas de guerra e explosivos, terrorismo ou subversão da ordem democrática.

TABELA 2
Críticas de Ferrajoli (2010) ao sistema italiano vs. situação no sistema
brasileiro (Perazzoni, 2011)
(conclusão)

CRÍTICA APRESENTADA POR FERRAJOLI AO SISTEMA JURÍDICO ITALIANO	SITUAÇÃO NO ORDENAMENTO JURÍDICO BRASILEIRO
"Medidas de descapitalização": a Polícia Judiciária pode, independentemente de provimento judicial (art. 3º da Lei 533, de 08.08.1977), realizar o "sequestro" de imóveis na flagrância de crimes concernentes às armas ou previstos nos arts. 241, 285, 286 e 306 do Código Penal (p. 732).	Medidas de descapitalização, tais como o arresto, o sequestro e a hipoteca legal (arts. 228 e ss. do CPP), só podem ser decretadas pela autoridade judiciária.
"Buscas pessoais e domiciliares": a Polícia Judiciária pode, dentre outras hipóteses, realizar busca (em italiano, *perquisizione*) pessoal ou de local quando "subsistam particulares motivos de urgência que não consintam a emissão de tempestivo mandado de perquirição" (p. 733) ou quando tenha "notícias, ainda que por indícios, da existência de armas, munições ou materiais explosivos" (p. 734).	A realização de buscas pessoais pode ser realizada nos termos do art. 244 do CPP. Buscas domiciliares exigem autorização judicial.

• O art. 358 do CPPi determina que o MP efetue também investigações de fatos e circunstâncias que possam ser favoráveis ao investigado, porém, o caráter sigiloso (art. 329 do CPPi) e os poderes de que dispõe o MP naquele ordenamento, ensejaram o edição e aprovação da Lei 397/2000, que alterou substancialmente diversos artigos do CPPi, buscando, com isso, viabilizar, uma maior paridade de armas entre as partes na persecução penal, prevendo ao defensor a possibilidade de realizar a chamada *investigação defensiva*.[72] A lei em comento permitiu a realização pela defesa de atos investigativos cujo valor probatório seja equiparado juridicamente àqueles produzidos pela acusação. Obviamente isso não é simples e os resultados práticos são bastante questionáveis.[73] Afinal,

---

[72] Para aprofundamento sobre o tema das investigações defensivas, recomendamos a leitura da obra de André Augusto Mendes Machado (2010), "Investigação Criminal Defensiva", constante de nossas referências.

[73] Por isso acreditamos que a titularidade da investigação pelo Ministério Público nos países que adotam o referido sistema, não guarda efetiva consonância com os ditames de um sistema verdadeiramente acusatório, muito pelo contrário. Afinal, acusatório não é apenas o sistema processual que concebe o juiz como um sujeito distinto das partes, mas, principalmente aquele que garante, efetivamente, uma contenda entre iguais, restando, sobretudo, a figura do juiz como um moderador imparcial (FERRAJOLI, 2010, p. 564). Nesta esteira, reputamos irretocáveis os ensinamentos de Aury Lopes Jr. e Ricardo Jacobsen Gloeckner (2015, p. 167), alertando-nos dos graves perigos em que incorre o órgão ministerial ao aventurar-se como investigador: "Na prática, o promotor atua de forma parcial e não vê

diversamente do titular da investigação que dispõe da coercitividade do poder estatal para a obtenção da prova, a defesa continua a figurar numa posição bastante vulnerável.[74]

• Na Itália, as investigações devem em princípio ser finalizadas entre 06 meses e 01 ano (a depender do tipo de infração penal e outras circunstâncias do fato) a partir do momento que há atribuição do fato a uma pessoa determinada. Existem exceções e possibilidade de prorrogação desses prazos, porém, em geral, o prazo máximo é de 02 anos. Não cumpridos os prazos, aplica-se a pena de *utilizzabilità* prevista no art. 407 do CPPi, resultando que os respectivos elementos colhidos durante a investigação não poderão ser utilizados em juízo (LOPES JR. et al., 2015, p. 374).

3.3 O sistema norte-americano: características gerais

Ao lado das investigações judiciais puras,[75] realizadas diretamente por membros do Poder Judiciário[76] e aquelas que podemos considerar como administrativo-judiciais, conduzidas por autoridades destituídas de poderes jurisdicionais, mas cujas atividades estão inteiramente regulamentas pela legislação Processual Penal e submetidas a controle de seus atos diretamente pelo Poder Judiciário, existem sistemas que adotam ou admitem investigações puramente administrativas.

Nesse tipo de modelo, os atos investigativos são realizados diretamente por autoridades administrativas, sem a previsão de controles externos, administrativos ou judiciais (exceto, obviamente, quando se faz necessário o deferimento de alguma medida pela autoridade judicial, como na expedição de mandados de busca ou prisão) tampouco qualquer regulamentação processual penal específica quanto a prazos de duração da investigação, sua formalização e até mesmo seu encerramento.

---

mais que uma direção. Ao se transformar a investigação preliminar numa via de mão única, está-se acentuando a desigualdade das futuras partes com graves prejuízos para o sujeito passivo. É convertê-la em uma simples e unilateral preparação para a acusação, uma atividade minimista e reprovável, com inequívocos prejuízos para a defesa" (LOPES JR, et al., 2015, 167).

[74] Por outro lado, se a investigação preliminar for dirigida pela Polícia Judiciária, a investigação defensiva, a princípio, não seria imprescindível, em razão do dever de imparcialidade deste órgão (MACHADO, 2010, p. 46).

[75] Sobre a referida classificação, recomenda-se a leitura do capítulo de nossa autoria que integra o volume 4 desta coleção.

[76] Recordemo-nos que, em vários países, como já vimos em relação à Itália e Portugal, os membros do Ministério Público pertencem a uma categoria de magistrados, integrantes, portanto do Poder Judiciário, razão pela qual, as respectivas investigações criminais, enquadrar-se-iam, s.m.j., dentre as investigações judiciais, ainda que também não se confundam com aquelas conduzidas sob o juízo de instrução.

É o que ocorre no sistema processual norte-americano, conforme veremos a seguir.

3.3.1 Persecução penal e investigação no sistema norte-americano

Nos Estados Unidos, tanto o governo federal[77] como os estaduais podem legislar em matéria penal e processual penal e, por conseguinte, possuem seus próprios tribunais, promotorias, departamentos de polícia[78] e agências investigativas.

No âmbito federal, existem numerosas agências que atuam na investigação criminal especializada,[79] dentre as quais a mais famosa é o *Federal Bureau of Investigation* (FBI),[80] criada em 1908, no âmbito do *Department of Justice (DOJ)*,[81] por ato do Procurador-Geral dos Estados Unidos[82] (*U.S Attorney General*).

Da mesma forma, muitos dos estados norte-americanos dispõem de um *State Bureau of Investigation* (STI), com pessoal e estrutura

---

[77] Na esfera federal, o Código de Leis dos Estados Unidos da América (*Code of Laws of the United States of America - US Code*) é a compilação de toda a legislação federal. O *US Code* contém, atualmente, 54 títulos, com destaque para os títulos 18, 28 e 34, que tratam, respectivamente: i) dos crimes e processo penal (*crimes and criminal procedure*); ii) da organização dos órgãos judiciários e dos processos judiciais (*judiciary and judicial procedure*) e; iii) do controle de crimes e agências federais (*crime control and law enforcement*).

[78] Estima-se existirem, atualmente, cerca de 18.000 departamentos de polícia nos EUA, a esmagadora maioria deles atuando a nível local, os efetivos dessas polícias variam grandemente, desde apenas um único policial, para localidades de poucos habitantes, até mais de 30.000 policiais no caso de polícias como a de Nova Iorque.

[79] Por óbvio, como alertam Aury Lopes Jr. e Ricardo J. Gloeckner, a multiplicidade de agências investigativas norte-americanas torna a tarefa de classificá-las, por competência, bastante difícil (2015, pp. 392-393).

[80] Para além do FBI, outras agências norte-americanas bastante famosas também se encontram no âmbito do DOJ, como o *US Marshals*, o *Drug Enforcement Agency* (DEA) e o *Bureau of Alcohol, Tobacco, Firearms and Explosives* (ATF). Os investigadores dessas agências, assim como todos os promotores federais, são funcionários do DOJ, sob a supervisão do Procurador-geral dos EUA (OEA, 2019).

[81] Note-se que o DOJ americano é um órgão que não possui claramente um equivalente no Brasil. Por vezes é apontado como equivalente ao nosso Ministério da Justiça, muito embora um estudo mais aprofundado das atividades que desempenha e da estrutura funcional, o situe como equivalente também ao nosso Ministério Público Federal (MPF). Na prática, é difícil traçar um paralelo claro, justamente, pois DOJ realiza por lá atividades que, no Brasil, estão divididas entre órgãos diversos como o MJ, a AGU, a PFN, o MPF e a CGU. O mesmo, aliás, ocorre na esfera estadual, onde existem estruturas análogas ao DOJ, por vezes com esse mesmo nome (como o *California Department of Justice*, CA-DOJ).

[82] Para entender um pouco mais sobre as atribuições do *US Attorney General* e do DOJ, bem como dos procuradores norte-americanos em geral, recomendamos fortemente a leitura do artigo de John Anthony Simon, constante de nossas referências.

próprios, exercendo atribuições de investigação criminal nos moldes do que é feito no âmbito federal pelo *FBI* e demais agências federais.[83]

Neste ponto, convém ressaltar que o sistema norte-americano possui diversas características que o diferenciam dos demais até agora vistos, senão vejamos.

Dentre elas, talvez a principal é, justamente, a "inexistência de uma fase investigatória com ares formais" (LOPES JR. *et al.*, 2015, p. 394) e no qual a ações desempenhadas pelos investigadores (e, eventualmente, o promotor, conforme se trate de uma caso mais ou menos complexo) se circunscrevem a determinar a chamada *probable cause*[84] (causa provável), com a definição formal de um suspeito e sua prisão, independentemente de ordem judicial (*warrantless arrest*[85]), quando possível. Na sequência, concluídas as investigações e uma vez definido o suspeito (e sua prisão, nas hipóteses legais) a promotoria passa a exercer um papel mais ativos e de maior destaque, notadamente no que se refere ao estudo do caso e sua eventual preparação da acusação. Poderão ser utilizadas, nesse momento, como forma de aprofundamento das investigações e construção de um caso mais robusto, medidas como intimações[86] ou a obtenção e execução de ordens judiciais específicas, como mandados de busca e apreensão, interceptações etc.

O processo penal norte-americano, portanto, não se preocupa com regramentos e formalidades específicas em relação à forma da investigação criminal[87] (instauração, prazos, acesso pelo investigado

---

[83] O *New York City Department of Investigation* (DOI), por exemplo, foi fundado em 1873, sendo uma das agências estaduais de investigação criminal mais antigas do país, completamente autônoma em relação à polícia da cidade de Nova Iorque (NYPD). O *California Department of Justice* (CA-DOJ), por seu turno, possui diversas agências com funções investigativas sob sua supervisão, como o *California Bureau of Investigation*, o *Bureau of Firearms*, o *Bureau of Gambling Control* e o *Bureau of Forensic Services* (CADOJ, 2019).

[84] O termo *probable cause* ("causa provável", às vezes também traduzida para o português como "indícios veementes" ou "razões para crer") figura na 4ª Emenda à Constituição dos EUA e reveste-se como requisito legal para a obtenção de mandados de prisão ou de busca e apreensão. Uma definição jurídica do termo é a seguinte: "a reasonable amount of suspicion, supported by circumstances sufficiently strong to justify a prudent and cautious person's belief that certain facts are probably true" (HANDLER, 1994, p. 431). Tradução livre: "uma quantidade razoável de suspeita, apoiada por circunstâncias suficientemente fortes para justificar a crença de uma pessoa prudente e cautelosa de que certos fatos provavelmente são verdadeiros".

[85] Veremos, oportunamente, que o direito norte-americano autoriza a prisão do suspeito em situações que, para nós, dependeriam de mandado judicial específico, ou seja, fora de flagrante.

[86] As chamadas *subpoenas*, a cargo do cargo do grande júri (*grand jury*), que veremos logo a seguir.

[87] Em verdade, essa é uma característica geral do processo, seja o civil ou penal, em países de *Common Law*, onde os atos processuais se baseiam fortemente na oralidade.

às provas produzidas, controle judicial,[88] requisitos para o arquivamento etc.), excetuando-se, obviamente, apenas a impossibilidade de utilização de provas obtidas por meios ilícitos, conforme a 4ª emenda da Constituição do EUA.[89]

Para além disso, é importante termos em mente que tanto a investigação (*investigation*), como a preparação do caso pela promotoria (*prosecution*), não têm como escopo imediato submeter o acusado a julgamento (*trial*), o que, aliás, é muito raro, ocorrendo em um número ínfimo dos casos criminais nos EUA.[90] Isso porque, nos EUA, a esmagadora maioria dos casos criminais sequer chegam a um julgamento propriamente dito, sendo solucionados por meio de acordos de promotoria, os chamados *plea bargain*, no qual o acusado aceita a imediata aplicação de uma punição supostamente menos severa do que se fosse a julgamento e, ao final, fosse condenado.[91]

---

[88] Segundo Bruno Calabrich (2006, p. 70), o modelo adotado pelos norte-americanos apresenta, dentre todos os vigentes, é o que talvez mais se destaca, seja pela completa ausência de "controle judicial valorativo no correr da fase investigativa nem no caso de seu arquivamento", seja pelos superpoderes conferidos ao promotor público, pois: "Seu poder discricionário permite (...) mesmo negociar com o investigado a troca de uma admissão de culpa por uma pena reduzida ou por uma desqualificação do delito para tipos com sanções menos severas (*plea bargaining*)".

[89] "The right of the people to be secure in their persons, houses, papers, and effects, against unreasonable searches and seizures, shall not be violated, and no warrants shall issue, but upon probable cause, supported by oath or affirmation, and particularly describing the place to be searched, and the persons or things to be seized" (tradução livre: "Não será infringido o direito do povo à inviolabilidade de sua pessoa, casas, papéis e haveres, contra buscas e apreensões irrazoáveis e não se expedirá mandado a não ser mediante causa provável, confirmada por juramento ou declaração, e nele se descreverão particularmente o lugar da busca e as pessoas ou coisas que tiverem de ser apreendidas").

[90] Os acordos de promotoria (*plea bargains*) são uma das características marcantes do sistema americano. Sua origem remonta a meados século XIX, inicialmente em casos menos graves, porém, de forma crescente, adquiriu uma importância fundamental no sistema norte-americano, representando hoje a esmagadora maioria das condenações criminais naquele país. Segundo dados oficiais, no início da década de 1980, apenas 20% dos casos iam a julgamento e, no final da década seguinte, caiu ainda mais, para cerca de 8% (BJS, 1999) e estudos ainda mais atuais, apontam que o total de casos que vão a julgamento (júri ou juiz singular) representa menos de 5% do total, ou seja, cerca de 95% dos casos criminais resultam em acordos de promotoria.

[91] Várias características do sistema de justiça americano tendem a promover a negociação. A natureza adversarial do sistema coloca os juízes em um papel passivo, com poderes de instrução e descoberta da verdade bastante limitados, dependendo, portanto, completamente das partes. Por seu turno, a inexistência de obrigatoriedade da ação penal dá aos promotores uma maior discricionariedade e a posição não muito privilegiada em que se encontram os acusados, sobretudo os mais pobres, incentiva-os a aceitar acordos, ainda que desproporcionais. Soma-se a tudo isso que os custos e o tempo de trabalho despendido pela promotoria para preparar um caso criminal são bastante significativos, o que faz também com que os promotores, não raro, quando tenham que levar um caso adiante, não poupem esforços para obter uma condenação severa e assim desestimular que outros acusados assim procedam. Na prática, longe de promover uma verdadeira paridade de armas, acaba o sistema por reforçar uma posição de fragilidade dos acusados, sobretudo os mais pobres. Sobre ao assunto e para um aprofundamento que refoge aos

Uma outra característica bastante curiosa do sistema norte-americano é a existência de dois tipos de júri, com funções e características diversas,[92] o grande júri (*grand jury*), com funções de garantia e investigativas, e o pequeno júri (*petit jury*), com funções estritamente judiciais, senão vejamos:

TABELA 3
Grand Jury vs. *Petit Jury* (Elaborado a partir de Aba, 2011)

(continua)

	PETIT JURY	GRAND JURY
COMPETÊNCIA	• Assemelha-se ao júri atualmente previsto no ordenamento brasileiro. Tem como competência o julgamento do acusado, determinando se é culpado ou inocente. • É presido por um magistrado e dele participam, sempre, o acusado e seu defensor.	• Não possui, atualmente, paralelo no ordenamento brasileiro,[93] existindo atualmente nos Estados Unidos[94] e na Libéria.[95] • Previsto na 5ª Emenda,[96] com a competência de avaliar, nos crimes mais graves (*felonies*) a existência de *probable cause*, requisito de admissibilidade imprescindível à formulação de uma acusação formal.[97] • Para realizar tal tarefa, as sessões do grande júri são sigilosas e ele possui poderes investigativos bastante amplos, podendo expedir intimações (*subpoenas*) para oitiva de testemunhas e obtenção de documentos, dados e registros públicos ou particulares.[98] • O grande júri é presidido pelo promotor público,[99] que possui o poder de convocá-lo sempre que necessário. • Das respectivas sessões, que são sigilosas, não participam o acusado nem seu defensor, embora o investigado possa ser intimado para depor.

---

nossos objetivos neste trabalho, remetemos o leitor às obras e artigos de Ralph (1987), Standen (1993), Fisher (2003) e Dervan *et al.* (2013), constantes de nossas referências.
[92] Adaptado de ABA (2011).

TABELA 3
Grand Jury vs. Petit Jury (Elaborado a partir de Aba, 2011)
(conclusão)

	PETIT JURY	GRAND JURY
RECRUTAMENTO E SELEÇÃO DOS JURADOS	• Os jurados são selecionados pelo juízo e existem regras para a recusa, tanto pela defesa como pela acusação, nos moldes do que ocorre no Brasil.	• Os jurados também são selecionados pelo juízo, porém não existe previsão de recusa pelo promotor ou a defesa.
Nº DE JURADOS	• O pequeno júri é composto por 12 (doze) jurados e as decisões são tomadas por consenso unânime, ou seja, todos os jurados devem de forma uníssona decidir pela absolvição ou condenação do réu. Caso não seja possível um consenso, o júri será dissolvido.	• O grande júri é composto por um número variável de 16 a 23 pessoas (conforme o estado norte-americano). • As decisões no grande júri são tomadas pelo mínimo de 12 votos, independentemente do total de jurados.
DURAÇÃO DO ENCARGO DOS JURADOS	• Durante os julgamentos, os jurados têm sessões todos os dias, e a convocação durará até que cheguem a um veredicto ou o júri seja dissolvido pela ausência de consenso.	• As sessões são convocadas sempre que o promotor necessitar. • Os jurados permanecem no encargo por cerca de 02 meses, quando são trocados pelo juízo.

---

[93] Vigorou, entretanto, no Brasil, entre 1830 e 1842, uma instituição com funções análogas, composta por 23 jurados e denominada *júri de acusação*, prevista inicialmente nos arts. 20 e 24 da Lei de 20 de setembro de 1830 e, posteriormente, no Código do Processo Penal do Império de 1832 (arts. 239 e ss.). Sobre o assunto, remetemos o leitor ao artigo de Alessandra Lina de Oliveira (2010), constante de nossas referências.

[94] Note-se que, na elaboração da presente tabela, assim como para todos os pontos adotados neste capítulo, adotamos como paradigma o modelo geral seguido para delitos federais nos Estados Unidos. Por outro lado, cumpre registrar que, no âmbito estadual, algumas jurisdições já substituíram os grandes júris por uma audiência preliminar (*preliminary hearing*), realizada perante um magistrado, nos moldes do que ocorre para as infrações menos graves.

[95] O grande júri possui expressa previsão no capítulo 15 do Código de Processo Penal da Libéria (LIBERIA, 1969). Existia em outros países de *Common Law*, tendo sua origem na Inglaterra no século XIII onde foi extinto, em definitivo, em 1948.

[96] "Amendment V: No person shall be held to answer for a capital, or otherwise infamous crime, unless on a presentment or indictment of a *grand jury*, except in cases arising in the land or naval forces, or in the militia, when in actual service in time of war or public danger [...]" (ESTADOS UNIDOS, 1787) (tradução livre: "Nenhuma pessoa será obrigada a responder por um crime capital ou infamante, salvo por denúncia ou pronúncia de um *grande júri*, exceto em se tratando de casos que, em tempo de guerra ou de perigo público, ocorram nas forças terrestres ou navais, ou na milícia, quando em efetivo serviço ativo" [...]).

[97] Como vimos, avaliação de existência de causa provável é de suma importância no ordenamento jurídico norte-americano, pois além de ensejar o próprio início da ação penal e permitir a adoção de medidas investigativas mais severas e invasivas, como prisões,

Outro ponto que, neste momento, merece destaque, eis que possui reflexos tanto no que se refere aos poderes conferidos às policias e, eventualmente ao *petit jury*, durante a investigação, como repercutirão no tipo de processo, julgamento e até mesmo de estabelecimento prisional em que cumprirão penas os acusados, é que o ordenamento norte-americano, em geral, prevê 03 (três) tipos distintos de infrações penais, conforme a seguir:

---

buscas e interceptações, a *probable cause*, pode, conforme o caso, ensejar a prisão sem mandado do suspeito (que é bem mais ampla que a nossa prisão em flagrante delito, pois não se circunscreve a limites temporais ou exige a perseguição ininterrupta, aproximando-se nesses casos dos institutos de *garde à vie* e *fermo*, já anteriormente estudados quando falamos dos sistemas francês e italiano).

98 Vê-se que o grande júri exerce, em verdade, funções que, noutros países estão distribuídas entre diferentes órgãos: em alguns momentos, age como um juízo de instrução, como poderes tanto investigativos, como jurisdicionais; noutros, apresenta-se como um juízo de garantias. Não por acaso, já se disse (FISHER, 2010) que o grande júri possui, historicamente, um duplo papel no Sistema de Justiça Criminal Norte-americano: de um lado, é o escudo, que protege o suspeito/investigado de acusações infundadas, por outro, é a espada, que se vale dos poderes que dispõe para investigar as atividades criminosas (nesse sentido: "[...] the grand jury serves both as *a shield*, protecting defendants against improper criminal charges, and as a *sword*, using its subpoena power to investigate suspected criminal activity").

99 Não participa desta fase, portanto, o magistrado. Cumpre registrar que não são poucas as críticas que se fazem ao grande júri, especialmente dos poderes investigativos que, por via transversa, confere aos promotores americanos, por meio das subpoenas. Com efeito, ainda em 1973, William J. Campbell, ex-juiz em Chicago, já defendia a extinção do instituto, afirmando que: "Today, the grand jury is the total captive of the prosecutor who, if he is candid, will concede that he can indict anybody, at any time, for almost anything, before any grand jury [...] The prosecutor selects which witnesses the grand jury will subpoena, what evidence it will hear, which documents it will examine, and which suspected criminal violations it will consider. It is the prosecutor who will explain and construe the myriad of laws that the grand jury is charged to enforce. Moreover, this representative of the executive branch of the government will also instruct the jury as to the quantum of proof necessary to justify an indictment. The impact of the prosecutor's position in this scheme of things cannot be overestimated. Its pervasiveness is high-lighted by the simple fact the grand jury proceedings are non-adversarial in nature. There is no requirement that both sides be heard. Witnesses appearing before a grand jury are not entitled to the presence of counsel. Questions propounded a witness are not subject to the ordinary rules of evidence. The scope of the grand jury's inquiry, although unlimited in theory, is subject to the skillful control and direction of the prosecutor" (CAMPBELL, 1973, p.174 e 177). Tradução livre: "Hoje, o grande júri é o total cativo do promotor que, se for sincero, admitirá que pode indiciar qualquer pessoa, a qualquer momento, por quase qualquer coisa, perante qualquer grande júri [...] O promotor seleciona quem testemunha perante o grande júri, quem o júri intimará, que evidência serão apresentadas, quais documentos examinará e quais suspeitas de violações criminais serão consideradas. É o promotor que explicará e interpretará a miríade de leis que o grande júri deve executar. Para além disso, esse representante do Poder Executivo também instruirá o júri quanto ao quantum de prova necessário para justificar uma acusação. O impacto da posição do promotor nesse esquema de coisas não pode ser superestimado. O processo do grande júri é de natureza não-contraditória. Não há exigência de que ambos os lados sejam ouvidos, a testemunha não está sujeita às regras comuns de produção de provas. O escopo da investigação do grande júri, embora seja ilimitado em teoria, está sujeito ao habilidoso controle e direção do promotor".

TABELA 4
Tipos de infrações penais nos EUA
(a partir de Bergman, 2019 e Swanson et al., 2009, p. 48)

TIPO DE INFRAÇÃO	CARACTERÍSTICAS[100]
VIOLATION (também denominada de INFRACTION)	• Punível com multa (excepcionalmente prisão de até 90 dias). • Refere-se a casos que, muitas vezes, no Brasil, seriam tratados como infrações administrativas, sobretudo infrações de trânsito.[101] • O imputado pode contratar um advogado, porém o Estado, em geral, não é obrigado a disponibilizar um defensor público. • Imputado não tem direito a ter a denúncia apreciada pelo grande júri (*grand jury*), tampouco ao julgamento pelo pequeno júri (*petit jury*). • Em caso de condenação, a pena será cumprida em regime de *jail* (cadeia pública).
MISDEMEANOR	• Punível com pena até 01 ano. • O imputado também pode ser colocado em liberdade assistida, ou ser condenado a trabalhos comunitários ou reparação dos danos causados. • De forma semelhante à nossa prisão em flagrante real, é possível a prisão sem mandado (*warrantless arrest*) quando o fato for presenciado pelo policial. • Imputado tem direito a assistência de defensor público, mas, no geral, não tem direito a ter a denúncia apreciada pelo grande júri (*grand jury*). • Em caso de condenação, a pena será cumprida em penitenciária (estadual ou federal, conforme o caso).
FELONY	• Punível com pena superior a 01 ano. • Refere-se a situações mais graves, como crimes praticados mediante violência e ameaça, fraudes e crime organizado. • É possível a prisão sem mandado (*warrantless arrest*) do suspeito de praticar um *felony*, ainda que o fato não tenha sido presenciado pelo policial, desde que exista *probable cause*.[102] • Imputado tem direito a assistência de defensor público. • Imputado tem direito à denúncia ser apreciada pelo grande júri e um julgamento pelo pequeno júri. • Em caso de condenação, a pena será cumprida em penitenciária (estadual ou federal, conforme o caso).

---

[100] Adaptado de BERGMAN (2019).
[101] Note-se que, nos EUA, assim como nos países de *Common Law* em geral, as infrações podem ser criminais ou civis, não havendo equivalência direta ao que chamamos por aqui de infrações administrativas. Nessa esteira de raciocínio, situações como dirigir acima do limite permitido, em alguns estados norte-americanos, podem configurar uma *violation* de natureza penal, sujeitando o infrator em alguns casos (a depender da velocidade, reincidência, não pagamento de multas anteriores etc.) a uma pena de prisão a ser cumprida em cadeia pública, ao passo que, em outros, ser considerada com uma infração de natureza civil.
[102] Em apertada síntese, policiais norte-americanos podem legalmente fazer prisões sem mandado nas seguintes situações: i) *felony* ou *misdemeanor* cometido na presença do policial

Feitas essas considerações que julgávamos oportunas, vejamos, a seguir, as principais fases da persecução penal norte-americana:[103]

PROCESSO PENAL NORTE-AMERICANO

INVESTIGATION (INVESTIGAÇÃO) → *PROSECUTION* (ACUSAÇÃO FORMAL) → *TRIAL* (JULGAMENTO)

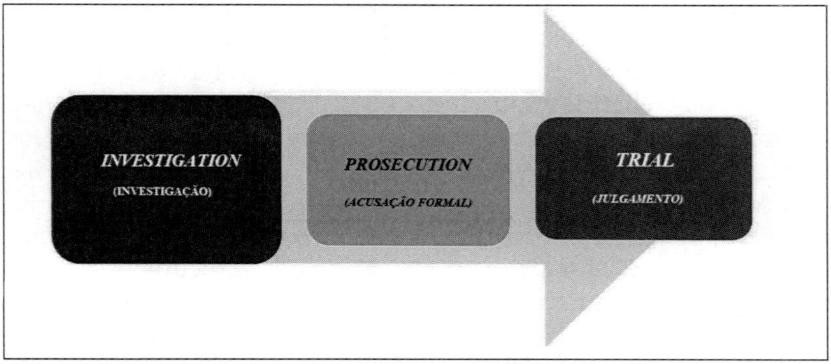

Figura 8 – Fases do Processo Penal norte-americano (elaborado a partir de ESTADOS UNIDOS, 2019; SWANSON, 2009 e OEA, 2019).

1ª *Fase: Investigation* (investigação): É a fase que se inicia com a notícia-crime que pode ter origens diversas, inclusive de outras investigações em curso, feitas outras agências de aplicação da lei (*law enforcement*) ou dos escritórios de promotores estaduais (*prosecutor*) e procuradores dos EUA (*US Attorney*) em todo o país. Como já mencionado, inexiste, no modelo norte-americano, uma fase investigatória com ares formais, composta de atos, prazos e formalidades, a exemplo do que ocorre nos demais modelos já estudados. Uma vez que uma investigação é aberta (item 1[104]), o investigador encarregado buscará:

(semelhante ao nosso flagrante perfeito); ii) o policial tiver uma causa provável para acreditar que o suspeito cometeu um *felony*, independentemente de a ação ter sido realizada na sua presença (abarca as nossas hipóteses de flagrante impróprio e presumido, porém por não possuir limitação temporal, tampouco exigir perseguição ininterrupta, pode ocorrer a qualquer tempo).

[103] Obviamente, existem diversas formas de classificar os estágios ou fases do processo penal norte-americano. O *US Attorneys Office*, por exemplo, propõe uma classificação em 11 diferentes estágios (*vide*: https://www.justice.gov/usao/justice-101/steps-federal-criminal-process), ao passo que Aury Lopes Jr. e Ricardo J. Gloeckner (2015, pp. 393-394) propõem uma classificação mais enxuta e, cremos, de fácil compreensão, em 03 fases, cujas linhas gerais, com adaptações, adotaremos neste trabalho.

[104] Para facilitar a compreensão, *vide* figura nº 9, que apresenta um fluxograma geral das fases e atos que compõem o processo penal nos EUA. Cada ato do processo está devidamente identificado por um item numerado, os quais iremos mencionando ao longo do texto para referência e consulta.

i) levantar os dados e evidências para determinar o cometimento de um crime e definição de um suspeito (*probable cause*); ii) recuperar eventuais objetos furtados ou roubados, assim como instrumentos e outros objetos relacionados ao crime; iii) auxiliar na formulação de uma acusação formal e demais atos de *prosecution*, a cargo do promotor (SWANSON *et al.*, 2009, p. 49). Nesse caso, várias técnicas de investigação poderão ser usadas para obter provas, incluindo entrevistas de testemunhas, realização de vigilância e análise de dados. A obtenção de dados como registros telefônicos, ou de acesso à internet, podem ser obtidas através do grande júri mediante *subpoenas*, ao passo que medidas investigativas mais invasivas, como interceptações e buscas e apreensões, dependerão de ordem judicial (*court order* ou *search warrant*, expedidas respectivamente por *regional court judges* ou *magistrates*).[105] A Procuradoria-Geral dos EUA possui normativos internos e manuais bastante específicos sobre tais procedimentos e como se deve dar a atuação dos procuradores e procuradores auxiliares de forma que os aspectos legais da investigação e os requisitos necessários a uma futura ação penal sejam devidamente observados.[106] As investigações são geralmente concluídas com a indicação de um possível suspeito e sua prisão (itens 1.a e 1.b), dando-se conhecimento ao procurador (SWANSON *et al.*, 2009, p. 50).

2ª *Fase*: *Prosecution* (análise e preparação do caso pela promotoria / formulação de uma acusação formal): Uma vez definido o suspeito, as informações e dados respectivos são encaminhados ao procurador, para análise (item 2), podendo retornar o caso para a polícia, para mais investigações (item 2.a), arquivar por não se tratar de crime ou outra razão qualquer[107] (item 2.b), ou, ainda, formular uma acusação formal, que seguirá por caminhos diversos conforme o tipo de infração penal. Em se tratando de *misdemeanor*, será formulada a respectiva denúncia (item 3.a) e dada ciência ao suspeito do teor da acusação (item 4) e, em geral, também uma proposta de acordo pela promotoria (*plea bargain*). Ciente das acusações, o acusado poderá, de plano, declarar-se culpado ou aceitar, caso haja, a proposta de acordo (item 5.a), sendo sentenciado

---

[105] Para um aprofundamento sobre os aspectos históricos e práticos de como se realizam as investigações criminais nos EUA, recomendamos a leitura da obra *Criminal Investigation* (SWANSON *et al.*, 2009), constante de nossas referências.
[106] Sobre o assunto: *vide* o *US Attorneys' Bulletin* (USAO, 1997), constante de nossas referências.
[107] Não há, no sistema do EUA, a obrigatoriedade da investigação. O procurador, assim como as polícias, tem, portanto, autonomia e poderes para iniciar e encerrar investigações, arquivando-as e reabrindo-as a qualquer tempo. A disponibilidade da ação penal também é total, podendo o procurador deixar de propô-la ou desistir dela a seu critério.

na sequência. Poderá, ainda, declarar-se inocente (item 5.b), ocasião em que será marcada a audiência preliminar (item 6). Por ocasião da audiência preliminar (*preliminar hearing* ou *probable cause hearing*), o juiz buscará determinar se existe *probable cause* a justificar a continuidade do processo e designação de um julgamento. No geral, nesta audiência, a defesa terá acesso às provas disponíveis e terá permissão para interrogar qualquer uma das testemunhas, inclusive policiais e vítima. É possível, novamente, nesta fase, o réu declarar-se culpado ou aceitar a proposta de acordo da promotoria (item 5.a). Se o juízo considerar que não subsistem elementos a justificar a acusação, o caso será encerrado e o réu posto em liberdade. Caso contrário, será decretada a prisão do réu, com ou sem fiança, e designada a data do julgamento.

Por outro lado, em se tratando de infrações penais mais graves (*felonies*), como já mencionado, far-se-á necessário que a denúncia formulada pelo promotor seja primeiramente apreciada pelo grande júri (item 3.b), nos termos da 4ª Emenda. Apenas com o aval de pelo menos 12 dos integrantes do grande júri (item 3.b2), é que a acusação estará formalizada. Na sequência, o réu poderá declarar-se culpado ou aceitar a proposta de acordo da promotoria (item 5.a). Declarando-se inocente, será designada audiência preliminar, nos moldes já expostos, podendo o magistrado, ao final: i) reduzir as acusações de *felony* para *misdemeanor* (item 6.a); ii) retirar as acusações (item 6.b); iii) designar data para julgamento (item "6.c").

3ª *Fase*: *Trial* (julgamento): É o processo criminal propriamente dito. Como já mencionado, nos EUA, o julgamento é realizado, geralmente, pelo pequeno júri (*petit jury*), composto por 12 cidadãos que deverão concordar de forma unânime pela culpa do réu para que haja condenação (itens 8.a e 8.c). Caso o júri não consiga obter esse consenso, ele será dissolvido, marcando-se o julgamento para outra data e com júri diverso (item 8.b). É possível, entretanto, que o réu renuncie a esse direito, e seja julgado diretamente pelo juiz (itens 7.a e 7.b).

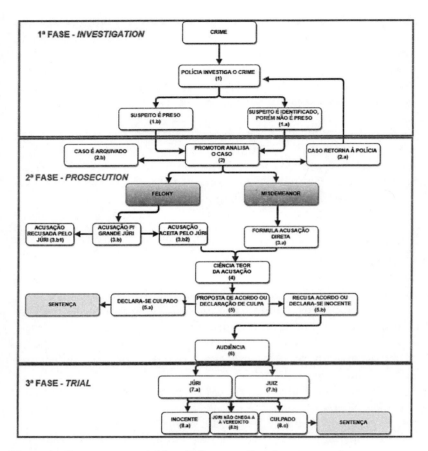

Figura 9 – Resumo esquemático do Processo Penal norte-americano (elaborado a partir de ESTADOS UNIDOS, 2019; SWANSON, 2009 e OEA, 2019).

Em apertada síntese, portanto, podemos dizer que não existe, nos EUA, como nos demais modelos até aqui vistos, uma investigação formal, expressamente prevista em normas processuais penais.

No geral, obedecidas às normas que tratam da produção da prova no ordenamento jurídico americano, sobretudo as decorrentes da 4ª Emenda, como já mencionado, este modelo de investigação preliminar, se dá em dois momentos distintos e subsequentes.

No primeiro, atua a polícia ou respectiva agência ou unidade de *law enforcement*, com vistas à determinação da causa provável e indicação de um suspeito (*investigation*). Tal investigação baseia-se em regulamentos e normas internas de cada agência ou polícia, inexistindo formas de controle externo (administrativo ou judicial), inclusive quanto ao seu arquivamento, assim como prazos para conclusão etc., assemelhando-se, nesse caso, em muito, às apurações puramente administrativas[108] realizadas, no Brasil, por órgãos como a Receita Federal do Brasil, o IBAMA etc.[109]

No segundo, a investigação prossegue pelas mãos do promotor que buscará prioritariamente a formulação e aceitação pelo acusado de um acordo de promotoria (*prosecution*) e, apenas, eventualmente, o seu formal julgamento pelo Poder Judiciário (*trial*).

Como características e algumas curiosidades desse sistema, além das já referidas, poderíamos ainda citar:

- No sistema norte-americano (e nos demais modelos que seguem o *Commom Law*, como o inglês) não existe, nos moldes dos demais sistemas anteriormente apresentados, os chamados autos de processo. O procedimento é eminentemente oral. As investigações também funcionam dessa forma, não havendo um caderno apuratório, tal como vimos nos sistemas europeus continentais. Na prática, durante a investigação, o que existe é apenas um dossiê para controle do que foi realizado e dos respectivos materiais apreendidos e cujo teor, em geral, não será utilizado durante o julgamento.[110]
- No que se refere à determinação da justiça competente para investigar e julgar um determinado ilícito nos EUA (se federal ou estadual), cremos bastante valiosas as seguintes informações:

---

[108] Para aprofundamento sugere-se a leitura do capítulo de nossa autoria no volume 4 desta coleção.

[109] Isso, aliás, explica o porquê de nos EUA existir, além das polícias, uma pluralidade enorme de agências e unidades com atribuições de *law enforcement*, que realizam atividades investigativas, sem, contudo, existir uma autoridade investigativa centralizada.

[110] Nesse sentido: "The common law trial begins totally anew, unaffected by the evidence collected prior to trial (...) The only evidence that the judge may properly consider on the question of guilt must be heard in open court (...) In contrast, the civial pretrial investigator turns over the entire file – the dossier – to the judge for examination prior to trial (...) the pourpose of the civilian trial is to test whether the dossier contains a proper case" (FLETCHER *et al.*, 2005, pp. 546-547). Tradução livre: "O julgamento no *common law* começa do zero, não afetado pelas provas coletadas nas fases que antecedem o julgamento (...) A única evidência que o juiz pode considerar adequadamente sobre a questão da culpa deve ser ouvida em audiência pública (...) Em contrapartida, o investigador nos sistemas de *civil law* antes do julgamento entrega o arquivo inteiro - o dossiê - ao juiz para exame antes do julgamento (...) o objetivo do julgamento no *civil law* é aferir se o inquérito contém um caso adequado".

A determinação da esfera em que um crime em particular será julgado (...) depende de fatores tão numerosos e complexos que não podem ser abordados neste breve documento. Como consequência tanto legal como prática, os crimes julgados com maior frequência pelo governo federal incluem o tráfico de drogas, o crime organizado, crimes financeiros, fraudes em larga escala e crimes em que existe um interesse federal especial, como crimes contra autoridades federais e fraudes contra os Estados Unidos. Além disso, existem certos crimes que só podem ser julgados pelo governo federal. Eles incluem delitos aduaneiros, delitos que envolvem questões de impostos federais e crimes de espionagem e traição. Os estados julgam a maioria dos crimes contra pessoas, como assassinatos e assaltos, e diversos crimes contra propriedades, como roubos e furtos (...) Embora os estados tenham ampla autoridade para julgar diversos tipos de crimes, eles podem investigar e julgar somente atos criminosos cometidos dentro de suas fronteiras. O poder do governo federal, no entanto, se estende por todos os Estados Unidos. Portanto, o governo federal é muitas vezes mais apto a investigar e julgar atividades criminosas complicadas e de larga escala (OEA, 2019, p. 1).

- Existem diversos precedentes da Suprema Corte norte-americana que tratam de assuntos relacionados à investigação criminal, sobretudo os que se voltam à interpretação da 4ª Emenda, dentre os quais selecionamos, como curiosidades, os que se seguem:

TABELA 4
Alguns precedentes da suprema corte norte-americana relacionados à investigação (SCUS, 2019)

(continua)

PRECEDENTE / ANO	O QUE DIZ O PRECEDENTE
CARROL vs. US 1925 [111]	Durante a Lei Seca, foi organizada uma operação para a prisão de George Carroll, um traficante ilícito de bebidas alcoólicas sob investigação, mas o suspeito não apareceu no local combinado. Mais tarde, os policiais encontraram viram Carroll numa rodovia que patrulhavam regularmente. Eles os perseguiram, pararam e revistaram o carro, encontrando bebidas ilegais atrás do banco traseiro. A Corte Suprema decidiu que nesse caso, não havia violação à 4ª Emenda, quanto à exigência de um mandado de busca, notadamente porque se os policiais tivessem que obter previamente um mandado para abordar e inspecionar um veículo em fuga, nasquelas circunstâncias, quando o obtivessem, provavelmente o veículo já estaria em outra jurisdição. Tal decisão criou uma nova regra, denominada *motor vehicle exception* que, quando aplicável, permite que um policial reviste um veículo a motor sem um mandado de busca (*warrantless search*), desde que haja *probable cause*.
MIRANDA vs. ARIZONA 1966 [112]	Ernesto A. Miranda foi condenado por estupro e sequestro em um tribunal de primeira instância. A condenação teve como única prova, a própria confissão do acusado. Após a Suprema Corte julgar o caso, a prisão foi revogada e ele foi posto em liberdade. A Suprema Corte entendeu que ele não havia sido devidamente advertido sobre o seu direito ao silêncio (5ª Emenda) Como consequência desse caso, passou a ser obrigatória, a partir de então, a *Advertência de Miranda* (*Miranda warning*) como meio de proteção para imputado. Segundo esse precedente, para ser aceita a autoincriminação, o acusado deve ser advertido sobre os direitos dele. Para renunciar esses direitos, o acusado deve fazer uma declaração de renúncia "consciente, inteligente e voluntária". Caso contrário, a autoincriminação não será válida.

---

[111] Carroll *vs.* United States, 267 U.S. 132 (1925).
[112] Miranda *vs.* Arizona, 384 U.S. 436 (1966).

TABELA 4
Alguns precedentes da suprema corte norte-americana relacionados à investigação (SCUS, 2019)
(conclusão)

PRECEDENTE / ANO	O QUE DIZ O PRECEDENTE
HUDSON vs. MICHIGAN 2006 [113]	Em 27 de agosto de 1998, sete (07) policiais chegaram à residência de Booker T. Hudson para executar um mandado de busca para drogas e armas de fogo. Os policiais bateram na porta e gritaram "polícia, mandado de busca", mas, esperaram apenas de "três a cinco segundos" antes de entrar na casa de Hudson pela porta da frente destrancada. Logo na entrada, os policiais encontraram Hudson sentado em uma cadeira na sala de estar, enquanto várias outras pessoas corriam pela casa. Na busca que se seguiu, a polícia encontrou várias pedras de crack e saquinhos de cocaína dentro dos bolsos das calças de Hudson e na residência. Também foi localizada uma arma de fogo em sua cadeira. A Corte Suprema, ao avaliar se havia ocorrido violação à regra de "bater e anunciar" (*knock and announce*[114]), decidiu que os interesses protegidos pela referida regra são: i) proteger os policiais de residentes surpresos que poderiam retaliar e até mesmo atirar contra os policiais em legítima defesa putativa; ii) proteger a propriedade privada (porta) de danos e; iii) proteger a privacidade e dignidade dos residentes, evitando-se por exemplo que sejam pegos nus ou outras circunstancias constrangedoras. Decidiu, ainda que a regra de bater e anunciar não possui o condão de invalidar evidências obtidas e devidamente autorizadas no mandado.

3.4 O modelo inglês (inquérito policial): características gerais

O sistema inglês ou de inquérito policial distingue-se dos demais sistemas até então apresentados.

---

[113] Hudson *vs.* Michigan, 547 U.S. 586 (2006).

[114] O *Common Law* inglês e norte-americano possui vários precedentes no sentido de que, antes de policiais abrirem ou arrombarem uma porta para dar cumprimento a um mandado de busca e apreensão no interior de uma residência, faz-se necessário bater à porta e anunciar que se trata de uma operação policial, assim como aguardar por um tempo razoável. A regra é conhecida como *knock and announce*.

[115] São inverídicas, portanto, as afirmações de que, além do Brasil, o inquérito policial existiria apenas no Uganda, Quênia e Indonésia (CNPG, 2013). Em verdade, nenhum dos referidos países adota o inquérito policial. O Uganda adotou o juizado de instrução de 1950 a 1995, quando, então, sua nova Constituição passou a adotar o sistema do promotor-investigador (Constituição da República de Uganda, art. 119). O mesmo ocorre na Indonésia, onde o promotor, além de investigar diretamente, também possui poderes típicos de autoridade judiciária, como determinar prisões ou arquivar diretamente as investigações, sem controle

Na Inglaterra, ainda hoje,[115] tanto a abertura como a conclusão e o eventual arquivamento das investigações compete única e exclusivamente à polícia. Ao *Chief Officer* inglês (equivalente ao delegado de polícia no ordenamento brasileiro), além da abertura, condução e arquivamento das investigações, competiu, ainda, por muito tempo, até bem recentemente, dar início à ação penal, passando a acusação (*Crown Prosecutor*) a agir apenas após iniciada a ação penal.[116]

Difere do juizado de instrução e do promotor-investigador, pois as investigações neste modelo são conduzidas diretamente pela Polícia, a qual age em virtude de um poder que lhe é próprio.

Nesse sentido, são bastante valiosas as lições de Bernardo Guidali Amaral (2018, p. 2), ao mostrar que tais distinções não são fruto do acaso, pelo contrário, decorrem não apenas das diferenças que existem entre o *Common Law* inglês e o *Civil Law* vigente na Europa Continental, mas da própria percepção do papel do Estado em cada um desses sistemas:

> [...] a história do processo penal dentro dos sistemas europeus da *Common Law* e da *Civil Law* revela as diferenças nas concepções originárias entre esses modelos, bem como as transformações que foram realizadas ao longo do tempo por força das influências mútuas a que estiveram sujeitos. Enquanto o *Common Law* parte de uma concepção privada do processo penal, em que o magistrado tem uma postura inerte e a responsabilidade pela produção das provas cabe às partes, ficando o Estado distante da persecução penal, a tradição do Civil *Law* se origina da noção do Estado como titular da persecução criminal, em que o processo penal é concebido como um mecanismo para a busca da verdade, tendo na figura do magistrado a representação desta função. A modificação gradual do sistema da *Common Law* ao longo dos anos levou à criação das polícias profissionais na condição de titulares da investigação criminal na maior parte dos delitos penais, inaugurando a existência de uma fase processual anterior à ação penal. Mais recentemente, novas reformas no processo penal inglês transferiram as atribuições que estavam nas mãos da polícia de dar origem à ação penal para o órgão de acusação, criando claramente uma divisão das funções

---

jurisdicional (art. 14 do Código de Processo Penal da Indonésia, alíneas "c", "h" e "j"). O Quênia adota o sistema de Juizado de Instrução: a polícia apenas cumpre as determinações do respectivo magistrado, ou age por sua delegação específica em alguns casos, não dispondo, entretanto, de poderes próprios e autônomos para investigar. Por outro lado, o inquérito policial é o modelo investigativo vigente, com variações, na Inglaterra, País de Gales, Nova Zelândia, Austrália, Canadá, Irlanda, Irlanda do Norte, dentre outros.

[116] Situação curiosa, aliás, ocorre na Nova Zelândia e na Austrália, onde existem os chamados procuradores de polícia (*police prosecutors*), os quais são policiais detentores de formação jurídica, incumbidos de promover a ação penal nos delitos de menor gravidade (*summary offenses*).

na persecução penal, entre a polícia na fase da investigação criminal e órgão de acusação na ação penal. De outro lado, o processo penal do *Civil Law* nos países continentais europeus também passou por transformações que alteraram a sua configuração inicial, ligadas principalmente à necessidade de limitar os poderes do magistrado durante o processo penal. As modificações retiraram boa parte do protagonismo do juiz na produção de provas na ação penal, bem como implicaram no seu distanciamento da investigação criminal, entregando essa função do juiz a um acusador, que na maioria dos países também é um magistrado.

Da mesma forma, vê-se que o sistema inglês difere também do adotado no direito norte-americano,[117] seja pela existência de uma fase investigativa bem definida, com expressa previsão de normas processuais penais a serem seguidas, prazos e poderes investigativos, mas também pela clara separação das funções exercidas pela polícia, como autoridade investigativa e aquelas desempenhadas pelo órgão de acusação.[118]

3.4.1 A persecução penal e o inquérito policial na Inglaterra

Até meados do século XIX a persecução penal na Inglaterra era realizada pelos próprios cidadãos e promovida pelas vítimas dos crimes. Não existia um sistema de persecução penal propriamente dito, uma polícia profissional e, por conseguinte, um modelo estatal de investigação criminal (SPENCER *apud* AMARAL, 2018, p. 5).

Segundo Amaral (2018, p. 4) o sistema de policiamento local formado pelos *justice of peace* (juízes de paz), *constables* (policiais) e *watchmen* (vigilantes), já se revelava deficiente há muitos anos, situação que se agravou ainda mais em face do processo de industrialização e urbanização.

Apesar de todos esses problemas e da crescente criminalidade e violência, "a ideia de uma polícia profissional encontrou uma forte

---

[117] Isso porque, apesar do processo penal norte-americano ser fortemente influenciado pelo *Common Law* inglês, em matéria de investigação criminal, os sistemas são bastante distintos, às vezes antagônicos. Isto decorre principalmente do fato de que a polícia inglesa como veremos, se desenvolveu em um momento bastante posterior à independência dos Estados Unidos.

[118] Veremos, aliás, que no sistema inglês puro, ainda vigente naquele país, o papel do órgão de acusação durante a fase investigativa é extremamente limitado e se reveste, quando muito, numa função de assessoramento jurídico, sem, contudo, dispor de poderes que lhe permitam interferir no rumo das respectivas investigações.

resistência dos ingleses, que viam nas figuras do policial profissional e do acusador público existentes no sistema francês órgãos ditatoriais e tirânicos capazes de atentar contra liberdades civis inglesas" (*Ibidem*).

As resistências, obviamente, foram superadas e a primeira força policial moderna na Inglaterra foi criada em 1829, a *Metropolitan Police Force* (popularmente conhecida como *Scotland Yard*).[119] Hoje o país conta com 39 forças policiais locais e 04 forças policiais nacionais de caráter especial,[120] além da *National Crime Agency* (NCA),[121] uma agência de *law enforcement* de âmbito nacional, criada em 2013 a partir da união de diversas outras agências e unidades inglesas, com o escopo de combate ao crime organizado, o terrorismo e aos delitos transnacionais em geral.

No que se refere à investigação criminal propriamente, a legislação inglesa possui uma série de diplomas legais específicos que regulam a matéria, tais como:[122] i) *Indictments Act* de 1915; ii) o *Police and Criminal Evidence Act* de 1984; iii) o *Prosecution of Offences Act* de 1985 iv) o *Criminal Procedure Investigations Act* de 1996; v), o *Police Act* de 1997; vi) o *Criminal Justice and Police Act* de 2001; vii) o *Criminal Justice Act* de 2003; viii) o *Serious and Organised Crime and Police Act* de 2005; o ix) *Code of Crown Prosecution de 2013; e x*) o *Investigatory Powers Act* de 2016.

Dentre tais documentos, o que merece maior destaque em relação à investigação criminal é justamente o *Criminal Procedure Investigations Act* de 1996, o qual estabelece, por exemplo, a seguinte definição de investigação criminal:

> 2.1 (...) a criminal investigation is an investigation conducted by police officers with a view to it being ascertained whether a person should be charged with an offence, or whether a person charged with an offence is guilty of it. This will include: – investigations into crimes that have been committed; – investigations whose purpose is to ascertain whether a crime has been committed, with a view to the possible institution of criminal proceedings; and – investigations which begin in the belief that a crime may be committed, for example when the police keep premises or individuals under observation for a period of time, with a view to the possible institution of criminal proceedings[123] (INGLATERRA, 1996).

---

[119] O nome *Scotland Yard* deriva do nome de sua antiga localização, uma rua chamada *Great Kew Scotland Yard*, em *Whitehall*, um distrito londrino. É, por muitos, considerada a primeira polícia moderna, a valer-se de um corpo de investigadores à paisana.

[120] *Vide*: https://www.police.uk/forces/

[121] *Vide*: www.nationalcrimeagency.gov.uk/about-us

[122] Os respectivos sítios eletrônicos para acesso e consulta às referidas legislações encontram-se em nossas referências.

[123] Tradução livre: "2.1 (...) uma investigação criminal é uma investigação conduzida por agentes da polícia com o objetivo de determinar se uma pessoa deve ser acusada de

O mesmo diploma legal traz uma série exaustiva de procedimentos a serem seguidos durante a investigação criminal, bem como os papéis desempenhados pelos diferentes atores nessa fase da persecução penal, notadamente; i) o policial que dirige a investigação (*officer in charge of an investigation*) e os investigadores que atuam sob a direção e autoridade dele (*investigators*); ii) o policial que exercer as funções de "oficial de divulgação" (*disclosure office*); e iii) o procurador da Coroa (*Crown prosecutor*),[124] que atua como órgão acusador.

O *disclosure* officer é a pessoa encarregada de dar divulgação a todo o material coligido durante a fase investigativa (documentos, oitivas, bens apreendidos, relatórios, laudos periciais etc.), primeiro ao órgão de acusação, ao final das investigações, e, posteriormente, já por ocasião da formalização de uma acusação formal e, subsequentemente, quando do início do processo, também ao acusado (INGLATERRA, 1996).[125]

A existência do *disclosure officer* é, obviamente, uma peculiaridade do sistema inglês.

O termo *disclosure* (divulgação) refere-se ao dever legal da polícia de, encerradas as investigações e tendo sido apurada a prática de uma infração penal, dar conhecimento de todo o seu conteúdo às partes.[126]

---

um ilícito penal ou se uma pessoa acusada de um ilícito penal é culpada. Isso incluirá: - investigações de ilícitos penais que foram cometidos; - investigações cujo objetivo é verificar se uma infração penal foi cometida com vista à possível abertura de um processo penal; e - investigações que começam com a crença de que uma infração penal pode vir a ser cometida, quando, por exemplo, a polícia mantém instalações ou indivíduos sob observação por um certo prazo, com vistas à possível abertura de um processo penal".

[124] O *Crown Prosecutor Service* é um órgão relativamente recente na história inglesa, tendo surgido em 1985, por força do *Prosecution of Offences Act*. Antes dele, as acusações eram realizadas por advogados contratados pelo Estado, sem, contudo, constituírem uma carreira específica (SPENCER, 2005, p. 256-257).

[125] No caso da divulgação (*disclosure*) ao acusado e seu defensor, essa não se limitará apenas aos materiais, documentos e dados utilizados pela acusação (chamados de *used material*), mas também dos demais materiais coligidos que possam eventualmente fundamentar a tese da defesa (*unused material*). Para tanto, o encarregado dessa função em cada investigação (e seus eventuais assistentes designados, chamados de *deputies*, no caso de investigações mais complexas) deverá manter registro de todos os materiais que compõe a investigação (ou seja, bens físicos, mídias, registros, documentos, laudos, relatórios policiais, oitivas etc.), realizar a respectiva análise de seus conteúdo, bem como classificá-los conforme sejam considerados úteis a reforçar ou repelir a tese acusatória (*used* ou *unused material*), bem como entregar cópias desses materiais à defesa ou à acusação, certificar a entrega dessas cópias e prestar eventuais outras informações quando solicitado.

[126] Para entender essa peculiaridade do direito inglês, precisamos ter em mente que, diversamente do que ocorre no Brasil, onde todos os dados, provas e elementos produzidos na fase de investigação, são consubstanciados nos autos do respectivo inquérito e irão integrar o futuro processo, possibilitando tanto ao órgão de acusação como à defesa seu acesso irrestrito e imediato, no sistema inglês prevalece a oralidade e, portanto, não existem autos físicos, seja na fase de inquérito, como na fase judicial.

O assunto ganhou grande importância nos últimos anos, em face do reconhecimento do direito que assiste ao acusado de ter acesso a todo e qualquer material, produzido durante as investigações policial, que possa ser utilizado para a sua defesa, ainda que não tenha sido utilizado para embasar a respectiva acusação, tendo resultado na elaboração de manual específico, elaborado pelo *Crown Prosecution Service* (CPS, 2018 e 2019).

Outro ponto que, neste momento, merece destaque, eis que repercutirão no tipo de processo e julgamento, é que o ordenamento inglês, prevê 03 (três) tipos distintos de infrações penais, conforme a seguir:

TABELA 5
Tipos de infrações penais no Processo Penal Inglês (a partir de UKCP, 2019)
(continua)

TIPO DE INFRAÇÃO	CARACTERÍSTICAS
SUMMARY OFFENSE	• São infrações penais consideradas de menor gravidade, com penas mais baixas, até o máximo de 6 meses de prisão. • São exemplos desse tipo de infração, quase todas as relacionadas a situações de trânsito de veículos automotores, exceto às que envolvam direção perigosa e fatalidades. • A ação penal de ofensas sumárias, via de regra, é iniciada diretamente pela polícia, após a conclusão das investigações.[127] • As ofensas sumárias, normalmente se submetem a um processo mais célere, de natureza sumária, perante o Tribunal de Magistrados (*Magistrates Court*). O julgamento, nesses casos, é monocrático, podendo, entretanto, em algumas situações ser decidido por um juízo coletivo. Não há júri.
PURE INDICTABLE OFFENSE	• São infrações de maior gravidade, com penas superiores a 6 meses de prisão, como roubos e homicídios. • A ação penal é sempre iniciada pelo CPS. • O julgamento compete ao júri.

---

[127] As linhas gerais desse procedimento encontram-se descritas nas seções 5, 6 e 7, da 5ª edição do *Director's Guidance on Charging* (CPS, 2013). Interessante registrar que, tal procedimento, no qual a polícia dá início à ação penal, já existiu no Brasil, o chamado procedimento judicialiforme (ainda previsto na redação do art. 521 do CPP, porém não recepcionado pela CF/88), o qual previa que os processos sumários, relacionados a contravenções tinham início mediante portaria da autoridade policial.

TABELA 5
Tipos de infrações penais no Processo Penal Inglês (a partir de UKCP, 2019)

(conclusão)

TIPO DE INFRAÇÃO	CARACTERÍSTICAS
OFFENSE TRIABLE EITHER WAY	• Uma categoria especial de infrações penais que podem, conforme o caso, ser julgadas tanto pelo Tribunal de Magistrados como pelo Tribunal da Coroa. • A variedade de infrações penais nessa categoria é muito ampla e engloba desde delitos de lesão corporal e furtos, até aqueles que envolvam a posse de drogas ilícitas. • Uma pessoa acusada por infrações dessa ordem, primeiro deverá comparecer perante o Tribunal de Magistrados, onde os fatos serão analisados. • Se a infração (ou infrações) praticadas ensejarem punição inferior a 6 meses de prisão cada uma, o julgamento será de competência do Tribula da Magistrados, caso contrário serão remetidas ao Tribunal da Coroa. • Em qualquer caso, o réu poderá requerer que o julgamento se dê pelo júri, ocasião em que caso seguirá também para a Corte da Coroa.

É interessante registrar que em todos esses casos é possível ao réu, em juízo, se declarar culpado de todas as acusações (o chamado *guilty plea*,[128] também existente no direito norte-americano). Nesse sentido, segundo dados do Ministério da Justiça inglês (2011, p. 44), em 2011, 70% dos réus nos casos do Tribunal da Coroa se declararam culpados de todas as acusações contra eles. A taxa de confissão de culpa nos tribunais dos magistrados não é registrada, mas é provável que seja significativamente maior (HORNE, 2013, p. 2).

No que se refere às fases do processo penal propriamente dito, é interessante termos em mente, que, no sistema inglês, cada uma das fases encontra clara definição legal dos papéis exercidos por cada órgão que dele toma parte. Com efeito, diversamente do que ocorre nos sistemas anteriormente vistos, onde, muitas das vezes, existem múltiplos atores com cumulação e até sobreposição de tarefas equivalentes ou idênticas, é possível dividirmos o processo inglês em fases sucessivas que se relacionam diretamente com o principal órgão encarregado, a saber: a polícia, a acusação ou o Poder Judiciário, conforme iremos demonstrar a seguir.

---

[128] Note-se que o *plea bargain*, tal qual como previsto no sistema norte-americano, não existe no ordenamento inglês, porém os *guilty plea*, sobretudo nos últimos anos, muitas das vezes têm sido utilizados nos moldes de um acordo de promotoria, o que gera diversas discussões e críticas. Sobre o assunto, remetemos o leitor à leitura do recente artigo de Rebecca Helm (2019), constante de nossas referências.

PROCESSO PENAL INGLÊS - FASES

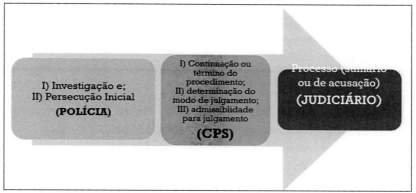

Figura 10 – Fases do Processo Penal Inglês (elaborado a partir de SPENCER, 2005, p. 244-276)

1ª *Fase*: Policial: Uma vez noticiada a ocorrência do ilícito, cabe à polícia abrir as investigações (*enquiries*), realizar todas as diligências para o esclarecimento do fato, identificar o suspeito e dar início, nos casos já anteriormente referidos (*summary offenses*), à respectiva ação penal. Segundo o *College of Policing* do Reino Unido (UKCP, 2013), o *inquery*, pode, por seu turno, ser dividido em algumas etapas: i) provocação e abertura das investigações (*instigation*); ii) investigação inicial (*initial investigation*); iii) avaliação dos resultados obtidos (*investigative evaluation*); iv) gestão de informações sobre o suspeito (*suspect management*); v) gestão das provas (*evidential evaluation*); vi) imputação (*charge*); vii) gestão do caso (*case management*); e viii) envio ao tribunal (*court*), os quais, em apertada síntese, podem assim ser resumidos:[129]

> (...) se inicia a partir da provocação para abertura da investigação (*instigation*), sendo acompanhado da realização da apuração inicial caso cabível, e seguido da apreciação do resultado da investigação preliminar (*investigative evaluation*), a qual pode levar à necessidade de se continuar a investigação ou de dar encerramento a ela. No caso de ser pertinente a continuidade das investigações (*further investigation*), a partir do material obtido, o investigador deverá elaborar um planejamento para a realização da investigação, em que deverá indicar os meios como pretende realizar a apuração do caso com sucesso. Levada a investigação

---

[129] Para uma visão e análise mais aprofundadas dessas diferentes, sugere-se a visita ao sítio eletrônico do *College of Policing*: https://www.app.college.police.uk/app-content/investigations/investigation-process/.

a diante, procedida da identificação do suspeito e produzidas as provas acerca do fato, o *police officer* (oficial de polícia) avaliará as evidências acerca da prática do crime e decidirá se imputa a prática de crime ao suspeito (*charge*), se deixa de fazê-lo solicitando o arquivamento, ou continua as investigações (ALMEIDA, 2018, p. 7).

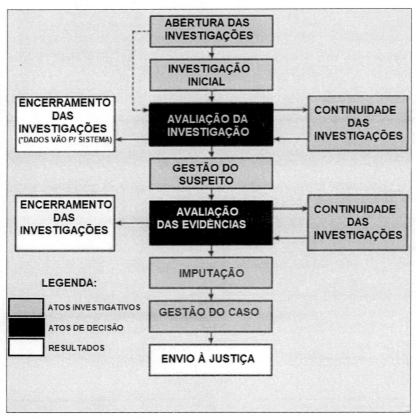

Figura 11 – Fases da investigação preliminar na Inglaterra (UKCP *apud* ALMEIDA, 2018, p. 7)

2ª *Fase: Acusatória*: Nesta fase, o *Crown Prosecutor Service* tem acesso aos dados produzidos pela polícia (*disclosure*) e poderá adotar, basicamente, as seguintes decisões: i) dar continuidade e promover a ação penal, acatar a decisão de arquivamento, naqueles casos em que as investigações resultaram infrutíferas, ou ainda, solicitar a continuidade das investigações; ii) adotar providências com vistas a determinar a modalidade de julgamento (*mode of trial*) nos casos que serão levados à

Justiça;[130] iii) avaliar a admissibilidade de julgamento, ou seja, se além dos requisitos formais, todos os demais necessários ao exercício da ação penal e seu julgamento, se encontram presentes.

3ª *Fase: Judicial*: É o processo criminal propriamente dito. Como já mencionado, em se tratando de *summary offenses*, a regra será o julgamento monocrático pelo Tribunal de Magistrados, ao passo que nas *pure indictable offenses* (assim como nas *offenses triable either way* que forem recusadas para julgamento no Tribunal de Magistrados), o julgamento será realizado, no Tribunal da Coroa, pelo júri.[131]

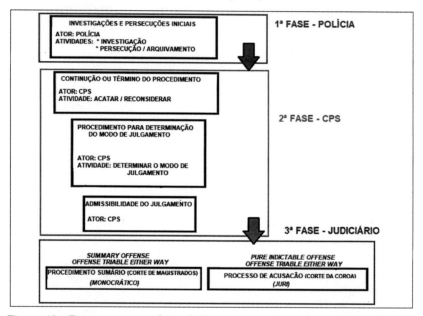

Figura 12 – Resumo esquemático do Processo Penal Inglês (adaptado de: SPENCER, 2005, p. 276)

---

[130] Em que pese a palavra final sobre a modalidade de julgamento, ou seja, para qual órgão jurisdicional a causa referente a uma *offense triable either way* será encaminhada, ser competência do Tribunal de Magistrados, é frequente que a acusação, assim como a defesa, façam argumentações específicas num ou noutro sentido, encaminhando suas petições para apreciação.

[131] O funcionamento do júri inglês encontra-se previsto no *Juries Act* de 1974, com duas principais diferenças em relação ao pequeno júri norte-americano: i) *número mínimo de jurados*: apesar de sempre iniciar com 12 (doze) jurados, a legislação inglesa permite que o julgamento prossiga com até que o júri conte com no mínimo 09 (nove) jurados; ii) *decisão por maioria qualificada*: é possível, havendo no mínimo 10 jurados e, caso eles não cheguem a um veredicto unânime depois de 2h10min de debates, que as decisões sejam tomadas por maioria qualificada, nos seguinte termos: 11x1, 10x2, 10x1 ou 9x1.

Além de todo o referido sobre o sistema inglês, gostaríamos de acrescer que:
- No decorrer a apuração penal, a polícia está autorizada, pelos diversos textos legais já referidos, a realizar diretamente todos os atos que forem necessários à apuração dos fatos, resguardados aqueles que dependam de autorização judicial específica, situação na qual poderá solicitar diretamente ao magistrado (SALINAS, 2010, p. 223-231).
- No que se refere à busca e apreensão, no geral, esse tipo de medida demandará uma autorização judicial específica, porém a regra comporta exceções, como aquelas previstas nas seções 17 e 32 do *Police and Criminal Evidence Act* de 1984, as quais autorizam a realização de buscas no interior de imóveis quando houver fundada suspeita de que a pessoa a ser presa ali se encontra, ou ainda, quando alguém for preso em flagrante no interior do referido imóvel ou logo após deixá-lo.
- Ao contrário do que ocorre em outros sistemas, a investigação criminal inglesa tem como escopo ser uma apuração isenta dos fatos (ALMEIDA, 2018, p. 8). Isso traz diversas consequências, mas a principal e mais importante é a de que a invetsigação não é considerada uma simples preparaçaõ da acusação e, por conseguinte, o CPS não tem poderes para ordenar investigações ou direcionar os rumos da investigação sob qualquer pretexto (FERREIRA, 2012, p. 99), tampouco se manifesta em relação aos pedidos que eventualmente sejam dirigidos à autoridade judiciária no curso das investigações. Nesse sentido, o *Criminal Procedure Investigations Act* de 1996, na seção 23 (1), item 3.5, prevê expressamente que a polícia tem a obrigação de perseguir todas as linhas razoáveis de apuração, independentemente de beneficiarem ou prejudicarem o investigado.[132] Sobre o assunto, merecem destaque os seguintes ensinamentos:

> Encontra-se nesse ponto o dever de dirigir e realizar a investigação criminal de forma isenta e imparcial (...) característica do sistema inglês no qual a polícia age na condição de um terceiro

---

[132] "In conducting an investigation, the investigator should pursue all reasonable lines of inquiry, whether these point towards or away from the suspect" (tradução livre: "Ao conduzir a investigação, o investigador deve seguir todas as linhas razoáveis de inquérito, independentemente destas apontarem na direção ou contrárias ao suspeito").

imparcial, sem interesse ou compromisso com a acusação ou a defesa, produzindo provas que possam tanto beneficiar como prejudicar a situação do investigado integra o próprio objetivo da apuração penal de esclarecimento dos fatos, e não de auxílio a um magistrado ou ao órgão da acusação na formação da sua opinião (AMARAL, 2018, p. 8).

- É possível, entretanto, que em investigações mais complexas, os investigadores solicitem aconselhamento legal ao CPS, cuja decisão de acatar fica inteiramente a critério do investigador. Trata-se na verdade de uma situação em que o órgão de acusação é chamado pela polícia para apoiar as investigações, sem, contudo, se imiscuir nos rumos das investigações.[133]
- O modelo inglês, mais do que qualquer outro, influenciou fortemente o surgimento e conformação do sistema investigativo brasileiro. Note-se, porém, que, a nosso ver, o modelo do inquérito policial brasileiro, sobretudo com as inovações e adventos da CF/88, teve uma evolução ainda mais profunda na clara separação entre as atividades de investigar, acusar e julgar, conforme tentaremos demonstrar a seguir.

3.4.2 A persecução penal e investigação preliminar no Brasil

O Direito brasileiro, escudado inicialmente nas Ordenações vigentes na metrópole e, posteriormente, a partir da edição de normas pátrias, sempre previu alguma forma de investigação preliminar, sendo

---

[133] Nesse sentido, o *Code of Crown Prosecution* de 2013 prevê expressamente em seu item (3.2): "Prosecutors often advise the police and other investigators about possible lines of inquiry and evidential requirements, and assist with pre-charge procedures. In large scale investigations the prosecutor may be asked to advise on the overall investigation strategy, including decisions to refine or narrow the scope of the criminal conduct and the number of suspects under investigation. This is to assist the police and other investigators to complete the investigation within a reasonable period of time and to build the most effective prosecution case. However, prosecutors cannot direct the police or other investigators" (tradução livre: "Promotores frequentemente aconselham a polícia e outros investigadores sobre as possíveis linhas de investigação e exigências probatórias, também auxiliam com os procedimentos que antecedem a formalização de uma acusação. Em investigações de larga escala, o promotor pode ser solicitado a aconselhar a polícia quanto à estratégia geral da investigação, inclusive acerca de decisões para aperfeiçoar ou estreitar o escopo investigativo e o número de suspeitos sob investigação. Isso se dá para auxiliar a polícia e outros investigadores na conclusão da investigação num prazo razoável e para construir uma acusação mais efetiva. Apesar disso, promotores não podem dirigir a polícia ou outros investigadores").

corrente a menção aos institutos da devassa, querela e denúncia, como as formas de investigação vigentes durante o Brasil-colônia. Sobre esses três institutos, podemos resumi-los conforme a seguir:

> A *denúncia* era uma declaração, feita em juízo, de crime público, para que se procedesse contra o imputado oficiosamente. Era aplicada apenas nos delitos não sujeitos à devassa, e nem nos crimes denominados particulares. A *querela*, por seu turno, era comparável à querela de hoje em dia, aplicável aos crimes de iniciativa privada; destinava-se ao entendimento, sob juizado, entre acusado e acusador em delitos de pequena monta. A *devassa* era a comunicação de delito levada ao juiz, que a levava a termo (...) foi um modelo largamente utilizado para finalidades de maquinação estatal (...) como na devassa sobre a Inconfidência Mineira que findou com a execução de Tiradentes" (PEREIRA, 2019).

Importante ter em mente que a *devassa* era uma investigação ordinária, sem preliminar indicação de autoria ou de indícios de autoria delituosa, ao passo que a *querela* era uma investigação sumária, ou seja, com prévia indicação de autoria ou seus indícios (ALMEIDA, 1973, p. 195-197), estando ambas a cargo do próprio juiz que julgaria o feito.

O que se verifica, portanto, é que durante o Brasil colônia, por força das ordenações do Reino, adotávamos o sistema do *juizado de instrução*, nos exatos moldes daquele empregado em Portugal (e, de certa forma, bastante semelhante ao modelo ainda hoje vigente na Espanha quanto à titularidade da investigação e à existência de duas modalidades de apuração: uma sumária e uma de instrução propriamente dita).

Noutras palavras, durante tal período, tanto as funções judicantes, como as de investigação criminal, se concentravam na figura do magistrado.

Para além disso, é importante termos em mente que, durante a colônia, apesar de terem surgido alguns grupos organizados com funções de polícia ostensiva (guarda escocesa, quadrilheiros etc.), não havia, efetivamente, um corpo policial com funções especificamente investigativas, mesmo que submetido ao comando do magistrado. Neste sentido são as lições de Kfoury Filho (*apud* ZACCARIOTTO, 2005, p. 53):

> (...) por longo tempo as atividades jurídico-policiais, a par daquelas de índole político-administrativas, incumbiram às Câmaras Municipais, cabendo aos capitães-mores, aos alcaides, aos quadrilheiros e aos almotocés auxiliar os Juízes Ordinários e de Fora, além dos Corregedores e Ouvidores, na faina criminal.

Apenas posteriormente, em 1808, com a chegada da Corte portuguesa no Brasil, foi criada a *Intendência Geral de Polícia*, cuja chefia era desempenhada por um desembargador, nomeado Intendente Geral de Polícia, com *status* de ministro de Estado. Dadas às peculiaridades e extensão do território nacional, o intendente podia autorizar outra pessoa a representá-lo nas províncias, surgindo desta atribuição o uso do termo *delegado* no Brasil.

Este *delegado* exercia, contemporaneamente, funções típicas de autoridade policial (tanto administrativa como investigativa) e judiciais.

Pouco após nossa independência, já em 1827, foi implementada sensível alteração no sistema de persecução penal que, nos dizeres de Maria da Gloria Bonelli (2003, p. 6-7):

> (...) introduziu o *juiz de paz* previsto na Constituição de 1824, com atribuição policial e judiciária, e extinguiu os delegados de polícia. A principal diferença entre os delegados de polícia e os juízes de paz vinha da origem da autoridade judicial. Enquanto a autoridade do intendente e do comissário emanava do monarca, a do juiz de paz vinha da eleição na localidade.

A ideia, como é fácil perceber, era, nos moldes dos *juízes de paz* ingleses (*justice of peace*), afastar o poder central da investigação e apuração de ilícitos penais.

Ocorre, entretanto, que tal qual o modelo anterior, este sistema ainda pecava por conferir à mesma pessoa poderes típicos de autoridade policial e judiciária, o que, aliás, foi mantido pelo novel Código de Processo Criminal, promulgado em 29 de novembro de 1832.[134]

Esse juiz de paz com funções investigativas e a respectiva descentralização política na função policial, pós-Independência, perdurou até a reforma processual de 1841, quando:

> A Lei nº 261, de 03 de dezembro, determinou que os chefes de polícia seriam escolhidos entre os desembargadores e juízes de direito, e que os delegados e os subdelegados podiam ser nomeados entre juízes e demais cidadãos, tendo autoridade para julgar e punir. A lei estabeleceu as funções de polícia administrativa e de polícia judiciária. Na primeira, os delegados assumiam atribuições da Câmara Municipal, como as de higiene, assistência pública e viação pública, além daquelas de

---

[134] Para uma mais profunda análise das atribuições dos Juízes de Paz e o modelo investigativo adotado naquele período, remetemos o leitor à obra da profª Marta Saad, constante de nossas referências bibliográficas.

prevenção do crime e manutenção da ordem. Na função judicante, podiam conceder mandados de busca e apreensão, proceder a corpo de delito, julgar crimes com penas até seis meses e multa até cem milréis. O regulamento de julho de 1842 instituiu o controle civil sobre a polícia militar, que foi reforçado pelo regulamento de janeiro de 1858 (HOLLOWAY, 1997, p. 170).

É, portanto, a partir da Lei nº 261 de 03.12.1841 que o ordenamento pátrio passa a prever, expressamente, os poderes e atribuições legais das autoridades policiais, as quais deveriam ser nomeadas dentre juízes[135] e cidadãos respeitáveis, bem como passa adotar, oficialmente, as denominações *Chefe de Polícia, Delegado de Polícia e Subdelegado de Polícia*.

Posteriormente, o regulamento nº 120/1842 veio a estabelecer a distinção formal entre Polícia Administrativa e Polícia Judiciária, prevendo dentre as funções desta última prender denunciados, expedir mandados de busca e apreensão, proceder ao corpo de delito e julgar crimes de sua alçada[136] (MACHADO, 2010 p. 50).

Nesse sentido, convém trazer à baila o precioso escólio de José Pedro Zaccariotto:

> À polícia judiciária de então, quase sempre exercida por magistrados togados, competia mais que a apuração das infrações penais (função criminal), cabendo-lhe também o processo e o julgamento dos chamados "crimes de polícia" (função correcional) [...] Falhou a reforma, destarte, precisamente por não realizar a separação, já há tempo veementemente reclamada, entre as funções judiciais e policiais (executivas), que continuaram em mãos únicas [...] Quase três decênios de protestos

---

[135] É interessante constatar que, conforme o Estatuto Criminal de 1832, as funções do órgão acusador, representado pelo Promotor Público, ainda não eram privativas de graduados em Direito, embora recaíssem, preferencialmente nos que "fossem instruídos em leis", nomeados por três anos, mediante proposta das Câmaras Municipais (art. 36), ao passo que os cargos de Chefe de Polícia eram exclusivamente preenchidos por Desembargadores e/ou Juízes de Direito, bacharéis em Direito (arts. 6º e 44). Com a Lei nº 261/1841 e a passagem das atribuições anteriormente conferidas aos Juízes de Paz às Autoridades Policiais, os cargos de Delegado e Subdelegado também passaram a ser preenchidos, preferencialmente, por quaisquer juízes (municipais e/ou de direito, sempre bacharéis, porém com requisitos específicos quanto ao tempo de prática forense) ou, na sua ausência, demais cidadãos.

[136] Apesar de possuir alguns poderes típicos de Autoridade Judiciária, a regra era que a Autoridade Policial, após concluir as investigações, deveria remeter todos os dados, provas e esclarecimentos obtidos acerca do delito para o juiz competente, o qual julgaria o feito (art. 4º, parágrafo 9º, da Lei nº 261, de 03.12.1841), o que sinaliza para o início da separação entre as funções judicante (Estado-juiz) e investigativa (Estado-investigação), o que, veremos, oportunamente, teve forte incremento com a Lei nº 2.033/1871, mas só veio a se sacramentar, definitivamente, em data muito posterior, com o advento da CF/88.

e inúmeros projetos legislativos foram necessários para reverter os excessos perpetrados por meio das mudanças em comento [...] (ZACCARIOTTO, 2005, p. 60-61).

Com efeito, apenas com o advento da Lei nº 2.033, de 20 de setembro de 1871 e do consequente Decreto nº 4.824, de 22 de novembro de 1871, é que se concretizou a eficaz separação entre funções judiciais e policiais, vedando-se às autoridades policiais o julgamento de quaisquer ilícitos penais e consagrando-se, no ordenamento pátrio, o *inquérito policial* como principal modelo legal de apuração de fatos criminosos.

Com a proclamação da república em 1889 e promulgada a novel Constituição Federalista de 1891, a criação e manutenção das forças policiais passou a ser responsabilidade dos estados-membros,[137] mas as linhas gerais do modelo definido em 1871, que conferia à polícia à titularidade da investigação criminal, foram mantidas, perdurando até a presente data, inclusive com a manutenção da tradicional nomenclatura da autoridade policial (*delegado de polícia*)[138] e do inquérito policial na posterior reforma do Código Penal, em 1941[139] (arts. 4º a 23 do Decreto Lei nº 3.689, de 03.10.1941) e, mais adiante, na Constituição Federal de 1988.

Note-se, entretanto, que a manutenção do modelo inicialmente definido em 1871 não se significa, em absoluto, que o modelo investigativo, em si, não sofreu profundas mudanças ao longo do tempo, sobretudo nestas últimas 3 décadas.

Com efeito, se por um lado o Código de Processo Penal vigente foi editado em pleno regime ditatorial, "no qual se defendia a eficiência

---

[137] Para uma mais profunda compreensão da criação e estruturação das polícias estaduais, notadamente no estado de São Paulo, tendo em vista os estreitos limites deste singelo trabalho, remetemos o leitor à obra do Prof. José Pedro Zaccariotto, constante de nossas referências.

[138] Note-se que o termo "delegado" é hoje empregado muito mais em face da herança histórica e da familiaridade que a população em geral detém, do que da efetiva natureza do cargo e origem dos respectivos poderes. O delegado de polícia (civil ou federal) exerce a autoridade policial (Estado-investigação) por expressa disposição constitucional e legal (art. 4º do CPP c/c art. 144 da CF/88), nos limites de sua circunscrição, não mais por "delegação" do antigo Intendente Geral de Polícia (1808) ou dos Chefes de Polícia (1841). No que se refere aos Chefes de Polícia (ou diretores-gerais), o que se afigura é justamente o contrário: necessariamente deverão ser integrantes da carreira de delegado de polícia civil ou federal, conforme o caso.

[139] Em 1936 chegou-se a cogitar pela substituição do inquérito policial e retorno do juizado de instrução. Após intenso debate, manteve-se o procedimento apuratório a cargo da autoridade policial por ser mais adequado à realidade fática e jurídica brasileira. Para maiores esclarecimentos, recomenda-se a leitura dos respectivos trechos da exposição de motivos ao CPP, subscrita pelo então Ministro da Justiça, Francisco Campos.

da persecução criminal a todo custo e o imputado era tratado como mero objeto da investigação" (MACHADO, 2010, p. 52), as sucessivas alterações legislativas e, sobretudo, o advento, da CF/88,[140] conduziram o modelo brasileiro para, sem dúvida, dentre todos os aqui apresentados, ser aquele em que se operou a mais perfeita separação das funções estatais exercidas na *persecutio criminis*.

Exemplo muito forte disso é que, em 1988, ao dar cabo do antigo procedimento judicialiforme[141] e deixar de prever qualquer possibilidade de expedição de mandados de busca pelas autoridades policiais,[142] mas reforçando, por outro lado, a opção pelo inquérito policial,[143] o que se operou no ordenamento pátrio foi, justamente, uma clara e inequívoca definição de papéis em estrita consonância com o Estado Democrático de Direito e um processo penal de garantias.[144]

---

[140] Conforme nos recorda Bernardo Guidale Amaral (p. 19, 2018) é importante registrarmos que a escolha pela manutenção do inquérito policial e a separação das funções de investigar e acusar não se deu por acaso, tendo sido alvo de exaustivas discussões na Assembleia Nacional Constituinte de 1988. Com efeito, foram rejeitadas integralmente todas as emendas que conferiam ao órgão de acusação as competências de presidir, coordenar, supervisionar, acompanhar ou avocar investigações criminais (*vide*: Emendas nº 945 e 1.025 de Uldurico Pinto (PMDB/BA), nº 424 de Nilson Gibson (PMDB/PE), nº 20.524 de José Egreja (PTB/SP), nº 24.266, de Siqueira Campos (PDC/GO) e nº 30.513 de Gandi Jamil (PFL/MS), disponíveis em: https://www.senado.leg.br/publicacoes/anais/asp/CT_Abertura.asp 44).

[141] O procedimento judicialiforme era previsto nos arts. 26 e 531 do CPP que dispunham que os processos judiciais referentes a contravenções penais seriam iniciados pelo auto de prisão em flagrante ou por portaria do delegado de polícia ou do juiz feria o sistema acusatório na medida em que conferia atribuições tipicamente ministeriais (*opinio delicti* e denúncia) às autoridades policial e judiciária.

[142] Da mesma forma, a expedição de mandados de busca domiciliar não se coadunava com o sistema acusatório na medida em que conferia ao delegado de polícia poderes tipicamente jurisdicionais.

[143] Ou seja: atribuindo, com exclusividade, as atividades investigativas à Polícia Judiciária.

[144] Isso não significa que a investigação preliminar não continua, pela sua própria natureza e finalidade, a possuir forte caráter inquisitivo. O que se deve ter em mente, sempre, é que a autoridade policial não deve pautar as suas investigações sob o ponto de vista da acusação apenas, mas, atuar com imparcialidade na apuração da verdade e na colheita de elementos de convicção que lhe sejam úteis, independentemente de virem, posteriormente, a beneficiar a acusação ou a defesa.

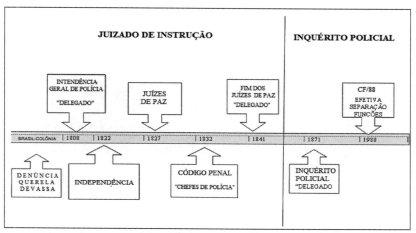

Figura 13 – Linha do tempo da investigação criminal no Processo Penal Brasileiro (a partir de PERAZZONI, 2011)

Neste ponto, estabelecidas em linhas gerais a origem e a evolução, até aqui, da polícia judiciária e do inquérito policial no Brasil, passaremos, a seguir, a esmiuçar um pouco mais detidamente o papel que lhes compete na sistemática processual penal, sob alguns daqueles que reputamos como sendo seus principais aspectos.

Para tanto, apresentamos as 03 principais fases da persecução penal brasileira e seus personagens,[145] com maior ênfase, obviamente, na fase de investigação preliminar:

---

[145] Somos da opinião, aliás, que a principal vantagem do processo penal tal qual como adotado no Brasil é definir, claramente, os papéis de cada um dos diferentes atores de acordo com sua posição e vocação institucional.

PROCESSO PENAL BRASILEIRO - FASES

Figura 14 – Fases do Processo Penal Brasileiro (elaborado a partir de BRASIL, 1948 e BRASIL, 1988)

1ª *Fase*: *Polícia Judiciária*: a exemplo do que ocorre no sistema inglês puro, no sistema brasileiro, uma noticiada a ocorrência do ilícito, caberá à autoridade policial abrir as investigações (*inquérito policial*), realizar todas as diligências para a apuração de materialidade e indícios de autoria. Note-se que inquérito policial se rege pelo princípio da informalidade (não havendo, necessariamente, uma cadeia de atos a serem desempenhados pela autoridade que o preside, muito embora a lei processual estabeleça, em linhas gerais, em seu art. 6º, um rol mínimo e exemplificativo de diligências e ações a serem tomadas pelo delegado de polícia a partir do conhecimento da prática de uma infração penal). De qualquer forma, para efeitos didáticos, podemos dividir os a investigação em 06 passos: i) *recebimento da notícia-crime e avaliação inicial*; ii) *arquivamento direto*, caso não haja crime, ou *abertura de inquérito*; iii) *produção de provas*; iv) *avaliação de autoria e materialidade*; v) *indiciamento ou pedido de arquivamento ao juiz*; vi) *conclusão* e remessa ao juízo, nos seguintes termos:

> (...) o processo de investigação se inicia a partir do recebimento de uma notícia de fato, que deverá ser apreciada pela autoridade policial e poderá levar à instauração de inquérito, caso presentes elementos mínimos, à abertura de uma verificação preliminar caso não presentes elementos de justa causa para a instauração do inquérito, o caso demande maior aprofundamento, ou mesmo o arquivamento da notícia, no caso dos elementos apresentados não demonstrarem qualquer viabilidade sob o ponto de vista criminal. Realizada a abertura de inquérito a partir

de uma notícia de fato ou mesmo com base na verificação preliminar, abre-se a fase da produção de elementos probatórios no inquérito. Em seguida, realiza-se apreciação dos elementos de autoria e materialidade produzidos, podendo-se apresentar o indiciamento caso sejam suficientes as evidências obtidas, dar continuidade às investigações mediante a realização de novas diligências, ou se apresentar pedido de arquivamento do inquérito ao juiz, caso não haja fundamento para o indiciamento ou para a continuidade das investigações (AMARAL, p. 21, 2018).

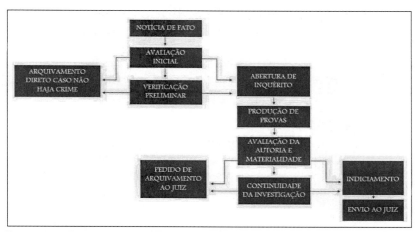

Figura 15 – Resumo esquemático das fases do inquérito policial brasileiro (AMARAL, p. 22, 2018)

2ª *Fase*: *Ministério Público e/ou ofendido*: concluídas as investigações, e considerando-se não terem sido arquivadas e não haver necessidade de novas diligências, inicia-se a fase postulatória, na qual o órgão acusador e/ou ofendido, formularão a *denúncia* ou *queixa-crime*, conforme o caso, a qual será encaminhada ao juízo competente.

3ª *Fase*: *Poder Judiciário*: É o processo criminal propriamente dito, que tramitará, conforme o caso, pelo rito ordinário ou especial (v.g., *júri*). No caso do procedimento comum ordinário (pena máxima igual ou superior a 04 anos), após o recebimento da denúncia ou queixa crime e respectiva citação do acusado, tem-se a resposta à acusação, no prazo de 10 (dez) dias (arts. 396 e 396-A do CPP). Em seguida, tem início a *instrução definitiva*, nos termos do art. 400 do CPP. Nessa fase proceder-se-á: i) à tomada de declarações do ofendido; ii) à inquirição das testemunhas arroladas pela acusação e pela defesa; iii) aos esclarecimentos dos peritos; iv) às acareações e; v) ao reconhecimento de pessoas e coisas interrogando-se, em seguida, o acusado. Após o momento de produção de provas, poderão as partes requerer a realização de diligências, de forma a esclarecer algum fato, ou, caso contrário, entra-se na fase de alegações finais e, por fim, os autos são conclusos para sentença.

No que se refere às principais características e curiosidades do inquérito policial, é importante ressaltar que o CPP e a legislação correlata regulamentam todos os aspectos do inquérito policial, estabelecendo desde o rol de poderes e deveres que dispõe o delegado de polícia, autoridade incumbida de presidi-lo (requisitos e atribuições do cargo, bem como os poderes de que dispõe), até os limites jurídicos ao poder de investigar e respectivos mecanismos de controle impostos (prazos, forma e requisitos dos atos investigativos, direitos e garantias do investigado, procedimentos para instauração, condução e encerramento da investigação e seus respectivos controles etc.), senão vejamos.

- *Autoridade investigativa*: ao delegado de polícia incumbe, nos termos da legislação em vigor, não apenas proceder à apuração dos ilícitos penais através do consagrado instituto do inquérito policial, mas, muitas vezes, atuar, também, como um verdadeiro sujeito processual secundário.[146] No exercício desse mister, longe de se afigurar como um simples chefe de uma unidade policial, o delegado de polícia exerce funções e poderes que, como vimos, nos outros dois modelos investigativos principais existentes, são conferidos especificamente a membros da magistratura e do ministério público. Tal constatação revela uma vantagem não apenas estratégica das polícias judiciárias brasileiras, mas, sobretudo, de todo o sistema de persecução criminal que nele se funda, garantindo maior imparcialidade às investigações, em estrita consonância com os ditames

---

[146] De fato, o delegado de polícia, embora não possa ser considerado um sujeito processual principal ou essencial, vez que não se afigura em parte, com frequência, por expressa previsão legal, interfere ou colabora diretamente no processo, seja como sujeito secundário (*v.g.*, no arbitramento de fianças, na representação por cautelares, sobretudo as de caráter patrimonial, já que visam garantir a futura reparação do dano e descapitalização dos criminosos, assim como na representação pela concessão do perdão judicial do colaborador, nos incidentes de sanidade mental e na aplicação de medida de segurança), seja como terceiro, quando, por exemplo, é chamado, nas hipóteses do art. 13 do CPP à prestar informações e auxílio à autoridade judiciária. Tudo isso, aliás, justifica não apenas a exigida formação jurídica do cargo, mas também a importante inovação legislativa recentemente trazida pela Lei nº 12.830/13, quanto ao reconhecimento do Princípio do Delegado Natural (neste sentido: PERAZZONI, 2017).

do Estado Democrático de Direito e os direitos e garantias individuais consagrados na CF/88, só plenamente obtenível por meio da existência de um Estado-investigação que não se confunda com os futuros personagens que agirão na *persecutio criminis in juditio*. Nessa esteira, podemos dizer que o delegado de polícia, como titular do Estado-investigação, no Estado Democrático de Direito possui, portanto, tripla função: a) proteger os bens jurídicos mais importantes e ameaçados pela conduta humana; b) apurar as supostas práticas delituosas que lhe cheguem a conhecimento com zelo, imparcialidade e em estrita consonância com os ditames de um sistema processual de partes, portanto democrático e marcadamente acusatório[147] e; c) proteger o próprio suspeito/investigado/indiciado dos excessos e arbítrios outrora cometidos pelo próprio Estado, tendo em vista a sua condição de indivíduo, titular de garantias e direitos fundamentais.[148]

- *Instauração*: o art. 5º do CPP estabelece a obrigatoriedade de instauração do inquérito policial, de ofício, naquelas ocasiões em que a autoridade policial tome conhecimento da prática de qualquer delito sob sua atribuição investigativa, bem como hipóteses em que a respectiva instauração poderá também ser realizada mediante requisição do juiz ou do *Parquet*, assim como requerimento ou representação do ofendido (ou seu representante legal). Sendo o caso de flagrante, a autoridade policial lavrará o respectivo auto, obedecendo as regras dispostas nos art. 302 a 310 do CPP.

---

[147] Isso não significa que a investigação preliminar não continua, pela sua própria natureza e finalidade, a possuir forte caráter inquisitivo. O que se deve ter em mente, sempre, é que a autoridade policial não deve pautar as suas investigações sob o ponto de vista da acusação apenas, mas, atuar com imparcialidade na apuração da verdade e na colheita de elementos de convicção que lhe sejam úteis, independentemente de virem, posteriormente, a beneficiar a acusação ou a defesa.

[148] Por se tratar de procedimento dirigido pela autoridade policial, imparcial e desvinculada das pretensões de ambas as partes na persecução criminal, somos inclinados a concluir que, em verdade, dentre todos os modelos apresentados, o inquérito policial se afigura naquele que, dentre todos os demais, mais se aproxima de uma isenta apuração dos fatos relacionados na notícia-crime. Isto é de suma importância, pois, ao contrário do prega parte da doutrina, a investigação criminal não busca comprovar a infração penal. Seu objetivo não é confirmar a tese acusatória, mas verificar a plausibilidade da imputação evitando processos desnecessários, daí dizer-se que "a investigação criminal não se volta mais à comprovação de um delito, do que para excluir imputações descabidas e aventuradas" (CARNELUTTI, 2001, p. 113).

- *Atribuição investigativa, hipóteses de avocação e o despacho de indiciamento*: as linhas mestras que estabelecem as atribuições investigativas criminais das polícias judiciárias (civil, federal e militar) encontram-se claramente e expressamente definidas no art. 144 da CF/88.[149] Todo o arcabouço jurídico referente à investigação criminal seguiu nessa toada e, mais recentemente, a Lei nº 12.830/13 consagrou e declarou expressamente que as atividades de apuração de infrações penais exercidas pelo delegado de polícia são de natureza jurídica e essenciais de Estado, trazendo importantes e oportunas garantias à autoridade policial, a saber: i) vedação de avocação ou redistribuição de inquéritos ou outros procedimentos investigativos em curso, salvo em hipóteses excepcionalmente previstas em regulamento que prejudiquem a eficácia da investigação (art. 2º, §4º); ii) necessidade de fundamentação para a remoção do delegado de polícia (art. 2º, §5º) e; iii) o estabelecimento de que o indiciamento é ato privativo do delegado de polícia, mediante análise técnico-jurídica (art. 2º, §6º).[150]Nesta direção, já existe decisão judicial reconhecendo que tais inovações consagraram em nosso ordenamento o princípio do delegado natural, como um direito fundamental da sociedade e das pessoas investigadas, e à luz da imprescindibilidade de libertar o delegado de qualquer espécie de pressão política.[151] Trata-se, portanto, de

---

[149] "Art. 144. (...) §1º A polícia federal, instituída por lei como órgão permanente, organizado e mantido pela União e estruturado em carreira, destina-se a: I - apurar infrações penais contra a ordem política e social ou em detrimento de bens, serviços e interesses da União ou de suas entidades autárquicas e empresas públicas, assim como outras infrações cuja prática tenha repercussão interestadual ou internacional e exija repressão uniforme, segundo se dispuser em lei; II - prevenir e reprimir o tráfico ilícito de entorpecentes e drogas afins, o contrabando e o descaminho, sem prejuízo da ação fazendária e de outros órgãos públicos nas respectivas áreas de competência; (...) IV - exercer, com exclusividade, as funções de polícia judiciária da União (...) §4º Às polícias civis, dirigidas por delegados de polícia de carreira, incumbem, ressalvada a competência da União, as funções de polícia judiciária e a apuração de infrações penais, exceto as militares".

[150] "Art. 2º. As funções de polícia judiciária e a apuração de infrações penais exercidas pelo delegado de polícia são de natureza jurídica, essenciais e exclusivas de Estado (...) §4º O inquérito policial ou outro procedimento em lei em curso somente poderá ser avocado ou redistribuído por superior hierárquico, mediante despacho fundamentado, por motivo de interesse público ou nas hipóteses de inobservância dos procedimentos previstos em regulamento da corporação que prejudique a eficácia da investigação. §5º A remoção do delegado de polícia dar-se-á somente por ato fundamentado. §6º O indiciamento, privativo do delegado de polícia, dar-se-á por ato fundamentado, mediante análise técnico-jurídica do fato, que deverá indicar a autoria, materialidade e suas circunstâncias".

[151] Processo 001985-98.2014.8.26.0297, Comarca de Jales/SP, Juiz de Direito Fernando Antônio de Lima, DJ 02/10/2014.

importante inovação legislativa, a garantir, ainda mais, que a autoridade policial possa, efetivamente, desempenhar as suas funções de forma célere e imparcial em estrita consonância com os ditames de um verdadeiro Estado Democrático de Direito.[152]

- *Prazos*: O art. 10 do CPP dispõe que o inquérito policial deverá ser encerrado, respectivamente em 10 ou 30 dias, conforme o investigado esteja preso ou solto. Tal regra comporta exceções previstas em lei extravagantes, tais como: I) crimes de competência federal (15 dias para indiciado preso e 30 dias para indiciado solto); II) crimes da lei de drogas (30 dias para indiciado preso e 90 dias para indiciado solto, podendo, em ambos os casos, os prazos serem duplicados (art. 51, Lei nº 11.343-2006); III) crimes contra a economia popular (10 dias tanto para indiciado preso quanto para indiciado solto). Sabiamente, estando o investigado solto, e sendo o fato de difícil elucidação, o CPP prevê expressamente que é possível à autoridade policial requerer à autoridade judiciária competente a dilação de prazo (art. 10, §3º, do CPP).[153] Entretanto, estando

---

[152] Por óbvio, não podemos confundir a existência do princípio do Delegado de Polícia Natural como o estabelecimento de algum tipo de independência funcional ou, pior, a escusa ausência de controles, tanto internos como externos, em relação ao delegado de polícia e, por conseguinte ao inquérito policial. Pelo contrário, o estabelecimento de tal princípio, além de reforçar os controles já previamente existentes, sacramentam a necessidade e obrigatoriedade de que a atividade desempenhada pelo delegado de polícia se dê em estrita consonância com os valores da imparcialidade e vedando, assim, quaisquer tentativas de ingerência nas investigações. Para tanto, imprescindível, a nosso ver, termos em mente que o referido princípio traz em si duas importantes consequências, inarredáveis: I) Reconhecimento de que o delegado de polícia deverá, doravante, se declarar suspeito ou impedido, nos exatos moldes do ocorre com os magistrados (art. 252 do CPP) e membros do *Parquet* (art. 258 CPP); II) Necessidade de regulamentação pelas respectivas Corregedorias e/ou pelo Conselho Nacional dos Chefes de Polícia, no sentido de se definir, claramente, quais seriam as hipóteses de interesse público e de inobservância de regulamentos, aptos a prejudicar a eficácia das investigações criminais e, por conseguinte, permitir a avocação e redistribuição dos respectivos apuratórios (PERAZZONI, 2013).

[153] Neste sentido, apesar da expressa previsão legal no art. 10 do CPP, foi editada a *Resolução CJF 63, de 26.06.2009*, que afastou o controle jurisdicional do inquérito e determinou o trâmite direto entre os apuratórios da Polícia Federal para o Ministério Público Federal. A ideia era conferir maior celeridade ao trâmite dos apuratórios que, doravante, iriam diretamente ao Ministério Público para apreciação e concessão de eventuais dilações de prazo. O argumento esposado na resolução é de que a tramitação com o Poder Judiciário não estaria de acordo com o sistema acusatório, esposado na CF/88. Ironicamente, nos parece que é justamente o contrário: ao se afastar das investigações e "delegar" a dilação dos prazos ao Ministério Público, o que se prestigia é um sistema estritamente inquisitivo, em que a investigação preliminar é vista como simples preparação para a acusação. De fato, o

o indiciado preso, o prazo para a conclusão das investigações, não poderá ser prorrogado (exceto nos crimes da lei de drogas, que lhes permite a duplicação, conforme já mencionado) sob pena de constrangimento ilegal à liberdade do indiciado, ensejando, inclusive, a impetração de *Habeas Corpus*. Ainda, nos termos do art. 10, §2º, do CPP, ao final dos respectivos prazos, deverá a autoridade policial elaborar relatório de todo o apurado, encaminhando os autos ao juízo competente.[154] Note-se que, em que pese a própria legislação permitir prorrogações sucessivas naqueles inquéritos em que não haja investigado preso, a existência de parâmetros temporais legais à conclusão do inquérito e a necessidade de remessa dos autos à autoridade judiciária e/ou o *Parquet* a cada prorrogação, assim como o controle interno exercido pelas respectivas corregedorias, permitem, no âmbito do inquérito policial, um controle muito maior em relação ao andamento dos respectivos apuratórios que aqueles executados sob outros sistemas investigativos.

- *Produção da prova e posição ocupada pelo investigado*: por óbvio, como já mencionado anteriormente ao falarmos dos limites jurídicos da investigação criminal, toda e qualquer investigação criminal, independentemente do sistema adotado, encontra óbice intransponível nas disposições constitucionais que vedam a produção de prova ilícitas. Importante, entretanto, ressaltarmos que a investigação criminal, conduzida no bojo do inquérito policial, sob o paradigma garantista esposado na CF/88, não visa exclusivamente confirmar a tese acusatória, muito pelo contrário: busca verificar a plausibilidade da imputação, evitando processos desnecessários. Isso porque, apesar do caráter inquisitivo do inquérito, a legislação sabiamente autoriza à defesa e ao investigado diversas possibilidades de interferir e participar ativamente no curso das investigações no sentido de produzir provas que lhe possam ser úteis à sua defesa. Afinal, mesmo que comprovada a prática delituosa e oferecida denúncia pelo *Parquet*, as provas

---

que se verificou na sequência, é o quase que total afastamento das autoridades judiciárias federais das investigações, com inegável enfraquecimento do controle jurisdicional do inquérito, hoje circunscrito, quase que exclusivamente, à apreciação de cautelares.

[154] Nos termos do art. 10, parágrafos 1º e 2º, o relatório final do inquérito é dirigido à autoridade judiciária, que, por seu turno, encaminhará os autos ao órgão ministerial ou determinará as providências previstas no art. 19 do CPP, nos casos em que ação penal for de iniciativa privada.

produzidas na fase investigativa continuarão a integrar o processo, independentemente do fato de se tratarem de elementos de convicção que favoreçam a tese acusativa ou de defesa. Em outras palavras: o inquérito policial se dirige não apenas ao *Parquet*, mas também ao investigado (para o exercício de sua atividade defensiva, seja nos autos do próprio inquérito, de forma deferida, ou no âmbito do posterior processo penal, de forma ordinária) e à própria autoridade judiciária, constitucionalmente encarregada de zelar pela sua legalidade e pelo deferimento de eventuais medidas judiciais que se façam necessárias ao seu regular curso. Note-se, aliás, que no bojo da investigação criminal podem e devem ser adotadas medidas cautelares que, além de permitir a prisão processual dos envolvidos, a proteção de testemunhas e a apreensão de objetos e instrumentos do crime, também servem à interrupção de atividades que, apesar de ainda não comprovadamente delituosas, estejam a causar danos de difícil ou impossível reparação futura (sobretudo nos crimes contra o meio ambiente e o patrimônio artístico, histórico, arqueológico e cultural), além de medidas de descapitalização voltadas à garantia da futura reparação dos danos ou restituição dos proveitos adquiridos pelos envolvidos (sequestro, arresto e hipoteca legal).

- *Participação do advogado e do próprio investigado*: já vimos que o inquérito policial não visa exclusivamente a confirmar a tese acusatória, muito pelo contrário: busca verificar a plausibilidade da imputação evitando processos desnecessários. Por óbvio, é da natureza do inquérito policial o sigilo, nos termos do art. 20 do CPP, o que se justifica, aliás, porque, em muitos casos, a investigação resultaria sobejamente infrutífera caso os envolvidos tivessem acesso imediato ou fossem previamente comunicados quanto às diligências investigativas a se realizar ou em curso,[155] sobretudo as cautelares, tais como os

---

[155] Este raciocínio, inclusive, encontra-se expressamente previsto na Súmula Vinculante nº 14 do STF, senão vejamos: "É direito do defensor, no interesse do representado, ter acesso amplo aos elementos de prova que, *já documentados* em procedimento investigatório realizado por órgão com competência de polícia judiciária, *digam respeito ao direito de defesa*" (grifos nossos). Veja-se, aliás, que a súmula em menção, emitida pelo STF, intérprete e guardião da Constituição, refere-se expressamente a existência de direito de defesa do investigado, ainda durante a fase do inquérito.

monitoramentos telefônicos, as buscas e apreensões etc. Por outro lado, a legislação prevê hipóteses de efetiva participação do indiciado e seu advogado nos autos do inquérito, como o acesso aos autos e provas já produzidas, nos termos do art. 7º, XIV, da Lei nº 8.906/94 e súmula vinculante nº 14 do STF, além da possibilidade de sugerir diligências. Nessa esteira de raciocínio, cremos oportuno registrar que, não raro, e aqui nos utilizamos de nossa experiência pessoal, diligências sugeridas pelo defensor do investigado, documentos por ele apresentados ou o próprio exercício da autodefesa durante a qualificação e interrogatório, podem ser extremamente úteis no curso das investigações. Da mesma forma, cremos ser possível e salutar que avancemos no sentido de que se reconheça, expressamente, ainda que de forma mitigada, a aplicabilidade do princípio do contraditório no âmbito do inquérito policial, sobretudo após o despacho de indiciamento, quando o investigado, ciente da tipificação penal que lhe foi atribuída, ainda que indiciariamente, poderá oferecer novos elementos e subsídios ao delegado de polícia que lhe permitam, se for o caso, revisar e revogar tal ato, evitar acusações infundadas e processos desnecessários.[156]

- *Arquivamento das investigações:* como vimos, a legislação pátria sabiamente assegura a intervenção da autoridade judiciária, em diversos momentos, durante as investigações, notadamente nos seguintes casos: a) para a prorrogação de prazo com vistas à continuidade das investigações, nos casos de difícil elucidação; b) apreciação de medidas judiciais necessárias à efetiva apuração dos fatos noticiados; c) quando direitos e garantias fundamentais estejam em jogo, ou ainda; d) para coibir quaisquer abusos e ingerências no curso das mesmas.[157] Não por acaso, no ordenamento jurídico brasileiro, o despacho de arquivamento do inquérito policial é determinado pela autoridade judiciária, atribuindo-se ao magistrado função de verdadeiro fiscal, não apenas em relação à autoridade

---

[156] A aplicabilidade do contraditório no âmbito do inquérito policial é assunto extremamente fecundo, complexo e apaixonante. Para aprofundamento, remetemos o leitor às obras de Caio Sérgio Paz de Barros e Aury Lopes Jr., em nossas referências.

[157] Como já havíamos mencionado anteriormente, o inquérito policial brasileiro é o único, dentre todos os modelos investigativos adotados no mundo, a consagrar sete (07) mecanismos de controle (BARROS, 2005).

policial, mas, também quanto à observância do princípio da obrigatoriedade pelo órgão ministerial.[158]
- *Juiz de Garantias*: ainda no que se refere à investigação criminal, é importante termos em mente que a Lei nº 13.964/2019, sancionada em 24.12.2019, acrescentou diversos dispositivos ao CPP e outras normas legais, e inovou ao criar, no ordenamento jurídico brasileiro (arts. 3º-B e ss. do CPP), a figura do *juiz de garantias*, que atuará como "responsável pelo controle da legalidade da investigação criminal e pela salvaguarda dos direitos individuais cuja franquia tenha sido reservada à autorização prévia do Poder Judiciário". Cria-se, portanto, nos moldes de outros ordenamentos aqui vistos, uma clara distinção entre o magistrado que atuará durante a fase investigativa (*juiz de garantias*) e aquele que atuará durante a instrução definitiva e julgamento do processo (*juiz da instrução e julgamento*). Dentre as principais competências do juiz de garantias, agora previstas nos arts. 3º-B e ss. do CPP, podemos citar: I) receber a comunicação imediata da prisão, nos termos do inciso LXII do caput do art. 5º da CF/88; II) receber o auto da prisão em flagrante para o controle da legalidade da prisão; III) zelar pela observância dos direitos do preso, podendo determinar que este seja conduzido à sua presença, a qualquer tempo; IV) ser informado sobre a instauração de qualquer investigação criminal; V) decidir sobre o requerimento de prisão provisória ou outra medida cautelar; VI) prorrogar a prisão provisória ou outra medida cautelar, bem como substituí-las ou revogá-las; VI) decidir sobre o requerimento de produção antecipada de provas consideradas urgentes e não repetíveis, assegurados o contraditório e a ampla defesa em audiência pública e oral; VIII) prorrogar o prazo de duração do inquérito, estando o investigado preso, em vista das razões apresentadas pela autoridade policial; IX) determinar o trancamento do inquérito policial quando não houver fundamento razoável para sua instauração ou prosseguimento; X) requisitar documentos, laudos e informações ao delegado de polícia sobre o andamento da investigação; XI) decidir sobre os requerimentos de:

---

[158] Este, aliás, cremos ser o grande mérito do Estado Democrático de Direito, ao criar órgãos e autoridades distintas para a realização de atividades específicas, mas sempre prevendo a existência de controles recíprocos entre si, de forma a garantir a efetividade dos valores consagrados na norma e afastar simples equívocos, desmandos e até mesmo abusos.

a) interceptação telefônica, do fluxo de comunicações em sistemas de informática e telemática ou de outras formas de comunicação; b) afastamento dos sigilos fiscal, bancário, de dados e telefônico; c) busca e apreensão domiciliar; d) acesso a informações sigilosas; e) outros meios de obtenção da prova que restrinjam direitos fundamentais do investigado; XII) julgar o *habeas corpus* impetrado antes do oferecimento da denúncia; XIII) determinar a instauração de incidente de insanidade mental; XIV) decidir sobre o recebimento da denúncia ou queixa, nos termos do art. 399 deste Código; XV) assegurar prontamente, quando se fizer necessário, o direito outorgado ao investigado e ao seu defensor de acesso a todos os elementos informativos e provas produzidos no âmbito da investigação criminal, salvo no que concerne, estritamente, às diligências em andamento; XVI) deferir pedido de admissão de assistente técnico para acompanhar a produção da perícia; XVII) decidir sobre a homologação de acordo de não persecução penal ou os de colaboração premiada; XVIII) outras matérias inerentes às atribuições definidas no caput do art. 3º-B do CPP. Sobre o tema, interessante registrar, ainda, que: I) o juiz das garantias poderá, mediante representação da autoridade policial e ouvido o Ministério Público, prorrogar, uma única vez, a duração do inquérito por até 15 (quinze) dias, após o que, se ainda assim a investigação não for concluída, a prisão será imediatamente relaxada (art. 3º-B, §2º); II) a competência do juiz das garantias abrange todas as infrações penais, exceto as de menor potencial ofensivo, e cessa com o recebimento da denúncia ou queixa na forma do art. 399 do CPP (art. 3º-C); III) recebida a denúncia ou queixa, as questões pendentes serão decididas pelo *juiz da instrução e julgamento* (art. 3º-C, §1º); IV) as decisões proferidas pelo juiz das garantias não vinculam o juiz da instrução e julgamento, que, após o recebimento da denúncia ou queixa, deverá reexaminar a necessidade das medidas cautelares em curso, no prazo máximo de 10 (dez) dias (art. 3º-C, §2º), bem como que os autos que compõem as matérias de competência do juiz das garantias ficarão acautelados na secretaria desse juízo, à disposição do Ministério Público e da defesa, e não serão apensados aos autos do processo enviados ao juiz da instrução e julgamento, ressalvados os documentos relativos às provas irrepetíveis, medidas de obtenção de provas ou de antecipação de provas, que deverão ser remetidos para apensamento em apartado (art. 3º-C, §3º).

- *Formas de controle*: tema pouco explorado pela doutrina nacional, mas que possui fortes reflexos na compreensão do inquérito como forma processualmente qualificada de investigação criminal é a quantidade de controles internos e externos a que se submete o inquérito policial, justamente no intuito de se garantir que os respectivos limites jurídicos ao poder de investigar sejam devidamente cumpridos. Com efeito, as investigações realizadas, no Brasil, por intermédio do inquérito policial, "suportam sete (07) tipos de controles por membros da sociedade, em suas mais diferentes representatividades" (BARROS, 2005, p. 23), a saber:

> Como primeiro, apontamos o controle direto do juiz de Direito. Neste, o inquérito será enviado ao juiz competente (arts. 10, §1º e 3º, e 23 do CPP) [...] o juiz analisa as peças do inquérito policial para evitar vícios e erronias que impeçam a busca da verdade material. O Ministério Público nutrirá duas formas de controle. A primeira, externa, controlando as atividades da Polícia Judiciária. A segunda, interna, mediante a verificação direta dos termos do inquérito policial, em decorrência de suas manifestações, requerendo, requisitando [...]. A Corregedoria da Polícia Civil exerce o seu controle [...]. Há, ainda, o controle exercido pelos membros da comunidade, praticando o ofendido e seus pares, vigiando a autoridade policial para evitar desmandos e tergiversações. A Ordem dos Advogados do Brasil – também – exerce o seu controle externo – supralegal – das atividades da Polícia Judiciária, pois tem a missão constitucional de 'zelar pelo exercício da Justiça', conforme arts. 133 e 143 da Constituição da República. E por fim, o controle do imputado, que – nos termos do art. 14 do CPP – poderá propor a realização de diligências e oferecer testemunhas comprobatórias de sua versão (BARROS, 2005, p. 26).

A seguir, como curiosidade, elaboramos um quadro-resumo contendo as principais características do modelo brasileiro e sua comparação com os demais modelos aqui estudados.

TABELA 6
Quadro-resumo: modelos investigativos vs. características

	BRASIL	ESPANHA	FRANÇA	ITÁLIA	PORTUGAL	EUA	INGLATERRA
Autoridade é distinta de quem autoriza medidas judiciais no curso da investigação?	SIM	NÃO	PARCIAL[159]	SIM	SIM	SIM	SIM
Autoridade é distinta das partes?	SIM	PARCIAL[160]	PARCIAL[161]	NÃO	NÃO	PARCIAL[162]	SIM
Autoridade necessita de ordem judicial para prisões não-flagranciais?	SIM	NÃO[163]	NÃO[164]	NÃO[165]	SIM	NÃO[166]	NÃO[167]
Autoridade necessita de ordem judicial para interceptações telefônicas?	SIM	PREJ.	NÃO	NÃO[168]	SIM	SIM	NÃO
Autoridade necessita de ordem judicial para medidas patrimoniais (sequestro, buscas e apreensões residenciais etc.)?	SIM	PREJ.	NÃO	NÃO	SIM	SIM	NÃO
Investigação compulsória (não-seletiva)?	SIM[169]	PARCIAL	PARCIAL	SIM	SIM	NÃO	NÃO
Atribuições ou competências da autoridade definidas em lei?	SIM[170]	SIM	SIM	SIM	SIM	NÃO	SIM
Controle das investigações por juiz competente (ou existência de um juiz de garantias)?	SIM	PREJ.	SIM	SIM	SIM	NÃO	NÃO
Controle das investigações pelo Ministério Público?	SIM	NÃO	PREJ.	PREJ.	PREJ.	PARCIAL	NÃO
Arquivamento das investigações demanda apreciação pelo juiz?	SIM[171]	PREJ.	PREJ.	NÃO	NÃO	NÃO	NÃO
Todo o apurado integrará os autos da ação?	SIM[172]	SIM	SIM	NÃO	SIM	NÃO	NÃO
Garantia de acesso e participação pelo advogado e investigado durante a investigação?	SIM[173]	NÃO	PARCIAL	NÃO	NÃO	NÃO	NÃO[174]

4 Afinal, existe um modelo investigativo mais eficiente?

Medir a eficiência investigativa de um determinado modelo investigativo (inquérito, juiz de instrução, promotor-investigador ou norte-americano) em relação a outros, não é tarefa simples, afinal, instituições diversas lidam com recursos (humanos e materiais) e realidades sociais também distintas.

Ademais, mesmo naquelas situações em que é adotado um modelo investigativo diverso do inquérito policial, a tendência natural é atribuir a reponsabilidade pelo sucesso ou fracasso da investigação sempre à polícia e seus integrantes e não ao órgão que a dirige, ainda que distinto.[175] Afinal, na prática, o órgão titular determina as diligências investigativas, em alguns casos atribuindo maior ou menor liberdade

---

[159] Dependerá, obviamente, se estamos a falar de uma investigação conduzida diretamente pelo juiz instrutor ou pelo órgão de acusação, vez que o modelo desse país prevê ambas as possibilidades.
[160] *Idem.*
[161] *Idem.*
[162] Em que pese o sistema norte-americano não prever propriamente um modelo de promotor-investigador, os poderes conferidos ao promotor nessa fase lhe conferem uma posição assimétrica em relação à defesa.
[163] Arts. 490.2 e 490.4 da LECrim.
[164] Trata-se da hipótese de *garde à vue* (art. 63 do CPPf).
[165] Trata-se da hipótese de *fermo* (art. 384 do CPPi).
[166] Como vimos, a prisão no modelo norte-americano ocorre como decorrência da existência de *probable cause*, o que pode ocorrer mesmo em situações não flagranciais.
[167] *Idem.*
[168] Art. 269.2 do CPPi
[169] Art. 5º do CPP.
[170] Art. 4º do CPP.
[171] Art. 17 do CPP.
[172] Art. 12 do CPP.
[173] Art. 14 do CPP.
[174] Como vimos, o sistema inglês prevê regramento específico para a *disclosure* (divulgação dos materiais e dados obtidos durante o inquérito policial para a defesa), porém essa ocorre após concluídas as investigações.
[175] Interessantemente, no Brasil, experimentamos, hoje, uma situação bastante desoladora, ao menos para as autoridades policiais: I) quando se trata de investigação conduzida diretamente pelo delegado de polícia, o fracasso da investigação ou supostas baixas taxas de solução de crimes são com relativa frequência atribuídas ao modelo investigativo em si, ou seja, ao inquérito policial, e ao próprio delegado que o preside, não à ausência de recursos humanos e materiais da respectiva polícia; II) quando se trata de investigação realizada sob a presidência do juiz instrutor (STF ou crimes praticados por magistrado) ou do órgão ministerial (PIC), todas ou a esmagadora maioria das diligências de campo, oitivas, perícias e demais trabalhos continuam a ser realizados, com raríssimas exceções, pela Polícia Judiciária, recaindo, novamente, sobre ela toda e qualquer responsabilidade pelo seu eventual fracasso.

ao órgão policial para a sua realização, mas é a polícia, salvo raríssimas exceções, que vai a campo, de fato, investigar a prática delituosa e coligir elementos.[176]
Para além disso, é preciso termos em mente que uma polícia extremamente bem aparelhada e moderna pode ser extremamente eficaz (atingimento dos resultados almejados), porém pouco eficiente (gastos e consumo de recursos para além do ideal).

Soma-se a tudo isso que mesmo crimes análogos possuem graus de dificuldade investigativa diversificada e, não raro, crimes inicialmente simples, se revelam de difícil solução, ao passo que outros, reputados mais difíceis, serão mais facilmente solucionados do que se esperava.

O ideal, portanto, é se pudéssemos dispor de indicadores de eficiência a considerar todas essas nuances, mas não temos.

De qualquer forma, um indicador frequentemente utilizado no mundo todo para avaliar o trabalho investigativo-criminal é a denominada taxa de elucidação de crimes (em inglês, *clearence rate*), o qual pode ser definido, em apertada síntese como sendo "o percentual de elucidação (*clearing*), dentre as investigações encerradas, em determinado período de tempo".[177]

Nesse ponto, entretanto, é importante termos em mente o que se segue:

- As taxas de elucidação variam amplamente entre as diferentes categorias de crimes. Assim, por exemplo: I) o tráfico de drogas normalmente tem taxas de elucidação mais elevadas porque a constatação do crime e a identificação do suspeito geralmente acontecem simultaneamente; II) nos crimes patrimoniais (furtos e roubos), por outro lado, as taxas de elucidação são geralmente baixas, situando-se entre 8% e 16% em todos os países; III) nos homicídios, os índices podem variar gravemente entre nações diversas e até mesmo dentro do mesmo país, independentemente do modelo investigativo adotado.
- Mesmo nos países que há muito já realizam algum tipo de estudo (a exemplo dos EUA),[178] os dados produzidos e divulgados

---

[176] Eis justamente uma das principais vantagens, a nosso ver, do modelo do inquérito policial: reunir na mesma autoridade, o controle jurídico e operacional das respectivas atividades investigativas.
[177] Trata-se, portanto, de um indicador de eficácia, não de eficiência.
[178] O FBI realiza desde 1930 o programa denominado UCR (*Uniform Crime Reporting*), a partir dos dados encaminhados por cerca de 18.000 polícias em todo o país (federais, estaduais e locais).

pelos organismos policiais apresentam inconsistências. Afinal, é natural que exista certo clamor e pressão exercida pela sociedade e pelos escalões superiores das polícias a exigir a produção de bons resultados, com altas taxas de solução, sobretudo nos casos de homicídio. Nesse sentido, estudos recentemente divulgados demonstram imprecisões nos dados divulgados pelo FBI[179] e pelos Departamentos de Polícia de Chicago[180] e Washington/DC:[181]

- Pelo mesmo motivo já acima mencionado, é importante notar que a chamada taxa de elucidação não traduz com exatidão apenas aqueles casos em que a autoria e a materialidade delituosas foram devidamente apuradas. Com efeito, órgãos policiais norte-americanos e de todo o mundo adotam critérios pelos quais uma investigação pode ser considerada "elucidada", sem que, no entanto, tenha-se, de fato, apontado o autor. A Polícia de Chicago/EUA, por exemplo, conta como "elucidados" (*cleared*) ou "solucionados" (*solved*), também aquelas situações em que: I) o suspeito faleceu; II) a vítima se recusa a prestar a queixa contra o suspeito; III) após encerrada a investigação, a promotoria opta por não adotar qualquer medida

---

[179] Thomas Hargrove, em sua obra *Murder Mysteries*, analisou os dados do FBI de mais de 185.000 homicídios não resolvidos entre 1980 e 2008. Logo de início, descobriu que as forças policiais locais deixaram de informar ao FBI diversos casos e, utilizando a lei de acesso à informação norte-americana, ele reuniu detalhes de 15 mil casos adicionais de assassinatos não solucionados e que não constatam dessas estatísticas oficiais.

[180] Isackson (2013) analisou as taxas oficiais de elucidação de homicídios ocorridos na cidade de Chicago entre 2008 e 2012 (56% em 2008, 51% em 2009, 2010 e 2011, e 37% em 2012), porém, após uma acurada análise, verificou que as taxas eram, na verdade, ainda mais baixas que as divulgadas oficialmente (48% em 2008, 44% em 2009, 39% em 2010, 34% em 2011 e 26% em 2012).

[181] Em 2011, a Polícia de Washington divulgou uma taxa de elucidação de homicídios de 94%. Uma taxa admirável (154% superior que a de Boston e 104% mais alta que a de Baltimore para o mesmo ano), porém uma reportagem do *Washington Post* (25/02/2012) demonstrou que, em verdade, a taxa de solução de crimes teria sido de 57% para aquele ano, situações semelhantes teriam sido constatadas também entre os anos de 2007 e 2010 ("[...] an examination of District homicides found that the department's closure rate is a statistical mishmash that makes things seem much better than they are [...] The District had 108 homicides last year, police records show. A 94 percent closure rate would mean that detectives solved 102 of them. But only 62 were solved as of year's end, for a true closure rate of 57 percent, according to records reviewed [...] For 2010, she reported a 79 percent closure rate, but [...] the department solved 72 of 131 homicides that year, for a true rate of 55 percent. For 2009, [...] reported a rate of 76 percent, which would amount to about 110 of 144 cases. Records show that 67 of the 2009 cases, or 46 percent, were closed. For 2008, a 75 percent closure rate was reported, but the department closed 91 of 186 slayings that year, for a true rate of 49 percent. And for 2007, [...] reported a nearly 70 percent closure rate, but records show that 89 of the year's 181 homicides were closed, for a rate of 49 percent").

contra o suspeito, por não concordar com as conclusões da polícia ou considerar as provas insuficientes[182] (ISACKSON, 2013).
• No Brasil, não existe um programa à semelhança do UCR, tampouco um padrão para a coleta e análise desses dados.[183] Os poucos dados disponíveis são provenientes de estudos e pesquisas autônomas, geralmente elaborados por cientistas sociais, assim como aqueles eventualmente divulgados pelos governos estaduais e federal por meio de suas Secretarias de Segurança Pública. Em geral, o que existe, quando existe, são dados relacionados apenas a taxa elucidação de crimes de homicídio.

Feitos esses esclarecimentos que julgávamos oportunos, a seguir apresentamos uma tabela com dados compilados de diversas fontes oficiais e autônomas, devidamente identificadas e que apontam para a taxa de elucidação de crimes em diferentes países.

Cientes das limitações e das diferentes peculiaridades entre as nações e mesmo entre organismos policiais de um mesmo país, já anteriormente referidas, a ideia é demonstrar, se existe, de fato, diferenças substanciais entre as taxas de elucidação de crimes entre os diferentes modelos investigativos adotados.

Em outras palavras, o que se buscará a seguir é apresentar se, sob o ponto de vista exclusivo da taxa de elucidação de crimes, existe um modelo que se revela mais eficaz que os demais.

---

[182] Essas três situações, dentre outras, são chamadas no jargão policial norte-americano de "ex-cleared" (*cleared excepcionally*) e, apenas como exemplo, no ano de 2012, representaram 11% de todos os homicídios solucionados pela Polícia de Chicago (CPD), ou seja: dentre 132 casos solucionados pela CPD (de um total de 507 homicídios ocorridos, o que dá uma taxa de solução de 26%), 15 foram considerados elucidados pelos critérios *ex-cleared* (ISACKSON, 2013).

[183] Tramita, entretanto, na Câmara dos Deputados, o Projeto de Lei (PL) nº 8.122/14, que tornaria obrigatória a inclusão da taxa de elucidação criminal no Sistema Nacional de Informações de Segurança Pública, Prisionais e Sobre Drogas (SINESP) – desenvolvido para armazenar informações sobre segurança pública, sistema prisional, execução penal e enfrentamento do tráfico de drogas em todo o país.

TABELA 7
Taxas de elucidação de crimes em diferentes países e sistemas investigativos

(continua)

PAÍS	CIDADE/ESTADO	MODELO	% CRIMES TOTAIS	% HOMICÍDIOS	FONTE
EUA	*TODO O PAÍS*	EUA	2018: **21%**[184]	2000/2018: **57,53%** 2018: **58,83%**	UCR/FBI
EUA	WISCONSIN	EUA	-------	2008-2018: **74,38%**	UCR/FBI
EUA	PENSILVANIA	EUA	-------	2000/2018: **67,78%**	UCR/FBI
EUA	CALIFORNIA	EUA	-------	2000/2018: **57,26%**	UCR/FBI
EUA	NOVA IORQUE	EUA	-------	2000/2018: **39,91%**	UCR/FBI
EUA	MICHIGAN	EUA	-------	2000/2018: **37,50%**	UCR/FBI

[184] Em consultas ao sítio eletrônico do UCR/FBI, obtiveram-se os dados de taxa de elucidação para todos os crimes (violentos e patrimoniais) ocorridos nos EUA no ano de 2018. Apenas para referência, foram tabulados os referidos dados, conforme abaixo:

TIPO DE CRIMES	VIOLENTOS	PATRIMONIAIS	TOTAL
Crimes conhecidos	1.206.836	7.196.045	8.402.881
Crimes elucidados	549.110	1.266.503	1.815.613
Taxa de Elucidação	45.5 %	17.6%	21%

TABELA 7
Taxas de elucidação de crimes em diferentes países e sistemas investigativos

(continua)

PAÍS	CIDADE/ESTADO	MODELO	% CRIMES TOTAIS	% HOMICÍDIOS	FONTE
EUA	CHICAGO	EUA	---	2008: **48%** 2009: **44%** 2010: **39%** 2011: **34%** 2012: **26%**	ISACKSON (2013).
EUA	DETROIT	EUA		2012: **9%**	MURDERDATA[185] (2015)
EUA	NOVA ORLEANS	EUA		2012: **15%**	MUDERDATA (2015)
ESPANHA	*TODO O PAÍS	JI	---	2010-2012: **59,3%**	SES (2018)
FRANÇA	*TODO O PAÍS	JI	2000: **26,75%**[186]	2007: **87,53%** / **55,17%**[187]	DGPN
URUGUAI	*TODO O PAÍS	JI[188]	---	2011: **80%** 2014: **52%**	PERFIL (2015)
INGLATERRA E GALES	*TODO O PAÍS	IP	---	2012: **85%**	SMITH ET AL., 2012)
IRLANDA DO NORTE	*TODO O PAÍS	IP	2007-2008: **20.5%**	2006-2007: **73,9%** 2007-2008: **64%**	PSNI
AUSTRALIA	*TODO O PAÍS	IP	---	2008-2010: **87%**	CHAN ET AL., 2013
MÉXICO	*TODO O PAÍS	MP	---	2009: **27,7%** 2010: **19,4%** 2012: **16%** / **2%**[189]	MARTINEZ (2013).

TABELA 7
Taxas de elucidação de crimes em diferentes países e sistemas investigativos

(continua)

PAÍS	CIDADE/ESTADO	MODELO	% CRIMES TOTAIS	% HOMICÍDIOS	FONTE
ITALIA	*TODO O PAÍS*	MP	------	2003: **62,3%**	EURES (2003).
BRASIL	*TODO O PAÍS (POLÍCIA FEDERAL)	IP	2003-2018: **94,67%** *crimes de corrupção*	------	CNJ (2019).[190]
BRASIL	RORAIMA (POLÍCIA FEDERAL)	IP	2014: **70%**[191]		PERAZZONI et at. (2015)
BRASIL	AMAPÁ	IP	------	2015: **52,6%**	ISP (2019)[192]
BRASIL	RONDÔNIA	IP	------	2015: **34,6%** 2016: **35,7%**	ISP (2019)
BRASIL	DISTRITO FEDERAL	IP	------	2003-2007: **69%** 2015: **90%**	COSTA (2015) e SSP/DF
BRASIL	MATO GROSSO DO SUL	IP	------	2015: **88,4%** 2016: **73,2%**	ISP (2019)
BRASIL	SANTA CATARINA	IP	------	2015: **68,2%** 2016: **69,5%**	ISP (2019)
BRASIL	PARÁ	IP	------	2015: **7,5%** 2016: **10,3%**	ISP (2019)
BRASIL	PIAUÍ	IP	------	2015: **24,4%** 2017: **23%**/ **50%**[193]	ISP (2019)

TABELA 7
Taxas de elucidação de crimes em diferentes países e sistemas investigativos

(conclusão)

PAÍS	CIDADE/ESTADO	MODELO	% CRIMES TOTAIS	% HOMICÍDIOS	FONTE
BRASIL	AC-E	IP	------	2015: **34,6%** 2016: **27,5%**	ISP (2019)
BRASIL	MATO GROSSO	IP	------	2015: **43,4%** 2016: **43,9%**	ISP (2019)
BRASIL	SÃO PAULO	IP	------	1991-1998: **22%** 2015: **47,4%** 2016: **50,8%**	RIBEIRO (2009) ISP (2019)
BRASIL	RIO GRANDE DO SUL	IP	------	2015: **65,1%** 2016: **58,4%**	ISP (2019)
BRASIL	RIO DE JANEIRO	IPL	------	1992: **8%** 2000-2005: **14%** 2017: **17%** 2018: **20%**	SOARES (1996); MISSE (2006); SSP/RJ (2019); SSP/RJ (2019).
BRASIL	RECIFE/PE	IPL	------	2003-2005: **45%**	RATTON (2006).

Das informações acima coligidas, verifica-se que as taxas de elucidação de crimes, sobretudo homicídios, independem do modelo adotado, variando, bastante, até mesmo dentro de um mesmo país.

---

[185] O *Murderdata* é um banco de dados desenvolvido por Thomas Hargrove a partir da metodologia adotada por ele, constante de nossas referências. Ele permite fazer análises e mapas a partir de dados do *UCR-FBI*. Disponível em: http://murderdata.org/.

[186] Esse dado engloba tanto a taxa de elucidação da *Police Nationale* (23,10%) como da *Gendarmerie* (37,24%). A diferença nas taxas de elucidação mereceria uma análise mais aprofundada, porém, em princípio, cremos se justifica em boa parte pelo fato de a *Nationale* ser uma polícia urbana, que atua em Paris e imediações, combatendo, com mais frequência um maior número de crimes mais graves e violentos, ao passo que a *Gerdarmerie* atua nas cidades menores da França, onde há incidência menor de crimes graves e, pelo seu menor volume de trabalho (a *Gendarmerie* apurou menos de 1 milhão de delitos em 2000, ou seja, cerca de 1/3 de todos os delitos ocorridos na França naquele ano) a própria apuração dos delitos que ocorrem seja mais fácil. Note-se que no referido relatório da DGPN (2000) não foram especificadas as taxas de elucidação por tipo de crime.

[187] No total, foram cerca de 800 homicídios na França no ano de 2007, além de cerca de 1000 tentativas. Em números absolutos, a taxa de elucidação foi de *87,53%*, porém, é interessante registrar que as autoridades francesas reconhecem que os homicídios possuem diferentes graus de complexidade na apuração conforme sua motivação. Quando se tratam de homicídios praticados pelo acerto de contas entre criminosos, por exemplo, a taxa de elucidação caiu para *55,17%*. Nesse sentido: "Le taux d'homicides non élucidés varie fortement selon le type d'homicides. Ainsi, il est de 55,17 % pour les homicides commis à l'occasion de règlements de compte entre malfaiteurs alors qu'il n'est que de 11,46 % pour les homicides pour d'autres motifs qui constituent la catégorie d'homicides la plus importante, ou encore de 8,57 % pour les homicides pour vols ou à l'occasion de vols" (MINISTRE DE LA JUSTICE, 2008).

[188] A partir de 2017, o Uruguai substitui o juizado de instrução pelo sistema do promotor-investigador.

[189] As taxas de elucidação divergem pois no primeiro caso se considerou apenas os casos em que foi identificado e preso algum suspeito (16%) e, no segundo, apenas os casos em que houve efetiva condenação (2%). O paranorama mexicano é muito grave, conforme se infere a seguir: "las estadísticas [...] revelan que las entidades con menor efectividad en la resolución de homicidios dolosos fueron San Luis Potosí y Morelos. En la primera entidad, nunca fueron aprehendidos los responsables de 99.6% de los 657 asesinatos. En la segunda, igualmente, 99.6% de los autores de 862 homicidios permanecen prófugos o no identificados. Además de los ya mencionados, la lista de los 10 estados con mayor grado de homicidios en los que el autor es desconocido o prófugo, está integrada por Zacatecas y Durango (99.5% de los homicidios); Guerrero (99.3%); Quintana Roo, Sinaloa y Oaxaca (99.2%)" (MARTINEZ, 2013).

[190] Trata-se do estudo denominado "Justiça Criminal, Impunidade e Prescrição", desenvolvida pelo Núcleo de Estudos de Políticas Públicas da Universidade de São Paulo e pela Associação Brasileira de Jurimetria, em parceria com o Conselho Nacional de Justiça (CNJ), que apurou que a Polícia Federal, entre os anos de 2003 e 2018, solucionou cerca de 95% das investigações que realizou sobre crimes de corrupção.

[191] De todas as investigações encerradas no ano de 2014 pela Polícia Federal em Roraima, 70% (setenta por cento) o foram de forma exitosa, sendo que em 40% (quarenta por cento) houve indicação de autoria e em 30% (trinta por cento) concluiu-se pela inexistência de crime. Ressalte-se, ainda, que um estudo preliminar, realizado pelos mesmos autores, ao longo dos três primeiros meses de 2015, indicava que os índices da Polícia Federal como um todo não se distanciavam em muito dos obtidos por Roraima, variando entre 90% e 51%.

Com efeito, em que pesem as críticas feitas ao inquérito policial, é interessante registrar que diversas delegacias de Polícia Civil no Brasil têm obtido, nesses últimos anos, inegáveis avanços e resultados no combate a esse tipo de ilícito superiores até aos índices obtidos historicamente em países ditos de 1º mundo.

Em sentido contrário, sistemas que eventualmente são sugeridos pelos opositores do inquérito policial não demonstraram ser mais eficientes naqueles países que, nestes últimos anos, passaram a enfrentar graves problemas relacionados ao narcotráfico, à pobreza e ao crescimento e recrudescimento da violência urbana, como se pode verificar da queda (em alguns casos, vertiginosa) nas taxas de elucidação enfrentadas no Uruguai (que adotava o juizado de instrução à época dos dados), no México e em cidades norte-americanas como Chicago e Nova Iorque.[194]

No caso norte-americano, aliás, a queda geral na solução de homicídios é evidente nestes últimos trinta anos, como demonstra o gráfico a seguir:

---

[192] Trata-se de inovadora pesquisa elaborada pelo *Instituto Sou Da Paz*, a partir do cruzamento de dados das polícias e dos Ministérios Públicos dos estados-membros em todo o país. A fórmula básica do cálculo se refere ao número total ocorrências policiais registradas por homicídio consumado / quantidade de denúncias criminais oferecidos pelo *Parquet*. Note-se, entretanto, que a estatística, tal como apresentada, desconsidera da taxa de solução de homicídios situações em que a denúncia ministerial tenha tipificado a infração por delito diverso daquele que constava no registro policial original (por exemplo, lesão corporal seguida de morte ou latrocínio), ou ainda de casos em que apesar da polícia ter identificado o criminoso, não tenha sido instaurada a respectiva ação penal (falecimento do criminoso, criminoso menor de idade etc.), o que pode resultar em redução nas respectivas taxas estaduais e divergências em relação aos dados oficiais das SPPs.

[193] O dado de 23% consta da 2ª edição do Relatório "Onde Mora a Impunidade" (ISP,2019), porém foi contestado pela Secretaria de Segurança Pública do Piauí (SSP), que informou que dos 654 homicídios no estado em 2017, 333 tiveram os autores identificados, de acordo com os sistemas da Polícia Civil (OITOEMEIA, 2019). As possíveis causas desse tipo de divergência decorrem, provavelmente, das situações já descritas em nota de rodapé anterior.

[194] Nesse mesmo sentido, os premiados estudos de Thomas Hargrove (2011) apontaram que "Police solved only 35 percent of the murders in Chicago in 2008, 22 percent in New Orleans and just 21 percent in Detroit. Yet authorities solved 75 percent of the killings that same year in Philadelphia, 92 percent in Denver and 94 percent in San Diego" (tradução livre: "A polícia solucionou apenas 35% dos assassinatos em Chicago em 2008, 22% em Nova Orleans e apenas 21% em Detroit. No entanto, as autoridades resolveram 75% das mortes no mesmo ano na Filadélfia, 92% em Denver e 94% em San Diego").

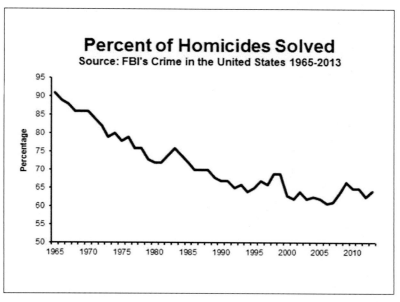

Figura 16 – Homicídios Elucidados nos EUA – 1965/2010 (MURDERDATA, 2015)

Note-se que esse gráfico se baseia em dados gerais dos EUA e que em cidades como Chicago, Detroit e Nova Orleans a queda foi ainda mais abrupta, conforme os dados já anteriormente exibidos.[195]

O Canadá, que possui um sistema de Justiça Criminal diverso do americano, com peculiaridades que lhe aproximam do sistema inglês de *Common Law*, também teve, em período semelhante e conforme dados oficiais, uma queda de 20% nas taxas de solução de homicídios:

---

[195] Com efeito, uma rápida olhada nos dados disponíveis no *Murderdata* demonstra em que pese a média norte-americana se manter acima da brasileira, o fato é que lá, as taxas de elucidação, principalmente em cidades maiores, continuaram a cair nos últimos anos, enquanto por aqui, apesar dos poucos dados disponíveis, verifica-se, justamente o contrário, com acréscimo nessas taxas, inclusive em capitais tidas como violentas.

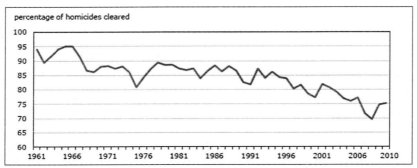

Figura 17 – Homicídios Elucidados no Canadá – 1961/2010 (MAHONE et al., 2012)

Mas se tudo isso nada tem a ver com o modelo investigativo adotado, por que, então, ocorre?

Uma resposta plausível é a que se extrai dos ensinamentos do Prof. Jorge Felipe de Lima Dantas, da UnB, ao comentar um estudo que atribuía à adoção do modelo do inquérito policial a responsabilidade pelas baixas taxas de solução de homicídios no Rio de Janeiro:

> [...] nos EUA, as taxas já disponíveis de esclarecimento de homicídios para 2007 [...] apontam uma queda de 91% de esclarecimentos em 1963, para 61% em 2007 [...] uma redução linear total de 30%, ou anual de cerca de 0,7%, em uma série histórica de 44 anos. A situação [...] considerando cidades de mais um milhão de habitantes, também de acordo com o FBI, aponta níveis de esclarecimento que caem de 89% para 59%, respectivamente em 1963 e 2007, novamente mostrando um diferencial para menos de 30% [...] Ora, se o objeto é o mesmo e a metodologia de estudo foi mantida constante (e tudo indica que foi...), é de supor que o fenômeno criminológico (incluídos entre seus objetos de estudo o crime propriamente dito, os criminosos seus autores e questões conexas como é o caso da taxa de esclarecimentos) no qual o delito do homicídio está inserido deva ter sofrido alguma transformação, [...] E é exatamente isso o que intuem os membros da comunidade policial norte-americana, referindo um incremento nas mortes por homicídio motivadas pela atividade do narcotráfico, mortes essas ocorridas geralmente em circunstâncias impessoais e anônimas [...] Aumentam, assim, os casos não esclarecidos, pela própria natureza do fenômeno [...] (DANTAS, 2009).

E arremata o mesmo autor:

Passa a ser simplista e meramente ideológica a referência a uma pior qualidade do serviço policial para explicar taxas 'pequenas' de esclarecimento de homicídios, tanto no Brasil quanto alhures. A tendência às 'baixas' taxas de esclarecimento de homicídios não é questionada nos EUA quanto à eficiência policial. E vale notar que lá existe uma respeitável comunidade de acadêmicos mundiais de justiça criminal (distribuída em mais de 17 mil organizações profissionais do setor e em cerca de 700 programas acadêmicos de graduação da mesma área) [...] ao menos no que tange à questão da 'taxa de esclarecimento de homicídios no Brasil', o estudo apontado no CB não acrescenta muito ao que já é sabido no meio policial mundial, podendo fazer sugerir, em sua visão quiçá parcial do fenômeno dos homicídios e respectivos esclarecimentos, uma visão conclusiva parcial e por isso mesmo equivocada. Mais que isso ainda, ao apontar o IP como um procedimento burocrático desnecessário ou frágil, razão mesmo de "taxas preocupantes" de esclarecimentos de homicídios, não consta que o estudo referido no CB aborde a própria burocratização reinante no país como um todo, tampouco as alternativas políticas para escapar de tal "macro-modelo". Debitar ao IP baixas taxas de esclarecimento passa a ser, assim, como "culpar o feio pela feiura" (DANTAS, 2009).

Nessa esteira de raciocínio, convém registrar, conforme consta da tabela nº 6, que dois estudos realizados a partir de dados da Polícia Federal apresentaram resultados bastante animadores.

O primeiro, realizado em 2017, demonstrou que: i) de todas as investigações encerradas no ano de 2014 pela Polícia Federal no Estado de Roraima, 70% (setenta por cento) o foram de forma exitosa, sendo que em 40% (quarenta por cento) houve indicação de autoria e em 30% (trinta por cento) concluiu-se pela inexistência de crime,[196] o que por si só demonstra a relevância do inquérito policial não apenas para a apuração de ilícitos, mas também como filtro apto a evitar ações penais desnecessárias; ii) os dados dos três primeiros meses de 2015, indicava que os índices da Polícia Federal como um todo não se distanciavam em muito dos obtidos pela região de Roraima, variando entre 90% e 51%.

---

[196] Cremos que, em países como o Brasil, onde vigora o princípio da obrigatoriedade e, portanto, as autoridades policiais têm dever legal de iniciar uma investigação para cada fato que chega a seu conhecimento, a investigação criminal também exerce uma função social ao evitar que pessoas inocentes sejam submetidas ao *strepidus judici*. Dessa forma, há que se considerar também como sucesso na investigação quando seu resultado apontar pela atipicidade da conduta ou, ainda, pela inexistência do fato, já que desta forma está se assegurando a um cidadão que ele não será injustamente submetido às agruras de um processo criminal na qualidade de réu.

O segundo mais recente, divulgado amplamente pelo Conselho Nacional de Justiça (CNJ), apontou que Polícia Federal solucionou cerca de 95%[197] das investigações sobre crimes de corrupção entre os anos de 2003 e 2018 (cuja maior parte se relaciona, mais especificamente a crimes de corrupção passiva e lavagem de dinheiro).[198]

Levando-se em consideração que as taxas de elucidação dos crimes em geral na França, nos Estados Unidos e no Reino Unido, pelos dados já apresentados, não superaram, via de regra, os 30%, verifica-se que o inquérito policial realizado pela Polícia Federal, permite resultados ainda superiores às polícias de outros países tidas como de 1º mundo.

Por óbvio, tais análises de dados e respectivos estudos merecem continuidade e aprimoramento.

Da mesma forma, reconhecemos existir, ainda, diversos obstáculos a uma maior eficiência da atividade investigativa através do inquérito policial em diversos estados brasileiros, como bem demonstram, aliás, as graves divergências nos resultados e taxas de elucidação apresentados.[199]

Por outro lado, a luz de todas as conclusões extraídas até aqui, parece-nos óbvio que defender, pura e simplesmente, a mudança do inquérito policial para um sistema de diversos de investigação criminal, pouco ou nada de útil ajudaria, hoje, no Brasil, na elucidação de mais crimes.[200]

5 Conclusão

O tema dos modelos comparados de investigação preliminar é de tal forma amplo e complexo que, nesta oportunidade, o que propusemos foi apenas uma panorâmica.

---

[197] Apenas como paralelo, uma pesquisa amplamente divulgada pela mídia, e cujos dados foram efetivamente confirmados pelo próprio MPF, demonstrou que apenas 9,8% das investigações realizadas exclusivamente pelo Ministério Público Federal, entre os anos de 2009 e 2012, resultaram em processos criminais (CELESTINO, 2014).

[198] A mesma pesquisa demonstrou, entretanto, uma demora no posterior julgamento desses feitos: em alguns tribunais, a duração média da fase de instrução definitiva, durante a ação penal, chegava a mais de 5 anos.

[199] Sobre o assunto, recomendamos a leitura dos trabalhos de Júlio Danilo Souza Ferreira (2012) e Franco Perazzoni e Wellington Clay Porcino Silva (2015), constantes de nossas referências, nos quais são apresentadas algumas propostas que reputamos bastante úteis ao aprimoramento do modelo brasileiro.

[200] Apenas como exemplo, uma pesquisa amplamente divulgada pela mídia, e cujos dados foram efetivamente confirmados pelo próprio MPF, demonstrou que apenas 9,8% das investigações realizadas exclusivamente pelo Ministério Público Federal, entre os anos de 2009 e 2012, resultaram em processos criminais (FOLHA, 2014).

Verificamos, entretanto, que o inquérito policial, tal como previsto no ordenamento jurídico pátrio, possui características muito específicas que lhe conferem, sem dúvida, uma situação de destaque em relação aos demais sistemas investigativos estudados, senão vejamos.

O Brasil abandonou o juizado de instrução em 1871, optando pela efetiva separação das funções de investigar e julgar e adoção do modelo do inquérito policial.

Na Europa continental, o juizado de instrução continuou a vigorar na maioria dos países, tendo sido abandonado quase um século depois, justamente pelas mesmas razões (concentração de poderes em demasia na pessoa do magistrado).

À diferença dos países Europeus continentais em que os juízes de instrução passaram os poderes investigativos diretamente ao Ministério Público, o que houve, por aqui, foi que o próprio juiz de instrução (delegado de polícia) quem deixou, paulatinamente, de integrar a magistratura para tomar assento no âmbito da própria instituição policial, como um sujeito autônomo e distante da futura relação processual, imparcial, em plena consonância com um sistema jurídico verdadeiramente acusatório.

Assim, no modelo do inquérito policial brasileiro, as funções de julgar, acusar e investigar caminharam de forma paulatina e contínua para uma total e devida separação, situação ainda não plenamente obtida nos demais países aqui analisados.

Com efeito, é forçoso reconhecer que a introdução do juizado de instrução na Espanha e França no século XIX, resultou num grande avanço à época, justamente por separar as funções de investigar e julgar, antes concentradas em uma única pessoa. Entretanto, mesmo com as recentes inovações que atribuíram mais poderes aos membros da *fiscalia* e do *parquet*, e tendo perdido, há muito, os poderes de julgar definitivamente o caso, os juízes de instrução nesses países continuam a deter não apenas poderes investigativos, mas também atribuições tipicamente jurisdicionais.

Por seu turno, nos países que adotam o modelo do promotor-investigador, se, por um lado, na prática, a investigação acaba sendo conduzida pela própria polícia, por outro, a grande concentração de poderes na figura do órgão-acusador resulta em grave desequilíbrio entre as partes.

No sistema norte-americano o desequilíbrio entre acusação e defesa também se faz presente, talvez de forma ainda mais acentuada, já que tanto as investigações, como a preparação do caso pela promotoria, não têm como escopo imediato submeter o acusado a julgamento, pois a maioria dos casos criminais sequer chega a um julgamento propriamente dito, sendo solucionados por meio de acordos de promotoria.

Na Inglaterra, país que originou o sistema do inquérito policial, ainda, hoje, as polícias exercem funções típicas de órgão acusador, como o oferecimento da denúncia (CPS, 2013), procedimento que, como vimos, foi extinto em definitivo no Brasil com a promulgação da CF/88, juntamente coma possibilidade de expedição de mandados de busca e apreensão.

Para além disso, ao buscarmos avaliar a eficiência dos diferentes modelos analisados, vimos que as taxas de elucidação de crimes independem do sistema de investigação preliminar adotado, variando, bastante, até mesmo dentro de um mesmo país.

Da mesma forma, em que pesem as críticas feitas por muitos ao inquérito policial, é interessante registrar que: i) diversas unidades de Polícia Civil têm obtido, nesses últimos anos, inegáveis avanços e resultados superiores àqueles obtidos historicamente em países ditos de 1º mundo; ii) dois estudos realizados a partir de dados da Polícia Federal sinalizam na mesma direção.

Referências

ABA. American Bar Association. *FAQs about the Grand Jury System*. Disponível em: https://web.archive.org/web/20110424124519/http://www.abanow.org/2010/03/faqs-about-the-grand-jury-system/. Acesso em: 02 dez. 2019.

ALMEIDA, Joaquim Canuto Mendes de. *Princípios fundamentais do Processo Penal*. São Paulo: Revista dos Tribunais, 1973.

AMARAL, Bernardo Guidali. *A Investigação Policial na Inglaterra e no Brasil*. Artigo Científico apresentado como exigência para a obtenção do título de Especialista em Direito de Polícia Judiciária. Orientador: Franco Perazzoni. Brasília: Academia Nacional de Polícia, 2018.

AMODIO, Ennio. *L'udienza preliminare nel nuovo processo penale*. In Cass. Pen., 1988.

AQUAVIVA, Mariano. *Polizia giudiziaria: cos'è e cosa fa*. La legge per tutti. Informazione e consulenza legale. 01/11/2017. Disponível em: https://www.laleggepertutti.it/176372_polizia-giudiziaria-cose-e-cosa-fa. Acesso em: 02 dez. 2019.

BACILA, Carlos Roberto. *Estigmas*: um estudo sobre os preconceitos. 2. ed., Rio de Janeiro: Lumen Juris, 2008.

BARBOSA, Adriano Mendes. *Ciclo do Esforço Investigativo Criminal*. Revista Brasileira de Ciências Policiais, v. 1, p. 100-120, 2010.

BARBOSA, Adriano Mendes. *Material de Aula do Curso de Gestão Estratégica na Investigação Criminal (SLIDES)*, Brasília: Academia Nacional de Polícia, 2011.

BARROS, Caio Sérgio Paz de. *Contraditório na CPI e no inquérito policial*. São Paulo: Thomson, 2005.

BELAZA, Mónica Ceberio. *Adiós, juez instructor*: un sistema procesal decimonónico no puede responder a las necesidades de la justicia penal del siglo XXI. El País: Madrid, 22 dez. 2016. Disponível em: https://elpais.com/politica/2016/12/22/actualidad/1482422457 271567.html. Acesso em: 02 dez. 2019.

BERGMAN, Paul. *Felonies, Misdemeanors, and Infractions*: Classifying Crimes. Learn about crime classifications. Disponível em: https://www.nolo.com/legal-encyclopedia/crimes-felonies-misdemeanors-infractions-classification-33814.html. Acesso em: 02 dez. 2019.

BISSOLI FILHO, Francisco. *Estigmas da Criminalização: dos antecedentes à reincidência criminal*. 1. ed. Florianópolis: Obra Jurídica, 1998.

BJS. *Bureau of Justice Statistics*. Sourcebook Statistics-1998. Washington, 1999.

BONELLI, Maria da Gloria. Perfil social e de carreira dos delegados de polícia. *In*: M.T.A. Sadek, ed. *Delegados de polícia*. São Paulo: Sumaré, 2003.

BRASIL. *Código de Processo Penal do Império*. Lei de 29 de novembro de 1832. Disponível em: http://www.planalto.gov.br/ccivil_03/leis/lim/LIM-29-11-1832.htm. Acesso em: 02 nov. 2019.

BRASIL. *Código de Processo Penal*. DL n.º 3.689, de 3 de outubro de 1941. Promulgada em 5 de outubro de 1988. Disponível em: http://www.planalto.gov.br/ccivil_03/decreto-lei/del3689.htm. Acesso em: 02 nov. 2019.

BRASIL. *Constituição da República Federativa do Brasil*. Promulgada em 5 de outubro de 1988. Disponível em: http://www.planalto.gov.br/ccivil_03/constituicao/constituicao.htm. Acesso em: 02 nov. 2019.

BRASIL. *Lei de 20 de setembro de 1830*. Disponível em: https://www2.camara.leg.br/legin/fed/lei_sn/1824-1899/lei-37987-20-setembro-1830-565654-publicacaooriginal-89402-pl.html. Acesso em: 02 nov. 2019.

BRAZ, José. O Ministério Público e a policialização da investigação criminal. *In*: *Revista Modus Operandi* n.º 3, Lisboa, 2010, p.59 a 61.

CADOJ. *California Department of Justice*. Sítio eletrônico do Departamento de Justiça da Califórnia. Disponível em: https://oag.ca.gov/. Acesso em: 31 nov. 2019.

CALABRICH, Bruno Freire de Carvalho. *Investigação criminal pelo Ministério Público*: fundamentos e limites constitucionais. 2006. 239 f. Dissertação (Mestrado) - Faculdade de Direito de Vitória, 2006.

CAMPBELL, William J. *Eliminate the Grand Jury*. J. Criminal Law & Criminology. 64. p. 174-180. Disponível em: https://scholarlycommons.law.northwestern.edu/cgi/viewcontent.cgi?article=5848&context=jclc. Acesso em: 02 dez. 2019.

CAPEZ, Fernando. *Curso de Processo Penal*. 16. ed., São Paulo: Saraiva, 2009.

CARNELUTTI, Francesco. *Direito Processual Penal*. Campinas: Peritas, 2001. v. 2.

CELESTINO, Samuel. *Apenas 8,9% das investigações do MPF são apresentadas à Justiça*. Bahia Notícias. 17/04/2014. Disponível em: http://www.bahianoticias.com.br/noticia/152064-apenas-8-9-das-investigacoes-do-mpf-sao-apresentadas-a-justica.html. Acesso em: 12 jun. 2015.

CHAN, A; PAYNE, J. *Homicide in Australia: 2008–09 to 2009–10*. National Homicide Monitoring Program Annual Report. AIC Monitoring Reports 21. Canberra: Australian Institute of Criminology, 2013.

CHOUKR, Fauzi Hassan. *Garantias Constitucionais na Investigação Criminal*. 3. ed. rev., atual. e ampl. Rio de Janeiro: Lumen Juris, 2006.

CNJ. Conselho Nacional de Justiça. *Justiça Criminal, Impunidade e Prescrição*. Disponível em: https://www.cnj.jus.br/wp-content/uploads/2011/02/a47b974623d2f574000e4117cdba8f2c.pdf. Acesso em: 02 dez. 2019.

CNPG. Conselho Nacional de Procuradores Gerais. Com a PEC 37, assim como acontece em Uganda, Quênia e Indonésia, pretende-se retirar, sobretudo, do MP a possibilidade de investigar criminalmente. *In*: *Últimas Notícias CNPG*. 18 mar. 2013. Disponível em https://www.cnpg.org.br/index.php/noticias-cnpg/2175-com-a-pec-37-assim-como-acontece-em-uganda-quenia-e-indonesia-pretende-se-retirar-sobretudo-do-ministerio-publico-a-possibilidade-de-investigar-criminalmente. Acesso em: 02 dez. 2019.

COSTA, Arthur Trindade. *A (in)efetividade da justiça criminal brasileira*. Civitas, Porto Alegre, v. 15, n. 1, p. 11-26, jan./mar. 2015.

COSTA, Eduardo Maia. *Que processo penal queremos?* Congresso da Justiça. Disponível em: http://www.asficpj.org/temas/diversos/congressojust/maia_costa.pdf . Acesso em: 02 dez. 2019.

CPS. *Crown Prosecution Service*. Charging (The Director's Guidance) 2013 5th Edition: May 2013. Legal Guidance *(revised arrangements)*. Disponível em: https://www.cps.gov.uk/legal-guidance/charging-directors-guidance-2013-fifth-edition-may-2013-revised-arrangements . Acesso em: 02 dez. 2019.

CPS. *Crown Prosecution Service*. Disclosure Manual. Disponível em: https://www.cps.gov.uk/sites/default/files/documents/legal_guidance/Disclosure%20Manual_0.pdf. Acesso em: 02 dez. 2019.

CPS. *Crown Prosecution Service*. Disclosure. Disponível em: https://www.cps.gov.uk/disclosure. Acesso em: 02 dez. 2019.

DAMME, Harry R; ALBANESSE, Jay S. *Comparative criminal justice systems*. Belmont, Califórnia, Estados Unidos da América. Wadsworth Cengage Learning, 2011.

DANTAS, George Felipe de Lima. *Estudo sobre elucidação de homicídios apresenta contradições*. Observatório da imprensa. Ed. 546. 14.07.2009. Disponível em: http://observatoriodaimprensa.com.br/feitos-desfeitas/estudo-sobre-elucidacao-de-homicidios-apresenta-contradicoes. Acesso em: 10 jun. 2015.

DAVID, René. *O direito inglês*. Traduzido para o português por Eduardo Brandão. São Paulo. Martins Fontes. 2006.

DELMAS-MARTY, Mireille (organizadora). *Processos penais da Europa*. Rio de Janeiro: Lumen Juris, 2005.

DERVAN, Lucian E; EDKINS, Vanessa A. *The Innocent Defendant's Dilemma: An Innovative Empirical Study of Plea Bargaining's Innocence Problem*. J. Crim. Law Criminology. 103(1): 1, 2013, p. 6-11.

DERVIEUX, Valérie. O Sistema Francês. *In*: DELMAS-MARTY, Mireille (organizadora). *Processos penais da Europa*. Rio de Janeiro: Lumen Juris, 2005, p. 149-242.

DGPN. *Direction Generale de la Police Nationale*. Crimes et delits constates en France en 2000 par les services de Police et de Gendarmerie. França, 2001.

DUTRA, Luiz Henrique de Araújo. *Verdade e Investigação. O Problema da Verdade na Teoria do Conhecimento.* 1. ed. São Paulo: Pedagógica e Universitária, 2001.

EMSLEY, Clive. Introduction. In: *The english police*: a political and social history. 2. ed. Abingdon, Inglaterra, 2014.

ESPANHA. *Constitución Española (CE)*. 27 de dezembro de 1978. Disponível em: https://www.boe.es/legislacion/documentos/ConstitucionCASTELLANO.pdf. Acesso em: 02 dez. 2019.

ESPANHA. *Ley de Enjuizamiento Criminal (LEcrim)*. Disponível em: https://www.boe.es/buscar/act.php?id=BOE-A-1882-6036&tn=2. Acesso em: 02 dez. 2019.

ESTADOS UNIDOS. *United States Code (USCODE)*. Disponível em: https://uscode.house.gov/. Acesso em: 10 nov. 2019.

ESTADOS UNIDOS. *United States Constitution* Disponível em: https://www.senate.gov/civics/constitution_item/constitution.htm. Acesso em: 10 nov. 2019.

EURES. European Employment Services. *Rapporto Eures sugli Omicidi in Italia*. Disponível em: http://www.ristretti.it/areestudio/statistiche/omicidi_2003.pdf. Acesso em: 12 jun. 2015.

FBI. Federal Bureau of Investigation. *A Brief History: The Nation Calls, 1908-1923. DOJ. Disponível em:* https://www.fbi.gov/history/brief-history. Acesso em: 31 nov. 2019.

FERNANDES, Antônio Scarance. *Processo Penal Constitucional*. 3. ed. São Paulo: Revista dos Tribunais, 2002.

FERNANDES, José Luís Alves. *A prisão preventiva e sua relação com a investigação criminal*. Dissertação de Mestrado em Ciências Policiais, na especialização em criminologia e investigação criminal. Orientador: Rui Carlos Pereira. Instituto Superior de Ciências Policiais e Segurança Interna: Lisboa, 2014.

FERRAJOLI, Luigi. *Direito e Razão:* teoria do garantismo penal. São Paulo: Revista dos Tribunais, 2002.

FERREIRA, Júlio Danilo Sousa. *A Investigação Criminal no Brasil e o Direito Comparado*. Segurança Pública & Cidadania, v. 5, p. 91-110, 2012.

FIGUEIREDO, Lúcia Valle. *Curso de Direito Administrativo*. 2. ed., São Paulo: Malheiros, 1995.

FISHER, George (2003). *Plea Bargaining's Triumph: A History of Plea Bargaining in America*. Stanford University Press.

FISHER, George. *Plea Bargaining's Triumph,* 109 Yale Law Journal. 2000. Disponível em: https://digitalcommons.law.yale.edu/ylj/vol109/iss5/1 Acesso em: 02 dez. 2019.

FISHER, Stanley Z.; LEAVENS, Arthur. Grand Jury Issues. In: *Massachusetts Criminal Practice, Witness's Privilege Against Self-Incrimination*. New Law Publishing, 2011.

FLETCHER, George P; SHEPPARD, Steve. *American Law in a Global Context: The Basics*. Oxford University Press, 2005.

FRANÇA. *Code de procédure pénal*. Disponível em: https://www.legifrance.gouv.fr/affichCode.do?cidTexte=LEGITEXT000006071154. Acesso em: 02 dez. 2019.

GOMES, Luiz Flávio; SCLIAR, Fábio. *Crise do Inquérito Policial?* Disponível em: http://www.lfg.com.br. Acesso em: 10 mar. 2015.

GOMES, Luiz Flávio; SCLIAR, Fábio. *Delegado deveria ter mesmas prerrogativas de juiz.* Disponível em: http://jusvi.com/artigos/36799/2 Acesso em: 15 mar. 2015.

GRANZOTTO, Claudio Geoffroy. *Análise da investigação preliminar de acordo com seus possíveis titulares.* Jus Navigandi. Disponível em: http://jus.uol.com.br/revista/texto/9522. Acesso em: 12 mar. 2015.

HANDLER, Jack G. *Ballentine's Law Dictionary (Legal Assistant ed.).* Albany: Delmar, 1994.

HARGROVE, Thomas. *Murder Mysteries.* Scripps Howard News Service (SHNS). 2011.

HELM, Rebecca. (2019). Constrained Waiver of Trial Rights? Incentives to Plead Guilty and the Right to a Fair Trial. *Journal of Law and Society.* 46. 423-447, 2019.

HOLLOWAY, Thomas H. *Polícia no Rio de Janeiro: repressão e resistência numa cidade do século XIX.* Rio de Janeiro: Fundação Getúlio Vargas, 1997.

HORNE, Juliet. *Plea Bargains, Guilty Pleas and the Consequences for Appeal in England and Wales.* (June 28, 2013). Warwick School of Law Research Paper Nº. 2013/10 (Special Plea Bargaining Edition, editor Jackie Hodgson). Disponível em: https://ssrn.com/abstract=2286681. Acesso em: 02 dez. 2019.

INGLATERRA. *Code of Crown Prosecution 2013.* Disponível em: https://www.cps.gov.uk/publication/code-crown-prosecutors.

INGLATERRA. *Criminal Justice Act 2003.* Disponível em: https://www.legislation.gov.uk/ukpga/2003/44/contents. Acesso em: 02 nov. 2019.

INGLATERRA. *Criminal Justice and Police Act 2001.* Disponível em: https://www.legislation.gov.uk/ukpga/2001/16/contents. Acesso em: 02 nov. 2019.

INGLATERRA. *Criminal Procedure Investigations Act 1996.* Disponível em: https://www.legislation.gov.uk/ukpga/1996/25/contents. Acesso em: 02 nov. 2019.

INGLATERRA. *Indictments Act 1915.* Disponível em: https://www.legislation.gov.uk/ukpga/Geo5/5-6/90/contents. Acesso em: 02 nov. 2019.

INGLATERRA. *Investigatory Powers Act 2016.* Disponível em: http://www.legislation.gov.uk/ukpga/2016/25/contents/enacted. Acesso em: 02 nov. 2019.

INGLATERRA. *Metropolitan Police Act 1829.* Disponível em: http://www.legislation.gov.uk/ukpga/Geo4/10/44/contents. Acesso em: 02 nov. 2019.

INGLATERRA. *Police Act 1997.* Disponível em: http://www.legislation.gov.uk/ukpga/1997/50/contents. Acesso em: 02 nov. 2019.

INGLATERRA. *Police and Criminal Evidence Act 1984 (PACE).* Disponível em: https://www.legislation.gov.uk/ukpga/1984/60/contents. Acesso em: 02 nov. 2019.

INGLATERRA. *Prosecution of Offences Act 1985.* Disponível em: https://www.legislation.gov.uk/ukpga/1985/23/contents. Acesso em: 02 nov. 2019.

INGLATERRA. *Road Traffic Act 1988.* Disponível em: https://www.legislation.gov.uk/ukpga/1988/52/contents Acesso em 02 nov. 2019.

INGLATERRA. *Serious and Organised Crime and Police Act 2005 (SOCPA).* Disponível em: https://www.legislation.gov.uk/ukpga/2005/15/contents. Acesso em: 02 nov. 2019.

ISACKSON, Noah. *Chicago criminals are getting away with murder.* Chicago Magazine. Maio/2013. Disponível em: http://www.chicagomag.com/chicago-Magazine/May-2013/Getting-Away-with-Murder/. Acesso em: 02 dez. 2019.

ISP. Instituto sou da Paz. *Onde mora a impunidade? Porque o Brasil precisa de um indicador nacional de esclarecimento de homicídios.* Edição 2019. Disponível em: https://drive.google.com/file/d/133TAtzTgcF07ERxzn2Xju1aVU5RnUH7a/view. Acesso em: 02 dez. 2019.

ITÁLIA. *Codice di procedura penale.* Disponível em: https://www.normattiva.it/static/codici_proc_penale.html. Acesso em: 02 dez. 2019.

LEHMAN, Hervé. *O juiz de instrução é ineficaz e pouco democrático.* 2009. Disponível em: https://www.conjur.com.br/2009-jan-19/juiz_instrucao_exerce_poder_solitario_ineficaz democratico#author. Acesso em: 02 dez. 2019.

LIBÉRIA. *Criminal Procedure Law.* Disponível em: https://www.refworld.org/docid/3ae6b5410.html. Acesso em 02 dez. 2019.

LOPES JR., Aury. *Sistemas de Investigação Preliminar no Processo Penal.* Rio de Janeiro: Lumen Juris, 2001.

LOPES JR., Aury; GLOECKNER, Ricardo Jacobsen. *Investigação preliminar no processo penal.* 6. ed. rev., atual. e ampl. 2ª tiragem. São Paulo. Saraiva, 2015.

LÓPEZ, Antonio Peñaranda. *Proceso penal comparado (Espanã, Francia, Inglaterrra, Estados Unidos, Rusia):* descripción y terminologia. Granada, Espanha. Comares, 2015.

MACHADO, André Augusto Mendes. *Investigação Criminal Defensiva.* 1. ed., São Paulo: Revista dos Tribunais, 2010.

MAHONY, T. H; TURNER, J. *Police reported clearance rates in Canada. 2010.* Juristat article. Catalogue no 85-002-X. Ottawa: Statistics Canada. 2012. Disponível em: http://www.statcan.gc.ca/pub/85-002-x/2012001/article/11647-eng.pdf Acesso em: 02. dez. 2019.

MARQUES, José Frederico. *Elementos de Direito Processual Penal.* São Paulo: Forense, 1961. v. 3.

MARTINEZ, Paris. *98% de los homicidios de 2012 están impunes.* Animal Político. 17/07/2013. Disponível em: http://www.animalpolitico.com/2013/07/98-de-los-homicidios-de-2012-en-la-impunidad/. Acesso em: 10 jun. 2015.

MENDRONI, Marcelo. *Crime Organizado* — Aspectos Gerais e Mecanismos Legais. São Paulo: Atlas, 2009.

MINISTÈRE DE JUSTICE. *Statistiques: nombre d'homicides non élucidés.* Question nº 30861 de M. Vanneste Christian (Union pour un Mouvement Populaire – Nord) QE. Ministère interrogé: Justice. Ministère attributaire: Justice. Question publiée au JO le: 16/09/2008 page: 7942. Réponse publiée au JO le 09/12/2008 page: 10720. Disponível em: http://www.christianvanneste.fr/2008/12/04/statistiques-nombre-dhomocides-non-elucides-qe/ Acesso em: 12 jun. 2015.

MINISTERIO DEL INTERIOR. Gobierno de España, *Informe Sobre El Homicidio 2010-2012.* Disponível em: http://www.interior.gob.es/documents/10180/8736571/INFORME+HOMICIDIOS+2010_2012.pdf/b691a55e-af23-4e91-b948-6c938caa8cdd. Acesso em: 02 dez. 2019.

MINISTRY OF JUSTICE. *Judicial and Court Statistics.* 2011. p. 44.

MISSE, Michel; VARGAS, Joana. *O fluxo do processo de incriminação no Rio de Janeiro na década de 50 e no período de 1997-2001:* comparação e análise. 13º Congresso Brasileiro de Sociologia, Recife, PE, 2007.

MITTERMAIER, Carl Joseph Anton. *Tratado da prova em matéria penal*. Campinas/SP. Versão traduzida para português. Bookseller, 2008.

MOTA, José Luís Lopes da. *A fase preparatória do processo penal português*. Rev. Fundação Escola Superior MPDFT, Brasília, Ano 10, v. 19, p. 219-257, jan./jun. 2002.

MURDERDATA. Disponível em: http://murderdata.blogspot.com.br/. Acesso em: 02 jun. 2015.

NCVLI. National Crime Victim Law Institute. *What are some common steps of a criminal investigation and prosecution?* 15 de Abril de 2015. Disponível em: https://law.lclark.edu/live/news/5498-what-are-some-common-steps-of-a-criminal. Acesso em: 02 dez. 2019.

NEWBURN, Tim; WILLIAMSON, Tom; WRIGHT, Alan. *Handbook of criminal investigation*. Abington, Oxon, Inglaterra. Routledge, 2011.

NÚÑEZ, Eloy Velasco. *En contra del fiscal investigador*. El Notario del Siglo XXI - Revista 72. Disponível em: http://www.elnotario.es/panorama/7541-en-contra-del-fiscal-investigador. Acesso em: 05 dez. 2019.

OEA. Organização dos Estados Americanos. *Guia para processos criminais nos Estados Unidos*. 2019. Disponível em: https://www.oas.org/juridico/mla/pt/usa/por_usa-int-desc-system.pdf. Acesso em: 02 dez. 2019.

OITOEMEIA. Sítio eletrônico do Jornal Oito e Meia. *PI resolveu apenas 23% dos casos e foi 2º estado que menos esclareceu homicídios*. Disponível em: https://www.oitomeia.com.br/noticias/2019/08/06/pi-resolveu-apenas-23-do-casos-e-foi-2a-estado-que-menos-esclareceu-homicidios/. Acesso em: 01 dez. 2019.

OLIVEIRA, Alessandra Lina de. A instituição do júri no Brasil Império. *Revista Jus Navigandi*, ISSN 1518-4862, Teresina, ano 15, n. 2641, 24 set. 2010. Disponível em: https://jus.com.br/artigos/17480. Acesso em: 10 dez. 2019.

PERAZZONI, Franco. *Investigação Criminal e Prova na CF/88:* Objetivos, destinatários e limites da atividade probatória no curso do inquérito policial. Boletim Conteúdo Jurídico, v. I, p. 4098, 2012.

PERAZZONI, Franco. O Delegado de Polícia como Sujeito Processual e o Princípio do Delegado Natural. *Revista de Direito de Polícia Judiciária*, ano 1. v. 2, p. 197-215, 2017.

PERAZZONI, Franco. *O delegado de polícia no sistema jurídico brasileiro:* das origens inquisitoriais aos novos paradigmas de atuação. Segurança Pública & Cidadania, v. 4, p. 77-110, 2011.

PERAZZONI, Franco. *Sistemas comparados de investigação criminal*. Material didático elaborado para o curso de Pós-graduação em Gestão da Investigação Criminal. Escola Superior de Polícia: Brasília, DF, 2017.

PERAZZONI, Franco; PEREIRA, E. S; DEZAN, S. L; BARBOSA, A. M; SANTOS, C. J; COCA, F. M; WERNER, G. C; ANSELMO, M. A; BUSNELLO, P. C. *Investigação Criminal Conduzida por Delegado de Polícia* – Comentários à Lei nº 12.830/2013. 1. ed. Curitiba: Juruá, 2013. v. 1. 288p.

PERAZZONI, Franco; SILVA, Wellington Clay Porcino. Inquérito Policial: um instrumento eficiente e indispensável à investigação criminal. *Revista Brasileira de Ciências Policiais*, v. 6, p. 40-70, 2015.

PEREIRA, Eliomar da Silva. Direito de polícia judiciária: Introdução às questões fundamentais. Revista de Direito de Polícia Judiciária. *Revista da Escola Superior de Polícia (ANP)*. Brasília, Ano 1, N. 1, p. 25-58, jan./jul. 2017.

PEREIRA, Eliomar da Silva; DEZAN, Sandro Lúcio. *Investigação criminal:* conduzida por delegado de polícia – comentários à Lei nº 12.830/2013. Curitiba. Juruá, 2013.

PEREIRA, Lizandro Mello. *Sigilo no inquérito policial:* O interesse da investigação *versus* a prerrogativa de função do advogado. Disponível em: https://ambitojuridico.com.br/edicoes/revista-46/sigilo-no-inquerito-policial-o-interesse-da-investigacao-versus-a-prerrogativa-de-funcao-do-advogado/ Acesso em: 02 dez. 2019.

PERFIL. Sítio eletrônico do jornal Perfil (Uruguai). *En Uruguay solo se resolven la mitad de los homicidios.* 01/07/2015. Disponível em: http://www.perfil.com/policia/En-Uruguay-solo-se-resuelven-la-mitad-de-los-homicidios-20150107-0051.html. Acesso em: 15 jun. 2015.

PITOMBO, Sérgio M. de Moraes. *Inquérito Policial:* Novas Tendências. Belém: CEJUP, 1987.

PORTUGAL. *Código de Processo Penal.* Decreto-lei nº 78/87, de 17 de Fevereiro. Disponível em: http://www.pgdlisboa.pt/leis/lei_mostra_articulado.php?nid=199&tabela=leis. Acesso em: 02 dez. 2019.

PORTUGAL. *Lei de Organização da Investigação Criminal* (LOIC). Lei nº 49/2008, de 27 de Agosto. Disponível em: http://www.pgdlisboa.pt/leis/lei_mostra_articulado.php?nid=1021&tabela=leis. Acesso em: 02 dez. 2019.

PSNI. Police Service of Nothern Ireland. *Statistics: Annual Statistical Report Statistical Report #1. Recorded crime & Clearences.* 01.04.2007 – 31.03.2008.

RALPH, Adam. *Fine, Plea Bargaining:* An Unnecessary Evil. Marq. L. Rev. 615 (1987). Disponível em: http://scholarship.law.marquette.edu/mulr/vol70/iss4/2. Acesso em: 02 dez. 2019.

RATCLIFFE, J. H. *Intelligence Led-Policing.* Routledge, NY, 2011.

RATTON, José Luis; CIRENO, Fernando. Violência endêmica: homicídios na cidade do Recife – dinâmica e fluxo no sistema de justiça criminal. *Revista do Ministério Público de Pernambuco,* v. 6, p. 17-157, 2007.

REVISTA ACADEMICA. *Estudos Avançados de Inquérito Policial.* Academia de Ciências, Letras e Artes dos Delegados de Polícia do Estado de São Paulo. Ano I, 2000, nº 03.

RIBEIRO, Ludmila. *Administração da justiça criminal na cidade do Rio de Janeiro:* uma análise dos casos de homicídios. Iuperj, Tese de Doutorado em Sociologia, 2009.

RODRIGUES, Domingos Sávio Pizon. *A persecução criminal no Direito Francês.* 68º Curso de Formação de Comissários de Polícia, na Escola Nacional Superior de Polícia. ENSP, Saint-Cyr-au-Mont-d'Or, França, 2016-2017.

ROSS, J. E. The Entrenched Position of Plea Bargaining in United States Legal Practice. *American Journal of Comparative Law.* 54: 717-732, 2006.

SALINAS, Carmen Cuadrado. *La investigación en el proceso penal.* Madri, Espanha. LA LEY, 2010

SAPORI, Luis Flávio. *Segurança pública no Brasil:* desafios e perspectivas. Rio de Janeiro: FGV, 2007.

SCUS. *Supreme Court of United States.* Sítio eletrônico da Suprema Corte Norte-americana. Search center. Disponível em: https://www.supremecourt.gov/search_center.aspx. Acesso em: 30 nov. 2019.

SIMÕES DE ALMEIDA, Carlos Alberto. *Medidas cautelares e de polícia do processo penal em direito comparado.* Coimbra, Portugal. Almedina, 2006.

SIMON, John Anthony. *Considerações sobre o Ministério Público Norte-americano*. Disponível em: https://www.amprs.com.br/public/arquivos/revista_artigo/arquivo_1285250727.pdf. Acesso em: 02 dez. 2019.

SLAPPER, Gary; KELLY, David. *The english legal system*. Abingdon, Inglaterra. Routledge, 2016-2017.

SMITH, K; OSBORNE, S; LAU, I; BRITTON, A. (2012) *Homicides, Firearm Offences and Intimate Violence 2010/11*. Supplementary Volume 2 to Crime in England and Wales 2010/11. Home Office Statistical Bulletin 2/12. London: Home Office, 2012.

SOARES, Luiz Eduardo. *Violência e política no Rio de Janeiro*. Rio de Janeiro: Relume-Dumará, 1996.

SPENCER, Jonh R. O Sistema Inglês. In: DELMAS-MARTY, Mireille (organizadora). *Processos penais da Europa*. Rio de Janeiro: Lumen Juris, 2005, p. 244-276.

SSPDF. SECRETARIA DE SEGURANÇA PÚBLICA DO DISTRITO FEDERAL. *Criminalidade no DF caiu pelo segundo ano consecutivo*. Disponível em: http://www.ssp.df.gov.br/sala-de-imprensa/noticias/item/2670-criminalidade-no-df-diminuiu-pelo-segundo-m%C3%AAs-consecutivo.html. Acesso em: 12 jun. 2015.

SSPRJ. Sítio eletrônico do Instituto de Segurança Pública do Rio de Janeiro. *Taxas de elucidação de crimes*. Disponível em: http://www.ispdados.rj.gov.br/elucidacao.html. Acesso em: 02 dez. 2019.

STANDEN, Jeffrey. *Plea Bargaining in the Shadow of the Guidelines*. Cal. L. Rev. 81 (6): 1471–1538, 1993.

SWANSON, Charles R., CHAMELIN, Neil C., TERRITO, Leonard, TAYLOR, Roberto W. *Criminal Investigation*. 10th Edition. New York: McGraw-Hill Companies Inc., 2009.

TORNAGHI, Hélio. *Conceito de autoridade policial na lei processual brasileira*. Disponível em: www.sindepodf.org.br. Acesso em: 11 nov. 2010.

TORNAGHI, Hélio. *Instituições de Processo Penal*. 1. ed. Rio de Janeiro: Forense, 1959. v.1.

TOURINHO FILHO, Fernando da Costa. *Processo Penal 1º Volume*. 18. ed. São Paulo: Saraiva, 1997.

UBIRIA, RAFAEL (2005), *El processo penal uruguayo actual: virtudes y defectos*. Disponível em: http://www.serpaj.org.uy/serpajph/dcp/seminarios/dcp_pon_ubiria.pdf, Acesso em: 10 jun. 2015.

UCR-FBI. *Uniform Crime Reporting – Federal Bureau of Investigation*. Disponível em: http://www.ucrdatatool.gov/. Acesso em: 03 jun. 2015.

UGANDA. *Constitution of the Republic of Uganda*. Disponível em: https://ulii.org/ug/legislation/consolidated-act/0. Acesso em: 02 dez. 2019.

UKPO. *College of Policing. United Kingdom*. Sítio eletrônico do Colégio de Polícia do Reino Unido. Offense types. Disponível em: https://www.app.college.police.uk/app-content/prosecution-and-case-management/hearing-and-trial-management/#offence-types. Acesso em: 15 nov. 2019.

USAO. *United States Attorneys Office. Electronic investigative Techniques*. Department of Justice (DOJ). United States Attorneys' Bulletin (September 1997), v.45 nº 5. Disponível em: https://www.hsdl.org/?view&did=439222. Acesso em: 02 dez. 2019.

VALENTE, Manuel Monteiro Guedes. *Direito Penal do Inimigo e Terrorismo*. São Paulo: Almedina, 2010.

VIGNA, Piero Luigi; ALFONSO, Roberto. *I Codici per l'Attività di Polizia*. Codici Penale e di Procedura Penale Annotati. XXII Edizione. Roma: Laurus, 2014.

WASHINGTON POST. *The trick to D.C. police force's 94% closure rate for 2011 homicides*. 2012. Disponível em: https://www.washingtonpost.com/investigations/the-trick-to-dc-police-forces-94percent-closure-rate-for-2011-homicides/2012/01/30/gIQA TErbMR_story. html Acesso em: 02 dez. 2019.

WERNER, Guilherme Cunha. Isenção política na Polícia Federal: autonomia e suas dimensões administrativa, funcional e orçamentária. *Revista Brasileira de Ciências Policiais*. Brasília, v. 6, nº 2, p. 17-63, Edição Especial – jul./dez 2015.

ZACCARIOTTO, José Pedro. *A Polícia Judiciária no Estado Democrático de Direito*. São Paulo: Brazilian Books. 2005.

ZACCARIOTTO, José Pedro. A Portaria DGP18/98 e a Polícia Judiciária Democrática. *Revista dos Tribunais*, v. 769, ano 88, novembro de 1990.

Informação bibliográfica deste texto, conforme a NBR 6023:2018 da Associação Brasileira de Normas Técnicas (ABNT):

PERAZZONI, Franco. Sistemas Comparados de Investigação Criminal. *In*: PEREIRA, Eliomar da Silva (Org.). *Disciplinas extrajurídicas de Polícia Judiciária*. Belo Horizonte: Fórum, 2020. p. 51-155. (Curso de Direito de Polícia Judiciária, v. 7). ISBN 978-85-450-0622-0.

GESTÃO ESTRATÉGICA DA INVESTIGAÇÃO CRIMINAL

ADRIANO MENDES BARBOSA

1 Introdução

Nós outros que nos debruçamos sobre a problemática da persecução criminal encontramos, como regra, um vazio nos lindes doutrinários pátrios sobre o tema da Investigação Criminal (IC). E essa comprovação se agiganta quando se promove uma abordagem metajurídica da IC. Ou seja, uma abordagem que vá além da ótica do Direito Processual Penal. E nesse contexto é ainda mais rara uma abordagem gerencial da IC. Isso, como se conduzir os trabalhos investigativos fosse apenas um esforço jurídico com lastro na lei. Como consequência disso o que se desenvolve, em regra, academicamente e tecnicamente sobre a Investigação Criminal se cinge aos compêndios que versam sobre Inquérito Policial.

Neste sentido, a situação problema que ascende desse cenário, por assim dizer, monocórdio é: é cabível desenvolver uma abordagem gerencial no seio da Investigação Criminal? O objetivo geral do presente estudo, por conseguinte, é responder fundamentadamente a essa indagação, ratificando a hipótese de que sem uma abordagem gerencial a Investigação Criminal é conduzida por meio de um processo empírico de tentativas e erros.

Esse estado de coisas é que impulsionou a presente análise desenvolvida por um operador da Investigação lançando um olhar acadêmico e pragmático sobre o tema mediante um estudo abordando a sua dimensão estratégica e gerencial. Este trabalho leva a termo, portanto, um estudo transversal da temática da IC, engendrando não apenas um raciocínio jurídico da Investigação Criminal, mas também metajurídico de matiz gerencial.

Com efeito, o presente estudo está dividido em três partes da seguinte forma: na primeira porção é desenvolvido o estudo sobre a Investigação Criminal no contexto do Estado Democrático de Direito, realçando as limitações constitucionais que devem incidir sobre a atividade investigativa, bem como a sua definição e objeto de escrutínio. Na segunda parte são desenvolvidos os argumentos que justificam uma abordagem gerencial da Investigação Criminal devido à complexidade de sua condução. No tópico três aplica-se à Investigação Criminal o modelo estratégico de Lykke Júnior, de fins, meios e táticas, bem como ferramentas de gestão como a Matriz SWOT, o 5W2H e o Ciclo do PDCA.

Por fim, a corrente pesquisa conclui e demonstra que é inarredável a premissa de que a ação investigativa estatal seja conduzida de maneira estratégica com um plano de ação definido e um esforço gerencial hábil a viabilizar com eficiência e eficácia a consecução dos objetivos da Investigação Criminal. Assim foi concebido o presente trabalho demonstrando a relevância do tema e a necessidade de um método gerencial e pragmático em prol da otimização de trabalhos investigativos criminais.

Neste passo, o corrente trabalho é hábil a conferir ao investigador criminal, notadamente o coordenador (gerente) dos trabalhos investigativos criminais, que no âmbito policial é o Delegado de Polícia,[1] um cabedal de ferramentas gerenciais para melhor conduzir os esforços investigativos criminais. Esta pesquisa é hábil, dessa forma, a contribuir com estudos vindouros da Investigação Criminal sob a ótica da gestão, contribuindo com a construção acadêmica do tema além dos limites legais e jurídicos.

---

[1] Neste passo há de se observar o que prescreve a Lei nº 12830/2013 que dispõe o seguinte: art. 2º - As funções de polícia judiciária e a apuração de infrações penais exercidas pelo delegado de polícia são de natureza jurídica, essenciais e exclusivas de Estado. §1º Ao delegado de polícia, na qualidade de autoridade policial, cabe a condução da investigação criminal por meio de inquérito policial ou outro procedimento previsto em lei, que tem como objetivo a apuração das circunstâncias, da materialidade e da autoria das infrações penais.

2 Investigação criminal no Estado Democrático de Direito

2.1 Investigações criminais como instrumentos de elucidação criminal no Estado Democrático de Direito

O direito de perseguir criminalmente um dado cidadão não é partejado num vácuo fático. Este nasce da necessidade inarredável do Estado de proporcionar à coletividade um ambiente social saudável que proporcione a todos, e a cada um, condições mínimas de viver sem sobressaltos devido à conduta de membros dessa mesma sociedade que inobservam as normas de convivência e atingem as esferas de direitos de terceiros.

Por conseguinte, diante do desequilíbrio causado pelo ato criminoso na sociedade (tal qual a enfermidade que debilita o soma) o Estado há de apresentar remédio para amenizar imediatamente os sintomas da doença que se faz presente, e evitar que outros indivíduos sejam acometidos da mesma debilidade. Vale dizer, há que haver uma resposta imediata em prol da retomada da normalidade.

A partir da constatação da prática de um crime, da violação da ordem jurídica posta, ascende proporcionalmente a exigência social de sua repressão (BARBOSA, 2008). O Estado-Investigação (NUCCI, 2010) é compelido, neste diapasão, a perseguir criminalmente aquele que trouxe insegurança e desestabilidade ao tecido social. Isso, para satisfazer a sua pretensão punitiva que se concretizou quando da prática da infração penal.

Mas como promover uma persecução criminal imediata e amplamente eficaz, sob a égide dos princípios do Estado Democrático de Direito, sem permitir que o autor do crime se mova afastando provas e inviabilizando a futura ação da Justiça Criminal? Como reprimir a prática da infração penal sem deixar que o sujeito ativo mobilize inclusive instrumental jurídico para procrastinar a prospecção dos elementos probatórios mínimos para o estabelecimento da verdade real?

Somente por meio de um procedimento investigatório, plenamente vinculado, orientado por princípios e conduzido com técnica e metodologia científica é que se alcançarão as condições ideais, vale dizer *paridade de armas*, para o devido êxito da futura ação penal em prol da aplicação da lei penal condenatória. Ainda da lição magistral de José Frederico Marques (1998, p. 62), se extrai, *in literis*:

> Se depois da prática de um fato delituoso, a Polícia Judiciária não pode investigar plenamente o crime, tendo para isso a liberdade de movimentos que tal função reclama, acabemos com o inquérito, mas

também com o próprio Código Penal. Para que catalogar crimes, prever sanções, falar em estado perigoso ou medidas de segurança, se o Estado não tem o direito de tornar efetiva a tutela que deve exercer sobre a sociedade através do Direito Penal? Com os carinhos e mimos de que pretendem cercar o indiciado, melhor será que se acabe com a repressão penal. Se o réu é tão intangível e sagrado, suprimamos, de vez, com qualquer possibilidade de coação contra sua divina pessoa e proporcionemos ao erário a abolição da despesa inútil que tem de enfrentar para manter o aparelhamento repressivo do Estado. Amanhã, quando um ladrão levar o alheio, a vítima que dê procuração a um causídico para requerer a reintegração de posse da res furtiva, ou pedir a indenização devida. E quando homicídio for praticado, ponham-se em campo os parentes da vítima para a propositura de ação civil de ressarcimento de danos provindos do ato ilícito.

Com a prática do crime, o seu autor está, por assim dizer, em *vantagem de armas* em relação aos agentes estatais que laboram em prol da prevenção e repressão delitual. Ele tem *a priori* o plano criminoso e suas variáveis, o domínio factual, o controle de sua ação e as medidas necessárias para a garantia do êxito de sua ação criminosa. Sabe ele até onde vai o seu agir, e, por conseguinte, está sempre um passo à frente dos órgãos de repressão criminal do Estado. Ele conhece todos os meandros e nuances do ato que deu ensejo, sabe onde está o *nó górdio* que o põe adstrito ao delito que praticou e envidará, por conseguinte, todos os esforços para impedir que venham à tona as provas que o incriminam. O perpetrador do ato infracional, por ocasião de sua execução e consumação, tem sob seu domínio todo o bojo factual e por vezes técnico-jurídico, vide as organizações criminosas que contam com a conivência criminosa de bancas de advocacia. O escólio de Marques (*idem*) também neste ponto se agiganta quando ele afirma:

> Mas não se há de exigir que o Estado compareça a juízo de mãos vazias, com a sua função acusatória inteiramente anulada. Da acusação é o ônus probatório. Limitá-la, pois, na fase prévia de investigação, para impedir que colha os elementos informativos imprescindíveis à atuação que deve desenvolver em juízo, é quebrar penda decisivamente em favor de Sua Excelência o Réu, conforme pitoresca expressão de Astolfo de Resende.

É preciso, portanto, o engendramento de ações que permitam que o Estado-Investigação se lance inexoravelmente sobre os fatos e pessoas envolvidas na ação criminosa, promovendo a mais ampla angariação de elementos probatórios em prol do estabelecimento da "verdade fática" (FERRAJOLI, 2010) e construção da futura "verdade jurídica" através do engendramento das futuras provas legais e legítimas que ascendem no contexto do devido processo legal. Isso, não obstante as provas de natureza cautelar e que não podem ser repetidas, nos termos do art. 155, do CPP.[2]

Neste sentido, elucidar-se-á a autoria, a existência do crime (materialidade) e todas as circunstâncias do suposto fato criminoso, elementos indispensáveis para a promoção exitosa da devida ação penal. E ainda neste diapasão, trar-se-á, se não a pacificação das relações sociais tocadas pelo crime praticado, pelo menos o alento da certeza da punição daquele que vilipendiou, de uma forma ou de outra, a paz social. Essas ações são materializadas no bojo da Investigação Criminal que virá à tona todas às vezes que for praticada conduta criminosa que demande elucidação e repressão estatal.

2.2 Definição de investigação criminal

Há um provérbio chinês, que é de todo cediço, que ensina que toda caminhada, toda jornada, seja ela de cem metros, seja de cem quilômetros, se inicia sempre da mesma forma, vale dizer, com o primeiro passo. Além da importância da iniciativa, que é a ilação imediata de tal brocardo, ele também remete à relevância do entendimento do local (referência) de onde se parte a caminhada e para onde se vai com os passos levados a efeito.

Assim, na caminhada pelos meandros da Investigação Criminal se faz necessário que se estabeleça *ab ovo* respostas às seguintes indagações fundamentais: (1) Em que consiste a IC, quais são as suas dimensões conceituais e fáticas? (2) Qual é o seu referencial de partida, ou seja, qual o seu objeto de análise, vale dizer, qual a situação problema que ela procura apresentar respostas?

Segundo o Dicionário Houaiss (2001, p. 1644) "investigação é o ato ou efeito de investigar". Este mesmo dicionário leciona que a origem etimológica do termo investigar encontra-se no latim na expressão *investigare* que significa "seguir o rastro de; procurar, indagar com cuidado, perscrutar, pesquisar, inquirir." Por fim, o verbete investigar, na citada

---

[2] Ordena o art. 155 do CPP: O juiz formará sua convicção pela livre apreciação da prova produzida em contraditório judicial, não podendo fundamentar sua decisão exclusivamente nos elementos informativos colhidos na investigação, ressalvadas as provas cautelares, não repetíveis e antecipadas.

compilação de unidades léxicas, tem a acepção de verbo transitivo direto que também significa "procurar metódica e conscientemente descobrir (algo), através de exame e observação minuciosos; pesquisar."
 Todavia, há investigações que são próprias do Estado enquanto ente organizado e estruturado para provimento do interesse público. Assim, há investigações de estatura administrativa *stricto sensu* que são adstritas a procedimentos administrativos que, por exemplo, apuram faltas disciplinares de servidores públicos, com é o caso das sindicâncias[3] e há investigações de estatura criminal que são voltadas para a apuração de condutas em princípio criminosas. Estas últimas são as Investigações Criminais que constituem o centro de gravidade das reflexões, análises e estudos levados a termo nestas páginas.
 Nestor Sampaio Penteado Filho (2002), afirma que: "A investigação criminal ou judiciária é "momento pré-processual da Administração da Justiça Penal, que se insere na '*persecutio criminis*'", no dizer do saudoso mestre José Frederico Marques." Então, conclui Penteado Filho (*op. cit.*) que "podemos afirmar ser a investigação criminal um conjunto de atos administrativos (procedimento) antecipados (preliminar) destinados à apuração das infrações penais e respectiva autoria (formação incipiente da culpa)." E conclui sustentando: "A Investigação Criminal é formalizada no Inquérito Policial. O Inquérito *ex surge*, portanto, como a forma da exteriorização da *investigatio*."
 Por certo, é a Polícia o ente estatal que tem destinação, vocação e detém a melhor técnica para proceder à Investigação Criminal. É a instituição policial que possui o *know how* de como se deve investigar, congregando inclusive os profissionais próprios da investigação como o Delegado de Polícia que, nos termos da Lei nº 12830/2013, é o responsável pela condução da IC em sede policial e seus auxiliares e agentes como os peritos criminais e agentes de polícia.
 De outro lado, em face do escólio suso apresentado, é possível sustentar que a Investigação Criminal constiui o conjunto de ações (diligências), levadas a termo pelos entes estatais que exercem o mister da persecução criminal *extra juditio*, que diante da notícia (demanda)

---

[3] A sindicância é fase preliminar à instauração do processo administrativo. Sua instauração pode dar-se sem indiciado, objetivamente, para se verificar a existência de irregularidades. Apurada a veracidade dos fatos, deve a sindicância apontar seus prováveis autores ou responsáveis. Nessa fase preliminar, não há necessariamente defesa, porque não conclui por uma decisão contra ou em favor de pessoas, mas pela instauração do processo administrativo ou pelo arquivamento da sindicância. O prazo para conclusão não excederá 30 dias, podendo ser prorrogado por igual período, *ex vi* o art. 145, parágrafo único da Lei nº 8.112/90.

da prática de uma infração penal levam a termo a reunião de dados da realidade fática vinculada ao suposto fato delituoso, com o consequente exame técnico e análise de tais dados com o escopo de trazer a lume as elucidações da autoria, materialidade (existência) e circunstâncias (de tempo, lugar, modo, motivação, meio) adstritas à situação criminosa apresentada.

2.3 Objeto da investigação criminal

O objeto sobre o qual se debruça a Investigação Criminal é o crime no seu estado consumado ou em fase de execução. Ou seja, é a prática criminosa enquanto expressão humana inserida num determinado contexto histórico e social. Assim, não existe uma preocupação do investigador criminal, de maneira imediata e pragmática, em relação ao crime de forma abstrata, isolada e laboratorial. O crime ascende como objeto de análise da Investigação Criminal, e centro de gravidade da atividade técnica e científica do investigador, enquanto parte do mundo sensível, como no dizer de Platão,[4] produzindo seus efeitos, ainda que do ponto de vista formal, no contexto da realidade fática. Neste sentido, é relevante que se conheça as nuances do fenômeno social do crime para melhor reprimi-lo em sede de investigação, tanto da sua expressão desorganizada, quanto da sua manifestação organizada.

2.3.1 A criminalidade desorganizada

A manifestação desorganizada da criminalidade vem à tona nos espaços urbanos na forma de criminalidade predatória (*predatory crimes*), como ensina J. Q. Wilson (1985). Tal expressão de atividade criminosa atinge os cidadãos e cidadãs em seu cotidiano, trazendo insegurança, por assim dizer, *in concreto*, às ruas das cidades, atingindo com um maior grau de intensidade aquelas com grande conglomerado populacional.

Como expressão da criminalidade desorganizada ascende, por exemplo, a perpetração de delitos como o estelionato, o furto, o roubo, o dito "sequestro-relâmpago" (extorsão com restrição da liberdade), o

---

[4] É pertinente esclarecer que Platão sustentava que o "mundo sensível" é aquele compreendido pelos sentidos, que se encontra em permanente alteração e mudança. Ainda para Platão, existe um segundo mundo, o "das Idéias"; este tem realidade independente do homem, existe objetivamente fora de nós, apesar de ser imaterial, vide Édouard Schuré (2000).

latrocínio (roubo seguido de morte), o estupro. Tais ações criminosas são em regra de iniciativas ora individuais, ora em concurso de pessoas,[5] que não traduzem um empreendimento criminoso de fôlego. Ou seja, estes crimes são ações de oportunidade e conveniência de seus atores, não possuindo uma estrutura organizacional complexa que lhes dê pálio, sem uma visão empresarial da ação criminosa e sem pretensões de alcançar as esferas de poder da república, seja influenciando, seja encampando.

Neste sentido, há de se ressaltar que se estará no contexto da criminalidade desorganizada quando não incidir fato que não se subsuma ao que prescreve à lei de organizações criminosas, Lei nº 12850/2013. Assim, a mera prática de crimes em concurso de pessoas, nos termos do art. 29, do CP, não tem o condão de fazer uma organização criminosa, nos moldes do art. 1º, §1º, Lei nº 12850/2013.[6] Segundo os ensinamentos de Guilherme Souza Nucci (2009, p. 280):

> Sabe-se, como destacado por Paulo César Correa Borges, "que existem muitas quadrilhas ou bandos que são totalmente desorganizados e que jamais poderiam ser considerados organizações criminosas com base nos critérios doutrinários. Embora normalmente tenham liderança, que organiza a ação do grupo, as quadrilhas ou bandos são formados para a prática de delitos, sem nenhuma ligação com o Estado, sem uma ação global e sem conexões com outros grupos, e jamais possuirão um caráter transacional" (O crime organizado, p. 20).

E conclui o Mestre Paulista (*op. cit.*): "De fato, muitas quadrilhas ou bandos não passam de associações de infratores amadores, que se unem, embora com caráter de estabilidade, para o cometimento de delitos, sem o real perigo que a organização criminosa representa à sociedade."

Em verdade, os crimes predatórios atingem os munícipes nas suas vidas privadas, fazendo de cada um, em certa medida, uma vítima

---

[5] Bitencourt (2008, p. 414) ensina sobre o concurso de pessoas que "essa reunião de pessoas no cometimento de uma infração penal dá origem ao chamado *concursus delinquentium*. A cooperação na realização do fato típico pode ocorrer desde a elaboração intelectual até a consumação do delito."

[6] A Lei nº 12850/2013 ordena: Art. 1º Esta Lei define organização criminosa e dispõe sobre a investigação criminal, os meios de obtenção da prova, infrações penais correlatas e o procedimento criminal a ser aplicado. §1º Considera-se organização criminosa a associação de 4 (quatro) ou mais pessoas estruturalmente ordenada e caracterizada pela divisão de tarefas, ainda que informalmente, com objetivo de obter, direta ou indiretamente, vantagem de qualquer natureza, mediante a prática de infrações penais cujas penas máximas sejam superiores a 4 (quatro) anos, ou que sejam de caráter transacional.

em potencial. E toda essa atividade criminosa tem seu eco amplificado pela parcela da imprensa que tem no crime e nas tragédias cotidianas a sua matéria-prima (BARBOSA, 2008). A realidade das ruas de metrópoles brasileiras como Rio de Janeiro e São Paulo é traduzida pelos meios de comunicação, e por via de consequência, absorvida pelo inconsciente coletivo, tal qual a máxima de Hobbes (1651): o homem é o lobo do homem. E onde há homens mais lobos que outros homens. O brasileiro médio, por exemplo, então, se vê invadido por esse sentimento (sensação de insegurança)[7] de fragilidade ao perceber que as autoridades constituídas não são hábeis a lhe prover a segurança que lhe é direito fundamental contemplado na própria *Lex Excelsa* (1988), *ex vi* art. 5º, *caput*.

---

[7] Os jornalistas Janaina Lage e Ítalo Nogueira em reportagem para a *Folha on line*, de 15.12.2010. Quase 50% da população se sente insegura na cidade em que mora, mostra IBGE, engendraram matéria jornalística sobre a pesquisa do IBGE (Instituto Brasileiro de Geografia e Estatísticas) que versa sobre dados estatísticos relativos à segurança pública. Nesta matéria, os seguintes argumentos são de relevo para ilustrar este fenômeno da sensação de insegurança: Quase metade da população se sente insegura na cidade onde vive, de acordo com uma pesquisa divulgada nesta quarta-feira pelo IBGE (Instituto Brasileiro de Geografia e Estatística). A pesquisa "Caracterização da vitimização e do acesso à Justiça no Brasil" tenta mensurar a preocupação do brasileiro com a segurança e as suas consequências. Na prática, 76,9 milhões de pessoas não se sentem seguras na cidade onde vivem, o equivalente a 47,2% da população. A pesquisa mostra, ainda, que 21,4% da população não se sentem seguras nem mesmo em casa. No próprio bairro, a sensação de insegurança atinge 32,9% das pessoas. "A percepção de segurança é uma questão subjetiva: você se sente seguro na sua casa, na sua cidade? A pesquisa mostra um retrato do último trimestre do ano passado", afirma Cimar Azeredo, do IBGE. Ele cita, como exemplo, fatores posteriores ao último trimestre de 2009 que eventualmente poderiam afetar a maneira como as pessoas avaliam a segurança da sua região, como a invasão do Complexo do Alemão, no Rio de Janeiro, no mês passado. Entre as regiões, o Norte do país tem o maior percentual de pessoas que se sentem inseguras (28,4% em relação à residência, 40,2% em relação ao bairro e 51,8% em relação à cidade). De outro lado, a região Sul tem o maior percentual de pessoas que se sentem seguras (81,9% em casa, 72,6% no próprio bairro e 60,5% na cidade). De modo geral, a sensação de segurança é menor em áreas urbanas do que em áreas rurais. Os homens se declararam mais seguros do que as mulheres. A pesquisa mostra ainda que a sensação de segurança em casa aumenta de acordo com a renda domiciliar *per capita* do entrevistado. Em compensação, o sentimento de segurança no bairro e na cidade é maior entre os que têm renda mais baixa. Entre os Estados, o Pará ocupa o topo do *ranking* de sensação de insegurança, com um percentual de 63,1% de pessoas inseguras em relação à cidade. O Rio de Janeiro aparece em segundo, com um patamar de 57,7%. O local com menor percentual de pessoas inseguras em relação ao local onde vivem é o Tocantins, com percentual de 28,2%. São Paulo está em 11º lugar no *ranking* com um percentual de 48,9% de inseguros em relação à cidade onde vivem. Disponível em: http://www1.folha.uol.com.br. Acesso em: 21 dez. 2010.

2.3.2 A criminalidade organizada[8]

Não obstante o fenômeno da criminalidade desorganizada, há a do crime organizado que leva a efeito atividades criminosas, tais como roubos a banco, sequestros pré-ordenados (planejados e com alvo – vítima – adredemente estabelecido), lavagem de capitais, tráfico de armas e drogas. Tais crimes atingem os cidadãos comuns de certa forma, mas não em base de rotina, chegando à grande parcela da população por meio da imprensa (em regra sensacionalista), incidindo muito mais no campo das ideias, engendrando em corações e mentes a chamada sensação de insegurança, como demonstrado acima.

A criminalidade organizada em certa medida sempre existiu, podendo-se citar como um dos seus embriões históricos os grupos de piratas (LUNDE, 2004) que agiam saqueando e pilhando navios de forma concertada em bases regulares, compondo uma verdadeira indústria do crime.

No Brasil, as raízes históricas mais notórias sobre as ações criminosas organizadas encontram-se no cangaço que dominou os sertões nordestinos entre as décadas de 20 e 30 do século XX. Como exemplo mais significativo deste tipo de banditismo organizado estão as iniciativas criminosas de Virgulino Ferreira da Silva, vulgo Lampião. Élise Grunspan-Jasmin, (2006, p. 30) ensina o seguinte sobre o chamado Rei do Cangaço:

> Lampião desafiou as forças da ordem e durante quase vinte anos menosprezou os diferentes governos do Nordeste e até mesmo o Governo central. Esse clandestino não se cansou de se exibir e de proclamar sua onipotência a uma sociedade incapaz de compreender de onde vinha essa vulnerabilidade e de responder a ela.

Grunspan-Jasmin aponta que Lampião inovou em termos organizacionais em relação aos seus antecessores no cangaço, bem como em práticas criminosas orquestradas como "rapto de pessoas influentes em troca de um resgate", "assalto de cidades e propriedades" e extorsão de "fazendeiros, coronéis, prefeitos e habitantes das localidades a fim de lhes extorquir dinheiro." Grunspan-Jasmin sustenta ainda (*op. cit.* 117):

---

[8] Neste passo é imprescindível o estudo da obra do Professor e Delegado de Polícia Federal Luiz Roberto Ungaretti de Godoy (2011) que versa sobre o tratamento jurídico penal do crime organizado nos lindes jurídicos pátrios.

Desde 1929 percebe-se uma mudança radical da estrutura do grupo de Lampião: as mulheres entram para o cangaço, que se organiza em grupos e subgrupos, numa espécie de clãs familiares autônomos sob a direção de lugar-tenentes de Lampião; instaura-se uma nova hierarquia, constituem-se novos laços familiares, a vida torna-se menos nômade.

Noutro giro, Guilherme Souza Nucci (2009, p. 208)[9] traz o conceito de organização criminosa:

> Em síntese, valendo-se da definição apresentada por Marcelo Batlouni Mendroni, pode-se dizer que é o "organismo ou empresa, cujo objetivo seja a prática de crimes de qualquer natureza – ou seja, a sua existência sempre se justifica porque – e enquanto estiver voltada para a prática de atividades ilegais. É, portanto, empresa voltada à prática de crimes" (Crime organizado, p. 10).

Assevera ainda Nucci (*op. cit.*):

> Na lição de Rodolfo Tigre Maia, por outro lado, o "crime organizado é a forma de criminalidade consentânea com o estágio atual do desenvolvimento do modo capitalista de produção (inclusive do capitalismo de estado que vigorou na antiga URSS), marcado, sobretudo, pela hegemonia norte-americana no pós-guerra, pelo incremento do desemprego, pela interdependência das economias nacionais, pela contínua associação do capital bancário com o capital industrial, pela crescente concentração e internacionalização do capital, processo anteriormente designado por imperialismo, mas hoje, para esvaziar seu conteúdo ideológico, mais conhecido pelo epíteto neoliberal de 'globalização da economia' (...) Os empresários do crime criam corporações – as armas mais poderosas do crime organizado – aos moldes organizacionais das tradicionalmente operantes no mercado convencional (estas também frequentemente flagradas em práticas ilegais), para o cumprimento destes misteres ou infiltram-se em empresas legítimas com as mesmas finalidades" (O Estado desorganizado contra o crime organizado, p. 21-22).

Essa espécie de atividade delituosa constitui-se em verdadeiro empreendimento em que as ações criminosas são levadas a efeito, de forma sistemática, por uma estrutura organizacional formal, com o escopo de auferir lucro. Essa estrutura organizada criminosa se

---

[9] Há de se destacar que o escólio do Mestre paulista há de ser interpretado à luz do que prescreve a lei de organizações criminosa, a Lei nº 12850/2013.

diferencia, portanto, das atividades criminosas ordinárias (predatórias) que ocorrem sem relevante suporte organizacional. A organização criminosa (ORCRIM) se comporta, portanto, como uma verdadeira empresa que congrega quadros técnicos especializados em searas de interesse da empresa criminosa. Há, assim, os que pensam a organização estrategicamente, os que fazem uso da força, os que utilizam as filigranas jurídicas em prol da ORCRIM, os que branqueiam o numerário angariado pela organização criminosa, e os que estão na estrutura da administração pública para conferir suporte às ações criminosas da própria ORCRIM. Paul Lunde (2004, p.8) afirma o seguinte sobre crime organizado:

> *Organized crime is an economic activity, and differs from street gangs (...) not just in the degree of organization and purpose, but because organized crime accumulates capital and reinvests it. It is this that differentiates organized criminal groups from street gangs and "unorganized" criminals.*

Acrescenta ainda Lunde:

Organized crime, however defined, shares a few characteristics, whatever the differences among individual groups and the cultures that produced them. They have in common: durability over time, diversified interests, hierarchical structure, capital accumulation, reinvestment, access to political protection, and the use of violence to protect their interests.

De outro lado, R. T. Naylor (2004, p.15) traz o seguinte sobre tal espécie de atividade criminosa:

Organized crime groups specialize in a type of offense that is different from that of ordinary criminals. Common criminality is mostly associated with predatory crimes – burglary, armed robbery, ransom kidnapping, and the like – acts that involve forcible or fraudulent redistribution of wealth, are episodic in nature, and require little long-term supporting infrastructure.

Noutro giro, não se pode olvidar o escólio do Rodrigo Carneiro Gomes (2008, p. 3) sobre a problemática da macrocriminalidade:

A existência do crime organizado é uma demonstração de um poder paralelo não legitimado pelo povo, que ocupa lacunas deixadas pelas deficiências do Estado democrático de Direito e demonstra a falência do modelo estatal de repressão à macro criminalidade.

Conclui Rodrigo Gomes afirmando:

A importância da repressão à macro criminalidade organizada decorre da real ameaça que representa ao Estado Democrático de Direito. Usurpa suas funções e se aproveita das situações de caos urbano e político para a instalação do seu poder paralelo. Um poder paralelo amparado em surpreendente poder econômico, na deterioração do Estado de Direito (nasce e se alimenta dele e das brechas e proteções legais), que dissemina corrupção, intimida, viola leis e pessoas, sem freios, concretizando seu império por atos que variam do constrangimento e a intimidação até atos de extremada violência com assassinatos e tortura.

Nesta esteira, é possível estabelecer a compreensão do que vem a ser crime organizado, no seio da sociedade pós-moderna, tão complexa e tão cheia de desafios. Assim, para a sua caracterização é imprescindível a incidência de alguns elementos *sine qua non*, entre outros, quais sejam: (a) estrutura empresarial, (b) planejamento empresarial em prol do sucesso do empreendimento, (c) relações hierárquicas rígidas, (d) poder econômico-financeiro, (e) poder de representação política, (f) capacidade de mobilidade nacional e internacional, (g) aparência (face externa, máscara) legal e legítima de suas atividades, (h) atendimento de demandas de mercado (v.g., drogas e armas), (i) emprego de avançados meios tecnológicos, (j) corrupção, (k) infiltração nas mais diversas esferas de poder, (l) extorsão alto poder de intimidação, (m) expansão de sua atuação em todo território nacional e, por vezes, além das fronteiras.

3 A necessidade de uma abordagem gerencial (estratégica) em prol da condução investigação criminal

As ações criminosas estão cada vez mais amplas e complexas exigindo, na mesma medida, uma resposta estatal que possa enfrentar de forma eficiente e eficaz este estado de coisas. Assim, toda base científica, analítica e metodológica em que há de se fundar a investigação criminal é necessária para reprimir a criminalidade predatória e organizada. Todavia, esses elementos são necessários, mas não são suficientes.

Exige-se para se ter uma ação investigativa exitosa uma abordagem planejada, de dimensões gerenciais, com emprego de táticas e meios hábeis a bem orientar o esforço investigativo criminal para alcançar os objetivos relacionados com o fim mor da investigação em curso que é o estabelecimento da verdade material acerca do crime (materialidade), do criminoso (autoria) e as circunstâncias que os tocam.

Neste diapasão, uma abordagem gerencial investigativa é o que se há de perseguir para viabilizar uma Investigação Criminal capaz de alcançar as respostas da situação problema (crime). Assim, mesmo envidando todos os esforços analíticos, operacionais e metodológicos em suporte a uma ação investigativa, se o investigador não souber administrar a sua investigação esta até poderá alcançar o resultado que se pretende (objetivo), mas o fará de forma muito mais dispendiosa, com muito mais desgaste de meios, inclusive humanos.

Ou seja, a investigação se deparará com obstáculos de difícil transposição pela ausência de um norte orientador, um instrumento facilitador da ação investigativa (planejamento) e por isso pode pagar o alto preço de se desenvolver através de uma abordagem empírica de tentativas e erros, com muito mais erros do que acertos.

Dessa forma, o investigador, notadamente o coordenador do esforço investigativo, o gerente da investigação, que na Polícia Investigativa é o Delegado de Polícia, conforme o que prescreve a Lei nº 12.830/2013, há de ir além dos conhecimentos jurídicos, das técnicas investigativas e assumir de fato o papel de gestor da Investigação Criminal. Neste passo, a investigação há de ser compreendida como Projeto.

Em verdade, o recomendado é que o coordenador dos trabalhos investigativos vá além do gerenciamento e exerça, de fato, a liderança do esforço investigativo. Como ensina Stephen R. Covey (2009, p. 123):

> O gerenciamento é uma visão dos métodos: Qual a melhor maneira de conseguir determinadas coisas? A liderança lida com objetivos: quais são as coisas que desejo conseguir? Nas palavras de Peter Drucker e Warren Bennis: 'Gerenciar é fazer coisas do jeito certo; liderar é fazer as coisas certas.' O gerenciamento é o grau de eficácia necessário para subir mais rápido a escala do sucesso. A liderança determina se a escada está apoiada na parede correta.

De forma a estabelecer a maneira pela qual se deve conduzir exitosamente a Investigação Criminal é necessário empregar os parâmetros do pensamento gerencial, de estatura estratégica,[10] neste esforço. Mais

---

[10] Antônio Silva Ribeiro (2009, p. 22) sustenta que: A estratégia é uma ciência, porque se compõe de um objeto preciso, susceptível de investigação e análise, com recurso a ferramentas teóricas e a práticas independentes, ciclicamente transformadas pela atividade intelectual. Integra, ainda, um método de investigação e análise que explica convenientemente os fenômenos estratégicos (factos e acontecimentos) quanto à sua essência, causalidade e

uma vez é relevante frisar que a Investigação Criminal, como fase das mais importantes da persecução criminal, por constituir o primeiro momento no qual o Estado se debruça sobre o fato criminoso e seu agente ativo, necessita de uma condução pautada pelo rigorismo técnico, seja jurídico, seja gerencial.

Um dos primeiros usos do termo estratégia foi feito há aproximadamente 2.400 anos pelo estrategista chinês Sun Tz˘u's (2009) que engendrou o clássico e sempre referenciado "A Arte da Guerra". O famoso General defendia que para sempre se obter vitórias nos campos de batalha, seja qual for a guerra, seja qual for o objetivo a ser alcançado, é preciso conhecer o inimigo e si conhecer.

A estratégia, como é cediço, tem seu berço na caserna, nos lindes militares. A palavra estratégia, por exemplo, vem do grego strategos (στρατηγός) que significa general, comandante, líder, derivando a expressão strategia (στρατηγία) que significa a arte do comandante, designando a arte do general, significando a aplicação das competências do general no exercício de sua função. A guerra foi, por conseguinte, o cenário onde nasceu o conceito de estratégia de maneira como ele é usualmente entendido na atualidade. A condução das guerras, por sua natureza complexa, e incidência de diferentes elementos e atores, passou a ser pensada, analisada e planejada com antecipação e de forma sistemática. Dessa forma, a estratégia surgiu com a de instrumento de gestão, de orquestração e de visão do conjunto posta às mãos do comandante nos campos de batalhas. Com o emprego da estratégia os generais concretizam um pensamento estratégico, construindo uma visão do todo e sua concatenação com as partes que alcança todas as dimensões dos combates.

E é exatamente esse tipo de perspectiva que tem que possuir o gerente estrategista da Investigação Criminal. Ele tem que entender todos os componentes que formam o cenário do desafio da elucidação criminal, tanto de forma macro, quanto de forma micro, tanto do ponto de vista endógeno, quanto do prisma exógeno. A estratégia surge para o coordenador dos trabalhos investigativos da mesma forma que ascende ao general em um campo de batalha.

Inicialmente devido à sua aplicação militar, estratégia significava a ação de conduzir exércitos em campos de batalha. Representava,

---

efeitos, recorrendo a ferramentas teóricas (perspectivas) e a ferramentas práticas (técnicas) próprias ou emprestadas de outras ciências sociais.

assim, um esforço de guerra, um meio de vencer o inimigo, um instrumento de vitória em sede de escaramuças.[11]

Todavia, com o passar dos tempos os ensinamentos gerenciais de estatura estratégica passaram a ser empregados não só na esfera militar. Percebeu-se que a necessidade de abordar problemas de forma gerencial permeia os mais variados ramos da atividade humana, como: o político, o econômico, o empresarial, o acadêmico, o investigativo, etc. A gestão estratégica passou a ser compreendida, assim, como uma forma de solver uma situação-problema de alta indagação. O pensamento estratégico, portanto, confere ao gestor, de qualquer matiz, uma forma mais eficiente e eficaz de se compreender o mundo que toca o empreendimento que se quer ver como bem sucedido, principalmente quando se está diante de situações desafiadoras e incertas. Conforme o escólio de Richard P. Rumelt (2009) o núcleo do trabalho de estratégia é sempre o mesmo: descobrir os fatores críticos em uma dada situação e conceber e focar as ações para lidar com esses fatores.

O propósito do pensamento estratégico-gerencial não é simplesmente elaborar planos, mas mudar os modelos mentais dos tomadores de decisão. A gestão estratégica, pois, representa resposta a quatro grandes indagações: Onde estamos? Para onde vamos? Como iremos? Quais meios utilizaremos?

Neste diapasão, na condução de uma Investigação Criminal o emprego do pensamento gerencial estratégico pelo seu gestor tem o condão de levar à tona a construção de um caminho hábil a alcançar os objetivos da Investigação a serem alcançados, quais as diligências investigativas devem ser empregadas e os meios a serem utilizados na

---

[11] Arthur F. Lykke Jr. (2001, p. 179) ensina: What is military strategy? In ancient Greece, it was the "art of the general." In its Glossary of Military Terms, the U.S. Army War College lists eight definitions of military strategy. This highlights the first of many problems in the study of this important but complex subject. There is no universal definition, nor even the approximation of a consensus. Today the term strategy is used altogether too loosely. Some consider a strategy to be lines drawn on a map while others believe a laundry list of national objectives represents a strategy. The problem is not just semantics; it is one of using competently, one of the most essential tools of the military profession. In trying to decide between alternative strategies, we are often faced with a comparison of apples and oranges, because the choices do not address the same factors. Only with a mutual understanding of what comprises military strategy can we hope to improve our strategic dialogue. There needs to be general agreement on a conceptual approach to military strategy: a definition; a description of the basic elements that make up military strategy; and an analysis of how they are related. For the purpose of this discussion, we will use the definition approved by the U.S. Joint Chiefs of Staff: The art and science of employing the armed forces of a nation to se cure the objectives of national policy by the application of force, or the threat of force.

"guerra" da repressão e elucidação das práticas delituosas. Sustenta o grande estrategista Sun Tzˇu's (*op. cit.*, p. 13):

> Hence the saying: If you know the enemy and know yourself, you need not fear the result of a hundred battles. If you know yourself but not the enemy, for every victory gained you will also suffer a defeat. If you know neither the enemy nor yourself, you will succumb in every battle.

A gestão estratégica proporciona, assim, um caminho através da dificuldade, uma abordagem para superar um obstáculo, uma resposta a um desafio. Ou seja, é um instrumento para resolução de problemas, notadamente de questões que exigem respostas sólidas capazes de suportar fatores antagônicos hábeis a trazer à tona o fracasso do esforço que se coloca em curso. Um conjunto de macro escolhas que orienta o gerenciamento do presente e a construção do futuro num horizonte de longo prazo e sob condições de incerteza. Neste diapasão, Peter Wright, Mark J. Kroll e John Parnell (2000) definem estratégia, isto na seara da gestão, no sentido desta constituir planos da alta administração para alcançar resultados consistentes com a missão e os objetivos gerais da organização. Ao versar sobre o que vem a ser estratégia Harry Richard Yarger (2006) explica que:

> Strategy is all about how (way or concept) leadership will use the power (means or resources) available to the state to exercise control over sets of circumstances and geographic locations to achieve objectives (ends) that support state interests. Strategy provides direction for the coercive or persuasive use of this power to achieve specified objectives.[12]

Dessa forma, uma abordagem gerencial e estratégica da investigação criminal, baseada na estrutura da tríade Fins – Táticas – Meios poderá prover as condições necessárias para a otimização da investigação criminal superando o amadorismo e o mero bacharelismo jurídico. A compreensão de toda complexidade do problema, um propósito bem definido, ferramentas tecnológicas, técnicas consolidadas, pessoal altamente qualificado, um orçamento proporcional ao tamanho da tarefa e conceitos de ações para alcançar o objetivo irão compor a estrutura que permite o desenvolvimento das diligências investigativas de forma

---

[12] Yarger desenvolve a sua teoria sobre estratégia no seu trabalho *Towards a Theory of Strategy: Art Lykke and the Army War College Strategy Model*. Disponível em: http://www.au.af.mil. Acesso em: 31 maio 2006.

otimizada, propiciando que o foco da equipe de investigadores permaneça voltado para o escopo da investigação e não para a resolução de questões laterais como a superação de problemas de gestão de ordem orçamentária, por exemplo.

De outra margem, a estratégia exitosa, ou "boa estratégia", como no dizer de Rumelt (2011), que é o que se quer para a Investigação Criminal, é uma ação coerente apoiada por um argumento, uma mistura eficaz de pensamento e ação com uma estatura básica subjacente. O cerne da boa estratégia contém 03 elementos: (1) um diagnóstico que define ou explica a natureza do desafio; (2) uma diretriz política para lidar com o desafio; (3) um conjunto de ações coerentes que são concebidas para conduzir a diretriz política.

O Diagnóstico Estratégico faz uma pergunta essencial: O que está acontecendo aqui? Um bom diagnóstico faz mais do que explicar uma situação; ele também define um domínio de ação. O diagnóstico viabiliza também o autoconhecimento, como na lição de Sun Tzˇu's (2009) na medida em que se conhecermos o inimigo e a nós mesmos, não precisamos temer o resultado de uma centena de batalhas. Para o estabelecimento do diagnóstico estratégico, que há de ser o primeiro passo a ser dado pelo estrategista da Investigação Criminal, recomendo o emprego da ferramenta de gestão: Matriz SWOT.

Nessa matriz são cruzadas as forças (*Strengths*) e fraquezas (*Weaknesses*) bem como as oportunidades (*Opportunities*) e a ameaças (*Threats*) na análise de uma situação de interesse. Trata-se de relacionar as oportunidades e ameaças presentes no ambiente externo com as forças e fraquezas mapeadas no ambiente interno da organização que encampa o esforço estratégico. Estes quatro elementos servem como indicadores da situação da organização.

A Força descreve quais as competências mais fortes da sua instituição, notadamente no campo investigativo, já que estamos versando sobre a estratégia na seara da Investigação Criminal, aquelas que estão sobre sua influência. Uma forma de encontrá-las é utilizando as seguintes indagações, sem prejuízo de outras: O que você faz bem? O que sua instituição tem de melhor está sob seu comando? Quais são os recursos que você tem? O que possui melhor que seus adversários? O que sociedade entende que sua instituição tem de melhor? Com as respostas a estas indagações o estrategista consegue obter esta parte do diagnóstico, sempre lembrando que quanto maior a vantagem competitiva que uma força traz, mais importante ela é dentro da análise.

As Fraquezas são as competências que estão sob sua influência, mas que, de alguma forma, atrapalham e/ou não geram vantagem à organização. O estrategista pode encontrá-las fazendo as seguintes perguntas: Minha equipe está capacitada para suas funções? Onde eu deveria melhorar minha equipe? Em que aspecto a sociedade tem um mau conceito sobre a minha instituição? Quais são as deficiências dos meus colaboradores? Por que a sociedade não confia na minha instituição? As fraquezas devem ser bem estudadas e mensuradas, pois muitas vezes é possível revertê-las em forças. Uma pequena parte das causas costuma causar a maior parte dos problemas.

As Oportunidades, de outro lado, são as forças externas à instituição que influenciam positivamente sua organização, mas que não temos controle sobre elas. As oportunidades muitas vezes podem vir através de algum aspecto econômico, social ou político. Um fator, por exemplo, que pode influenciar o desempenho da instituição são as ações de governo como o incremento nas verbas orçamentárias de investimento nas instituições policiais que labutam na Investigação Criminal.

As Ameaças, por sua vez, são as forças externas que não sofrem sua influência e que pesam negativamente para sua instituição. Elas podem ser consideradas como um desafio imposto à instituição e que pode deteriorar sua capacidade de gerar resultados. Devem ser constantemente monitorada pelos gestores, pois, muitas vezes, podem comprometer o sucesso das ações institucionais. Por exemplo, para uma Superintendência de Polícia Federal o corte abrupto de verbas orçamentárias pode comprometer a capacidade de custeio da Unidade Descentralizada, diminuindo a sua capacidade de promoção de operações policiais (Investigações Criminais) de maior vulto.

A Matriz SWOT se materializa da seguinte forma:

		Ajuda	Atrapalha
Ambiente	Interno	Forças S	Fraquezas W
	Externo	Oportunidades O	Ameaças T

Matriz SWOT

Ainda no contexto do Diagnóstico Estratégico, a Diretriz Política demonstra a opção institucional para arrostar os obstáculos identificados no diagnóstico criando se apoiando em fontes de vantagem. Gera vantagem ao antecipar as ações e reações dos outros, reduzir a complexidade e ambiguidade da situação de interesse. E de outro lado, a estratégia refere-se a uma Ação Pragmática, à realização de algo. Isso, pois, o cerne de uma estratégia precisa conter ação, indo além dos planos e das concepções de ações. Ou seja, a estratégia coordena ações para atacar pragmaticamente um desafio específico e alcançar objetivos concretos.

No gerenciamento estratégico da Investigação Criminal, por conseguinte, o estabelecimento de um diagnóstico é o primeiro degrau a ser galgado. É a partir deste "raio-X" que o Gestor da IC poderá saber onde está, em que condições está o seu esforço investigativo e quanto, por via de consequência, ele poderá avançar nos meandros investigativos do seu objeto de escrutínio. Também a partir deste diagnóstico o condutor da Investigação criminal poderá dimensionar os meios necessários ao seu empreendimento investigativo, como, por exemplo, quantitativo de investigadores, meios técnicos a serem utilizados, finanças, etc., bem como quais são as melhores táticas a serem empregadas na investigação para alcançar os objetivos investigativos postos à investigação.

4 A gestão estratégica da investigação criminal

4.1 O modelo de Arthur F. Lykke Junior

O modelo de Arthur F. Lykke, Jr. (*op. cit.*, 2001, p. 96), apresentado em figura abaixo, tem a forma de um pequeno banco com três pernas (pilares), a saber: (a) a dos fins, (b) a das táticas (*modus operandi*) e (c) a dos meios. Este modelo foi desenvolvido para emprego na seara militar, mas tem ampla aplicabilidade em qualquer outra área do conhecimento que exija uma abordagem estratégica para otimização de processos. Nas palavras de Lykke, Jr.(*Idem*) *"this general concept can be as a basis for the formulation of any type of strategy – military, political, economic, etc., depending upon the element of national employed"*. Outrossim, Yarger (*op. cit.*) acrescenta que:

> It should be evident that the model poses three key questions for strategists. What is to be done? How is it to be done? What resources are required to do it in this manner? The stool tilts if the three legs are not kept in balance. If any leg is too short, the risk is too great and the strategy falls over.

Fins, modos e meios devem ser mantidos em equilíbrio. Se o objetivo for pertinente e bem definido, mas não se tem ideia de como atingi-lo, o objetivo nada mais é do que uma quimera. Mais ainda, se o objetivo e a tática são plausíveis, mas não há recursos para suportá-los, nada será feito. Yarger (*idem*) afirma:

> Since there are never enough resources or a clever enough concept to assure 100% success in the competitive international environment, there is always some risk. The strategist seeks to minimize this risk through his development of the strategy - the balance of ends, ways, and means.

Essa perda de equilíbrio acontece quando o risco – que vem à tona quando há uma profunda dissonância entre o objetivo que há de ser alcançado, a tática implementada e os recursos disponíveis para se atingir a consecução do objetivo proposto – traz uma falha insuperável ao esforço investigativo inviabilizando o projeto em curso.

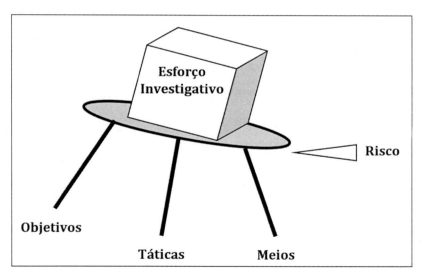

FIGURA DIDÁTICO-ILUSTRATIVA 1 – Modelo de Arthur F. Lykke Jr.

4.2 Do plano de ação investigativa (PAI)

Toda estratégia prescinde de um plano de ação hábil a traduzir a sua concepção, a sua execução com o consequente alcance dos objetivos propostos e com a gestão do empreendimento investigativo. Esse plano, que denomino Plano de Ação Investigativa (PAI), constitui uma ferramenta que permite que melhor se oriente, se conduza, se organize, se racionalize e se facilite o processo investigatório.

Para materializar o PAI proponho que o coordenador dos trabalhos investigativos lance mão de um instrumento de gestão, que recomendo que seja o 5W2H, que lhe sirva como referência para o engendramento do esforço investigativo.

O 5W2H é a expressão mnemônica de 7 (sete) palavras em inglês, sendo 5 (cinco) delas iniciadas com "W" e 2 (duas) iniciadas com "H" que é empregado no mapeamento e padronização de processos, na elaboração de planos de ação e nos procedimentos associados a indicadores. Busca-se o fácil entendimento através da definição de responsabilidades, métodos, prazos, objetivos e recursos.

O significado do 5W2H é o seguinte, inserido num plano de ação: *WHAT* – Qual ação vai ser desenvolvida? *WHEN* – Quando a ação será realizada? *WHY* – Por que foi definida esta solução (resultado esperado)? *WHERE* – Onde a ação será desenvolvida (abrangência)? *WHO* – Quem será o responsável pela sua implantação? *HOW* – Como a ação vai ser implementada (passos da ação)? *HOW MUCH* – Quanto será gasto?

Este Plano constitui um documento formal e administrativo, portanto não há de ser colecionado nos autos da investigação criminal, v.g., Inquérito Policial, onde estão juntados os documentos, que traduzem as evidências angariadas no transcurso da investigação.

No PAI, o Projeto Investigação ganha contornos concretos, nele são delineados os principais tópicos que servirão de referência aos trabalhos investigativos. É claro que o PAI é, como no dizer castrense, "uma trilha e não um trilho", vale dizer, não é um plano rígido, imutável. Ao contrário, o Plano de Ação Investigativa é flexível e dinâmico podendo sofrer alterações em face dos novos cenários que vão surgindo no decorrer da investigação.

Todavia, em que pese a flexibilidade, o PAI é o referencial do labor da equipe de investigação e é nele em que está oficializada a opção estratégica escolhida para alcançar os objetivos do esforço investigativo. Por via de consequência, as mudanças que eventualmente devam ser promovidas no plano de ação devem obedecer a critérios técnicos sob pena de o PAI acabar por representar meras *flácidas falácias*. Ou seja, a flexibilidade e o dinamismo que são inerentes ao PAI não lhe empresta a condição de volatilidade, que pode levar ao descrédito.

Pode-se apontar como sendo tópicos mínimos que devam constar no PAI o seguinte: (1) A indicação do coordenador (*WHO*), o estrategista dos trabalhos investigativos, que elaborará e subscreverá o Plano de Ação Investigativa, bem como a designação dos responsáveis pelas tarefas a serem desenvolvidas no curso do esforço investigativo; (2) Escorço histórico dos fatos sob exame, para que os que venham a compor as equipes investigativas tenham uma visão macro da situação-problema e dos atores envolvidos na investigação (*WHAT*); (3) O objetivo da investigação e as metas a serem alcançadas (*WHAT*) para a consecução do escopo proposto; (4) As táticas investigativas a serem aplicadas (*HOW*), indicando o papel de cada membro do time de investigação no esforço investigativo; (5) A justificativa que lastreia a opção tática (*WHY*) escolhida pelo estrategista para o alcance dos objetivos da investigação; (6) Os meios que devem ser empregados (*HOW MUCH*), sejam materiais, sejam humanos, em suporte da tática empreendida; (7) Onde serão desenvolvidas as ações investigativas (*WHERE*), notadamente as de estatura operacional que demandam adaptação por parte dos investigadores ao teatro de operações. (8) Um calendário de atividades (*WHEN*), mesmo que tentativa, levando em consideração uma perspectiva, no tempo, de conclusão dos trabalhos investigativos.

Como forma de facilitar a construção do PAI e sua exequibilidade eu sugiro que o gestor da IC construa uma matriz simples e objetiva que contemple todos os elementos do Plano de Ação. Esta matriz do PAI torna mais pragmática a construção do Plano e proporciona ao estrategista da Investigação Criminal uma visão panorâmica de como a sua ação está planejada.

A par do emprego do ferramental do 5W2H, há também de ser empregado o instrumento de gestão do Ciclo do PDCA. Isso, para que haja maior eficiência e eficácia na condução dos trabalhos investigativos. O ciclo PDCA, que como o 5W2H, é aplicável em qualquer esforço gerencial, seja mais simples, seja mais complexo, constitui um método de tomada de decisão e de gestão em busca da excelência gerencial.

O ciclo é composto de quatro momentos, a saber: (1) Planejar (*Plan*) – Quando são estabelecidos os objetivos a serem alcançados, bem como as metas (objetivos intermediários) a serem buscadas. Aqui se deve responder às perguntas "O que?" e "Para que?" da ferramenta do 5W2H. (2) Executar (*Do*) – Estruturado o planejamento, é iniciada a etapa de execução, com o desenvolvimento das capacitações necessárias e com a preparação das pessoas que estarão envolvidas na execução das ações previstas. Estando as pessoas prontas e os recursos necessários disponibilizados, é iniciada a execução das atividades e tarefas. (3) Verificar (*Check*) – A verificação ocorre de forma quase que simultânea com a execução, apoiando-se nos indicadores de desempenho elaborados, a partir dos dados coletados na execução, desenvolvendo a comparação dos resultados obtidos com as metas estabelecidas. (4) Agir corretivamente (*Action*) – Nesta fase são feitas as correções para arredar as eventuais causas que sejam geradoras de riscos que possam fragilizar o empreendimento em curso, qualquer que seja ele, e se tenha a conformidade entre o idealizado e o alcançado. Esta correção há de ser feita desde o momento da concepção do planejamento, passando pela execução ou na própria forma de verificação.

Na realidade, após seu início, o ciclo passa a ser constante, não sendo mais caracterizado um momento inicial, pois a cada verificação pode ser iniciado um novo giro no PDCA.

FIGURA DIDÁTICO-ILUSTRATIVA 2 – Ciclo do PDCA

4.3 Os fins

O objetivo da Investigação Criminal, como é cediço, é solver a situação problema do crime praticado, vale dizer, do crime posto *in concreto* no tecido social, apontando a sua materialidade, *lato sensu*, sua existência, autoria e circunstâncias. Este é o objetivo macro do esforço investigativo que é alcançado na medida em que objetivos intermediários outros são atingidos formando o mosaico das peças que consubstanciam o conjunto da verdade material que traduz a realidade fática em que o delito sob escrutínio está inserido.

Os esforços investigativos devem, portanto, considerar o alcance de um espectro de objetivos de passagem, capazes de levar à consecução do objetivo mor do esforço investigativo criminal. Ou seja, a construção do objetivo final da Investigação Criminal se dá com o estabelecimento e alcance de metas intermediárias que conduzirão, com substância, ao desiderato do objetivo primeiro da investigação.

Assim, o investigador criminal, responsável pela condução (gestão) da investigação há de buscar concatenadamente os seguintes objetivos intermediários, hábeis a conduzir à consecução do objetivo mor do esforço investigativo: (1) Diligenciar de imediato em face da notícia do crime que chega a seu conhecimento em prol de angariação das primeiras evidências, de estatura subjetiva e objetiva, que lhes são apresentadas; (2) Promover o estabelecimento das linhas de investigação (hipóteses) plausíveis a serem perseguidas; (3) Desenvolver diligências investigativas no sentido de reunir evidências hábeis a sustentar ou afastar as linhas de investigação inicialmente postas; (4) Analisar as evidências angariadas a fim de identificar aquelas hábeis a dar suporte a autoria, materialidade e circunstâncias do crime, e (5) Engendrar o relatório conclusivo das investigações encaminhando-o à Autoridade Judicial para apreciação do titular da ação penal.

Este alicerce do banco (fins), vide o modelo de Lykke Jr. acima apresentado, que dá sustento à investigação criminal possui, portanto, cinco faces: (1) Diligências imediatas, (2) Linhas de investigação, (3) Diligências investigativas, (4) Análise dos elementos probatórios angariados, (5) Relatório conclusivo dos trabalhos investigativos. Tais faces são tão relevantes e tão intimamente vinculadas ao próprio sentido de ser do esforço investigativo que a investigação criminal somente será efetiva se todos os cinco objetivos de passagem forem enfatizados e realizados.

4.4 A tática (modus operandi)

As táticas investigativas constituem o curso da ação estratégica, o método aplicado para Investigação Criminal, que permite ao investigador atingir os objetivos que devem ser alcançados no bojo do esforço investigativo, e que há de permitir um processo equilibrado e otimizado de investigação.

Em veras, há várias formas de se alcançar um objetivo. Tais opções metodológicas conduzem invariavelmente ao fim proposto, com ressalvas às táticas que vem à tona por intermédio de uma apreciação empírica e amadora do problema a ser enfrentado estrategicamente. Ao coordenador dos trabalhos investigativos, então, surgem várias opções em relação à forma pela qual se pode chegar à consecução dos objetivos da investigação. A diferença fulcral entre tais cursos de ação, e que deve constituir a opção tática a ser adotada, é o menor ou o maior desgaste que o *modus operandi* eleito traz em relação aos meios empregados, notadamente os recursos humanos.

A tática apropriada, portanto, a ser concretizada no seio de uma Investigação Criminal será constituída pela forma como os recursos (meios) postos à disposição do coordenador dos trabalhos investigativos serão empregados para se alcançar os objetivos do esforço investigativo. Isso inclui a opção pelas técnicas investigativas a serem utilizadas como vigilância dos suspeitos, análise documental, fotografia operacional, interceptação telefônica, quebra de sigilo fiscal, etc. Sun Tzˇu's, (*op. cit.*, p. 16) afirma em relação à tática o seguinte:

> *The consummate leader cultivates the Moral Law, and strictly adheres to method and discipline; thus it is in his power to control success. In respect of military method, we have, firstly, Measurement; secondly, Estimation of quantity; thirdly, Calculation; fourthly, Balancing of chances; fifthly, Victory. Measurement owes its existence to Earth; Estimation of quantity to Measurement; Calculation to Estimation of quantity; Balancing of chances to Calculation; and Victory to Balancing of chances. A victorious army opposed to a routed one, is as a pound's weight placed in the scale against a single grain. The onrush of a conquering force is like the bursting of pent-up waters into a chasm a thousand fathoms deep. So much for tactical dispositions.*

Neste passo, eu proponho como via metodológica da Investigação Criminal, vale dizer, como modo (tática) de se conduzir a IC o modelo metodológico que denomino Ciclo do Esforço Investigativo Criminal (CEIC).

4.4.1 Metodologia como instrumento *sine qua non* da investigação criminal

A Investigação Criminal é de fato o centro de gravidade do estabelecimento da verdade material, aquela que mais se aproxima da realidade dos fatos e é processualmente válida (GRINOVER, FERNANDES e GOMES FILHO, 1997), que espelha e retrata um crime sob escrutínio. Podem até alguns processualistas penais, e aqueles outros que enxergam a fase pré-processual da persecução criminal como de todo dispensável e de somenos relevância, sustentar que o edifício probatório se ergue só, e somente só, em sede processual, referindo-se ao processo como sendo o verdadeiro e único *locus amoenus* para a ascensão da prova criminal. Todavia, também verdade é que estes mesmos ortodoxos da processualística penal nutrem apenas uma relação asséptica, fria e distante com o nascedouro da própria prova. Em regra, esses escolásticos enxergam os elementos probatórios somente quando autuados nos volumes que compõem o processo criminal, não tomando qualquer contato sensorial, e por vezes analítico e intelectual, com o fenômeno da atividade criminosa que se busca reprimir.

Com efeito, tais operadores e pensadores do direito processual penal enxergam a evidência criminal através de uma espécie de binóculo jurídico-processual, que ao mesmo tempo em que os aproxima de algumas nuances das evidências que darão suporte ao vindouro edifício probatório os mantém distante da verdade material sobre os eventos da realidade fática que serão objeto da própria ação penal.

Assim, essa perspectiva distante, limitada, meio que enviesada, do processo de engendramento das provas faz com que não se enfrente uma das questões cruciais em matéria de alcance da verdade material que é o nascedouro dos elementos probatórios (evidências) que ensejarão o partejamento legitimado da prova penal, hábil a subsidiar uma condenação ou uma absolvição judicial, que virá a lume em sede processual, no bojo do devido processo legal, sob o crivo do contraditório e da ampla defesa.

Mais ainda, com a nova reação do art. 155, CPP, dada pela Lei nº 11690/2008, o relevo dos elementos probatórios alcançados no curso da Investigação Criminal é inarredável. Isso, tendo em vista que a lei passou a determinar que a Autoridade Judicial formará a sua convicção pela livre apreciação da prova produzida em contraditório judicial, mas poderá fundamentar também (não exclusivamente) as suas decisões no exercício da jurisdição criminal nos elementos informativos (probatórios) colhidos durante a Investigação Criminal. O CPP ainda ressalva que em relação às provas cautelares, engendradas durante a Investigação Criminal, que sejam não repetíveis e antecipadas, como os exames periciais, v.g., exame necroscópico, o juiz poderá decidir com fundamento nestes elementos probatórios. Nucci (2001, p. 397) ensina:

> O magistrado não pode levar em conta os elementos informativos colhidos na investigação, exclusivamente. Porém, se o fizer juntamente com as provas colhidas em juízo está autorizado a usar os elementos coletados no inquérito policial.

O preclaro Mestre paulista ainda sustenta que "a única ressalva concentra-se nas provas cautelares, não repetíveis e antecipadas, como os laudos periciais produzidos de imediato para que o objeto não se perca."

O que se persegue em face deste estado de coisas, por conseguinte, neste estudo, é o emprego de uma espécie de lupa-científico-metodológica para apreender em todos os detalhes e dimensões o momento em que surgem para a realidade da vida em sociedade, verdade fática, como no dizer de Ferrajoli (2010), os elementos factuais adstritos a um dado evento criminoso e a forma pela qual tais elementos são observados, angariados, tratados, analisados, compreendidos e carreados nos autos de uma Investigação Criminal para fins de estabelecimento de subsídios fáticos e jurídicos para que em juízo, sob o manto do devido processo legal, com amplas e abundantes oportunidades de defesa e contraditório, estes possam dar pálio ao nascimento da prova.

4.4.2 Sobre o método

Método (*methodos*) na antiga Grécia significava caminho para chegar a um fim, ou seja, um conjunto organizado de etapas a serem vencidas na investigação da verdade, no estudo de uma ciência, ou para alcançar determinado fim. Ou seja, cabe à metodologia a tarefa de percorrer os caminhos da ciência, levando o pesquisador, o investigador, atuando em qualquer ramo do conhecimento humano, à reflexão que, por sua vez, levará a um emprego mais eficaz de suas formulações. Leonidas Hegenberg (2005, p. 10) sustenta que: "De modo breve, se 'epistemologia' se refere ao que podemos saber, 'metodologia' se reporta aos meios e modos usados para obter conhecimento." Continua o nobre Professor:

Por conseguinte, (...) diremos que 'Método' alude a procedimentos ou processos para alcançar um objetivo. Alude a uma técnica ou modo de investigação adotado por (ou próprio de) uma disciplina ou arte. Também se refere a planos sistemáticos adotados com o propósito de apresentar material para instruções. Enfim, é termo usado, algumas vezes, como sinônimo de 'técnica para fazer algo.'

No mesmo sentido há o entendimento de Amado L. Cervo e Pedro A. Bervian (2002, p. 23) que asseveram:

Em seu sentido mais geral, método é a ordem que se deve impor aos diferentes processos necessários para atingir um certo fim ou um resultado desejado. Nas ciências, entende-se por método o conjunto de processos empregados na investigação e na demonstração da verdade. Não se inventa um método; ele depende, fundamentalmente, do objeto da pesquisa. Os cientistas, cujas investigações foram coroadas de êxito, tiveram o cuidado de anotar os passos percorridos e os meios que os levaram aos resultados. Outros, depois deles, analisaram tais processos e justificaram a eficácia dos mesmos. Assim, tais processos, empíricos no início, foram transformados, gradativamente, métodos verdadeiramente científicos. Concluem os preclaros Professores: A época do empirismo passou. Hoje, não é mais possível improvisar. A atual fase baseia-se na técnica, na precisão, na previsão e no planejamento. Ninguém pode se dar ao luxo de fazer tentativas ao acaso para ver se colhe algum êxito inesperado. Deve-se disciplinar o espírito, excluir das investigações o capricho e o acaso, adaptar o esforço às exigências do objeto a ser estudado, selecionar os meios e processos mais adequados. Tudo isso é dado pelo método. Assim, o bom método torna-se fator de segurança e economia na ciência.

Resta evidente, por via de consequência, a relevância do estabelecimento de um referencial e instrumental metodológicos que deem pálio ao desenvolvimento das ações investigativas. Ou seja, não é possível desenvolver qualquer esforço investigativo, ainda mais um que tenha por escopo trazer a lume respostas a demandas sociais criminais, sem método.

Ao contrário da fase *in juditio*, não há no momento pré-processual da *persecutio criminis*, não obstante o que é prescrito de forma lacônica no art. 6º do atual Código de Processo Penal,[13] como hão de ser desenvolvidos

---

[13] O CPP determina em seu art. 6º, *in literis*: Art. 6º Logo que tiver conhecimento da prática da infração penal, a autoridade policial deverá: I - dirigir-se ao local, providenciando para que não se alterem o estado e conservação das coisas, até a chegada dos peritos criminais; II - apreender os objetos que tiverem relação com o fato, após liberados pelos peritos

e desencadeados os atos que compõem a marcha da investigação criminal. Se não há, por conseguinte, disciplinamento legislativo regulando esta matéria, cabe à doutrina refletir sobre tais meandros e construir um caminho a se trilhar nos campos da investigação. Já é superada a abordagem meramente empírica do escrutínio criminal. Hodiernamente, a investigação para ser exitosa precisa ser legal, legítima e altamente técnica, notadamente as que se debruçam sobre eventos adstritos a macro criminalidade. Outrossim, mesmo a mais alta e apurada técnica num vazio metodológico é como um grande navio que flutua sem bússola numa noite de densas nuvens onde as estrelas não se revelam.

O método traz norte, luz e direção à investigação criminal, e permite ao coordenador dos trabalhos investigativos conduzir sua equipe rumo ao objetivo da revelação da verdade material da infração penal perpetrada. Não há, portanto, como conceber a Investigação Criminal sem metodologia, vale dizer, sem rumo e sem trilha. Como no dizer de Bernard le Bovier de Fontenelle, *apud* C. Lahr (1932, p. 352) "A arte de descobrir a verdade é mais preciosa que a maioria das verdades que se descobrem". Neste passo, é relevante que se visitem as considerações de José Braz, (2009, p. 31):

> O método, cujo significado etimológico consiste num caminho para atingir um fim, constitui um pressuposto estruturante da investigação criminal. Trata-se de saber quase são as regras básicas e os instrumentos de raciocínio lógico que servem os objectivos da investigação criminal, permitindo interpretar, ordenar e valorar a informação de que dispomos no sentido de obter aquela que necessitamos, isto é, de suportar e orientar no plano intelectual, a procura da verdade material, produzindo novo conhecimento e integrando e corrigindo o conhecimento pré-existente.

---

criminais; III - colher todas as provas que servirem para o esclarecimento do fato e suas circunstâncias; IV - ouvir o ofendido; V - ouvir o indiciado, com observância, no que for aplicável, do disposto no Capítulo III do Título VII, deste Livro, devendo o respectivo termo ser assinado por duas testemunhas que lhe tenham ouvido a leitura; VI - proceder a reconhecimento de pessoas e coisas e a acareações; VII - determinar, se for caso, que se proceda a exame de corpo de delito e a quaisquer outras perícias; VIII - ordenar a identificação do indiciado pelo processo datiloscópico, se possível, e fazer juntar aos autos sua folha de antecedentes; IX - averiguar a vida pregressa do indiciado, sob o ponto de vista individual, familiar e social, sua condição econômica, sua atitude e estado de ânimo antes e depois do crime e durante ele, e quaisquer outros elementos que contribuírem para a apreciação do seu temperamento e caráter.

Veja, a propósito, o ensinamento de Sennewald, Tsukayama (2001):

An investigation is the examination, study, searching, tracking and gathering of factual information that answers questions or solves problems. It is more of an art than a science. Although the person engaged in investigation is a gatherer of facts, he or she must develop hypotheses and draw conclusions based on available information. The investigative process, that is to say, is a comprehensive activity involving information collection, the application of logic, and the exercise of sound reasoning.

Continuam Sennewald e Tsukayama (*idem*):

Just as the art of investigation belongs to no one province, so no one has all the answers as to precisely how any investigation can lead to the desired solution. Too many facets are involved in the process of information collection, application of logic, and sound reasoning. Some such facets include intuition, luck, mistakes, and the often touted "gut feeling". No single textbook of formula is possible, no one book (or author) can stand alone as the ultimate authority. Our purpose, then, is an overview of investigative concepts, strategies, suggestions, guidelines, hints, and examples that can be useful to any investigator.

4.4.3 Ciclo do Esforço Investigativo Criminal (CEIC)[14]

Neste sentido, para se levar a termo tal desiderato lanço mão de um modelo metodológico que tem o condão de melhor demonstrar como são levados a termos os quatro momentos de alta indagação para a investigação criminal e seus respectivos desdobramentos. Tal modelo é o que chamo Ciclo do Esforço Investigativo Criminal (CEIC).

Este ciclo consegue explicitar como devem se dar as condutas e posturas do investigador criminal diante do delito que se investiga e a metodologia que deve ser empregada numa investigação criminal para a obtenção do resultado *ab ovo* pretendido que é a solução da situação-problema apresentada ao investigador, vale dizer, a solvência de uma infração penal, com estabelecimento da autoria, materialidade e circunstâncias relevantes adstritas ao crime sob exame.

---

[14] A construção deste modelo metodológico foi estabelecida por mim em sede de artigo publicado no Volume 1, Número 1 da Revista Brasileira de Ciências Policiais, (2010, p. 53), publicação acadêmica da Coordenação de Altos Estudos de Segurança Pública da Academia Nacional de Polícia da Polícia Federal brasileira. Naquele momento eu lançava a pedra fundamental, juntamente com os professores Manuel Monteiro Guedes Valente, Jairo Enrique Suarez Alvarez, Patrício Tudela Poblete, Luiz Henrique de Araújo Dutra, Emerson Silva Barbosa e Eliomar da Silva Pereira, do arauto das Ciências Policiais no Brasil.

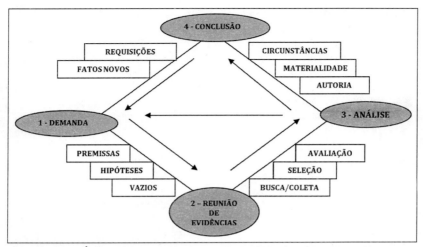

FIGURA DIDÁTICO-ILUSTRATIVA 3 – Ciclo do Esforço Investigativo Criminal

I) Tratamento Vestibular da Demanda Investigativa

Com o partejamento do fato-criminoso-gerador ascende uma (1) demanda investigativa (*notitia criminis*) e cabe ao investigador sobre ele se debruçar e perquirir. Esse momento é de extrema relevância para a IC, pois é o primeiro momento que o investigador toma ciência da existência da prática de uma possível ação criminosa.

Há de se dizer possível ação criminosa, pois uma *notitia criminis* nem sempre traz no seu bojo a narrativa de um fato realmente criminoso. Fato corriqueiro em plantões de Delegacias de Polícia são atendimentos de cidadãos que as procuram para apresentar a notícia de um fato que para ele ou ela constitui, subjetivamente, uma ação criminosa; mas que não passa de mera irregularidade administrativa ou de fato atípico, vale dizer, não criminoso. Ou, o que é pior, a suposta *notitia criminis* pode constituir em si um delito, v.g., denunciação caluniosa, comunicação falsa de crime ou de contravenção ou autoacusação falsa.[15] Assim, é de todo pertinente que quem primeiro tome ciência de uma suposta notícia do crime esteja alerta para a possível inexistência de crime a ser investigado.

É com a notícia da prática de um delito que se põe em movimento a máquina estatal de persecução criminal. E para esta máquina poder

---

[15] Estes três delitos constituem crimes contra a administração da justiça e estão capitulados no CP nos art. 339, 340 e 341, respectivamente.

alcançar os melhores resultados possíveis ela tem que superar a inércia de forma mais eficiente e eficaz.

Assim, todos os detalhes fáticos que circundam a notícia de um crime devem ser observados e registrados para futura análise por parte do investigador. Seja um ofício que lhe chegue às mãos, seja uma reportagem televisa ou escrita que lhe é apresentada, ou mesmo as declarações de uma testemunha ou vítima que o procura, o investigador há de estar atento às nuances do caso, não somente às suas cores.

Na abordagem inicial de um crime, que se dá com o contato com a *notitia criminis*, o investigador tem que agir com a cautela necessária para não se deixar seduzir por aquilo que lhe salta aos olhos. Deve ele buscar a reconstrução da história que permeia o crime praticado. Francesco Carnelutti (1995, p. 43) ensina que:

> Um fato é um pedaço de história; e a história é a estrada que percorrem, do nascimento à morte, os homens e a humanidade. Um pedaço de estrada, portanto. Saber se um fato aconteceu ou não quer dizer, portanto, voltar atrás. Este voltar atrás é aquilo que se chama fazer a história.

O investigador, neste sentido, reconstrói a história do fato criminoso e esta reconstrução há de ser realizada com racionalidade, sem máculas emocionais. É claro que o investigador, ser humano que é, é produto de sua própria história e, por conseguinte, forjado por emoções, valores, experiências dos mais diversos matizes. Todavia, o seu mister exige que sua atuação se dê de forma arredada do eivo da percepção subjetiva, por vezes influenciada por sentimentos de vindita ou piedade, da vítima ou da testemunha, em relação aos fatos sob exame.

Aqui cabe a máxima popular que ensina que "nem tudo é o que parece ser". Assim, o ofício que chega ao investigador de um órgão público comunicando a prática de um delito pode estar maculado por interesses coorporativos e/ou políticos; a reportagem que publica matéria sobre dado esquema criminoso pode estar maquiada pelo sensacionalismo que só tem compromisso com pontos de audiência e tiragens de jornal; e a testemunha e a vítima que foram atingidas pela cena do crime podem estar afetadas de tal forma pela realidade fática do delito que suas impressões permanecem eivadas pela emoção e abalo psicológico.

Por óbvio, o investigador não há de desprezar qualquer dessas fontes de dados relativas à prática delituosa, mas ele há de abordá-las de maneira outra que não precipitada. Deve o investigador agir de forma cautelosa procurando separar o que é relacionado com os fatos e o que fruto de apreensões subjetivas que se encontram distante da realidade. Por conseguinte, o investigador há de se lançar sobre o fato sob análise escrutinando os dados da realidade que a traduzem.

Nesse diapasão, ele executa a busca de dados orientada pelas indagações que quando respondidas trazem solução à situação problema, vale dizer, ao suposto crime praticado.

O investigador diante da situação-problema (crime) há de indagar sobre: (1) O que aconteceu? (2) Quem foi o autor do fato? (3) Quando tal fato se deu? (4) Onde ele aconteceu? (5) Por que ele veio à tona? (6) Como foi o ato criminoso praticado? (7) Com quais instrumentos o seu autor levou a termo a sua perpetração?

Ou seja, ele procura com tais questionamentos se aproximar da autoria e materialidade delitual, bem como das circunstâncias de lugar, tempo, modo e ânimo que são adstritos ao crime. Tais indagações são exatamente a reconstrução histórica de que sustenta Carnelutti (*idem*) suso mencionada.

Diante de tais questionamentos, que *ex surge* como forma de orientação do planejamento das ações investigativas, o investigador se deparará com as premissas, as hipóteses e os vazios relacionados com o fato criminoso. O escopo do investigador em face destes três elementos será a ratificação ou retificação das premissas e hipóteses e o preenchimento dos vazios. Assim sendo, alcançar-se-ão os limites fáticos que circundam a atividade delituosa sob investigação.

As premissas constituem dados da realidade fática que são observados pelo investigador e que em princípio são verdadeiros, dentro de uma dada inferência. Vale dizer, elas são constatações emanadas do raciocínio lógico do investigador.

Por óbvio, as premissas não exprimem um nível de certeza *extremis* de dúvida. Elas constituem indicativo da existência de indícios dos quais se infere que em princípio houve a prática de um ato delituoso. Com o desenvolvimento das investigações e a ascensão de todas as diligências, exames técnicos (no caso *sub examine*, laudo pericial de moeda falsa) e análises criminais pertinentes, aquela premissa inicial, quando ratificada, constituirá elemento probatório que dá suporte ao estabelecimento da verdade real.

As hipóteses constituem uma suposição admissível que serve como explicação da existência de determinado fato. Estas surgem para o investigador depois da busca e colheita de dados e da consequente necessidade de explicação do problema posto associado a estes dados.

As hipóteses em sede de Investigação Criminal também são chamadas de linhas de investigação, que são determinadas pelo investigador quando este se depara com uma situação criminosa. São, em verdade, conjecturas engendradas pelo investigador diante do fato criminoso que lhe é apresentado.

Neste diapasão, diante de um delito podem surgir diversas hipóteses que explicam a sua existência, inclusive para eximir de culpa um determinado suspeito. Quando do estabelecimento das linhas de investigação deve o investigador elencar as mais plausíveis que expliquem a existência do fato criminoso. Não que se deva excluir qualquer linha de investigação *prima facie*. Mas, é de bom alvitre que as hipóteses levantadas sejam de confirmação plausível e não mera conjecturação fantasiosa.

A hipótese há de ser plausível, pois assim não sendo há investimento a fundo perdido de recursos preciosos para o estado, como desperdício de horas de trabalho de mão de obra especializada que poderia ser empregada em situações criminosas que realmente necessitam ações investigatórias.

E aqui cabe o que foi dito em relação às premissas, vale dizer, com o desenvolvimento das investigações e a ascensão de todas as diligências, exames técnicos (no caso *sub examine*, laudo pericial de moeda falsa) e análises criminais pertinentes, as hipóteses estabelecidas serão ou não ratificadas. E quando ratificadas constituirão os elementos fáticos que darão suporte ao estabelecimento da verdade material.

Noutro giro, os vazios são os questionamentos fulcrais engendrados em face de um fato criminoso sob escrutínio e que carecem de respostas. Eles representam (são os ícones) a ausência de solução ao problema posto (crime). Assim, se em uma dada Investigação Criminal não se consegue superar algum vazio – que é materializado através da ausência de resposta a alguma das questões: QUIS – quem? QUID – que coisa? UBI – onde? QUANDO – quando? QUOMODO – de que maneira? CUR – por quê? QUIBUS AUXILIS – com que auxílio? – sobre ela incidirá a mácula de ineficácia. Tais indagações compõem o chamado Heptâmetro de Quintiliano (Marcus Fabius Quitilianus). Cipião Martins, citado por Pery Cotta (2002, p.66), afirma que:

> No século I, o reitor romano Quintiliano, possivelmente nascido em terras de Espanha (Calahorra), traçou em sua Instituição Oratória os precisos contornos da Retórica, mais conhecidos como circunstanciais: pessoa, fato, lugar, meios, motivos e modo.

E conclui Martins: "Quintiliano enunciou um heptâmetro para disciplinar o discurso: *quis, quid, ubi, quibus auxiliis, cur, quomodo, quando?* (quem, que coisa, onde, por que meio, como, quando?)."

Há de se frisar que tais questionamentos não são *numerus clausus*, constituindo um referencial ao qual podem ser agregadas outras indagações. Eles constituem indagações mínimas, mas não exaurem o rol de indagações que devem ser feitas em face de um fato criminoso sob investigação.

Há na doutrina processualista penal pátria menção expressa do milenar ensinamento de Quitiliano. Fernando da Costa Tourinho Filho (2001, p. 128.) narra que João Mendes, ensinava já no início do século XX sobre a denúncia a ser apresentada pelo ministério público o seguinte:

> A peça acusatória é uma exposição narrativa e demonstrativa. Narrativa, porque deve revelar o fato com todas as suas circunstâncias, apontando o seu autor (*quis*), os meios que empregou (*quibus auxiliis*), o mal que produziu (*quid*), os motivos (*cur*), a maneira como praticou (*quomodo*), o lugar (*ubi*) e o tempo (*quando*).

Por óbvio, todos esses questionamentos são levados a efeito *ab initio* diante do fato criminoso, ainda na fase da investigação, sendo suas respostas, por via de consequência, estabelecidas já naquele momento de apuração.

II) Reunião de evidências

O procedimento de (2) Reunião de Evidências vem à tona exatamente para angariação de elementos da realidade que têm o condão de ratificar ou retificar premissas e hipóteses, preencher vazios, e compor o cabedal de provas a ser estabelecido e legitimado sob o crivo do contraditório e da ampla defesa em sede de processo penal sob presidência da autoridade judicial. O Mestre José Afonso da Silva (2008, p. 154) ensina:

> Os princípios do contraditório e ampla defesa "são dois princípios fundamentais do processo penal. O primeiro, de certo modo, já contém o segundo, porque não há contraditório sem ampla defesa, que a constituição agora estende ao processo civil e ao processo administrativo. De fato, a instrução criminal contraditória tem como conteúdo essencial a garantia da plenitude da defesa, com os meios e recursos a ela inerentes. A contraditoriedade, no processo judicial e no administrativo, constitui pressuposto indeclinável da realização de um processo justo, sem o quê a apreciação judicial de lesão ou ameaça a direito se torna vazia de sentido valorativo (...).

A reunião de evidências é levada a efeito por meio do emprego de técnicas investigativas que permitem ao investigador a busca e coleta de evidências, bem como a seleção e avaliação destes elementos factuais que vão formar o cabedal de provas relacionado com o evento criminoso sob luzes. A Lei nº 12850/2013, por exemplo, traz rol de meios operacionais para a prevenção e repressão de ações praticadas por organizações criminosas que, em verdade, constituem técnicas investigativas, como a ação controlada, a captação, acesso a informações fiscais e bancárias, a interceptação ambiental de sinais eletromagnéticos e infiltração por agentes de polícia em organizações criminosas. Há de se registrar que, em termos genéricos, evidência[16] é tudo aquilo que pode ser usado para provar que uma determinada afirmação é verdadeira ou falsa. Segundo o escólio de Cervo e Bervian (*op.cit.*, p. 14):

> Evidência é manifestação clara, é transparência, é desocultamento e desvelamento da natureza e da essência das coisas. A respeito daquilo que se manifesta das coisas, pode-se dizer uma verdade. Mas, como nem tudo se desvela de um ente, portanto, não se pode falar arbitrariamente sobre o que não se desvelou. A evidência, o desvelamentio, a manifestação da natureza e da essência das coisas são, pois, o critério da verdade.

Continuam os Professores Cervo e Bervian (*idem*) ao versarem sobre a certeza e sua relação com a evidência:

> Finalmente, a certeza é o estado de espírito que consiste na adesão firme a uma verdade, sem temor de engano. Esse estado de espírito se fundamenta na evidência, no desvelamento da natureza e da essência das coisas. (...) havendo evidência, isto é, se o objeto, fato ou fenômeno se desvela ou se manifesta com suficiente clareza, pode-se afirmar com certeza, sem temor de engano, uma verdade.

Noutro giro, na seara da investigação criminal, e por via de conseguinte sob a perspectiva jurídico-penal, o que é chamado de evidência há de ser todo elemento fático que guarda alguma relação com a infração penal perpetrada e tem o condão de contribuir para a solução

---

[16] Ver, a propósito, o ensinamento de Jeremy Betham (1999, p. 17), já no século XIX: "By the term evidence, considered according to the most extended applications that is given to it, and seems in general to be understood. – any matter of fact, the effect, tendency, or design of which, when presented to the mind, is to produce a persuasion concerning the existence of some other matter of fact: a persuasion either affirmative or disaffirmative of its existence".

do problema (crime) através da composição de um bojo probatório. A evidência que se busca na investigação, por conseguinte, é o espelho da prova que se formará no corpo da ação penal. Aqui bem cabe a lição magistral de Nicola Flamarino dei Malatesta (2005, p. 87) sobre o que vem a ser a prova em matéria criminal:

> A prova é o meio objetivo com que a verdade atinge o espírito; e o espírito pode, relativamente a um objeto, chegar por meio das provas tanto à simples credibilidade, como à probabilidade e certeza. A prova, portanto, em geral, é a relação concreta entre a verdade e o espírito humano nas suas especiais determinações de credibilidade, probabilidade e certeza.

Conclui o Mestre italiano:

> Ora, visando-se em juízo criminal a estabelecer a realidade dos fatos, só são propriamente provas as que levam a nosso espírito uma preponderância de razões afirmativas para crer em tais realidades; e, por isso, só são propriamente provas as da probabilidade, a simples preponderância, maior ou menor, das razões afirmativas sobre as negativas e as da certeza, o triunfo das razões afirmativas para crer na realidade do fato.

A coleta é a obtenção de evidências disponíveis, isto é, de livre acesso a quem procura obtê-los. Ou seja, através da coleta se promove a arrecadação de evidências que estão ao alcance imediato do investigador sem necessidade de engendramento de esforços investigativos para superar direitos e garantias individuais,[17] nem emprego de técnicas investigativas operacionais.

A busca, por sua vez, é a obtenção de evidências não disponíveis de maneira imediata por parte do investigador. As evidências que são objeto de busca são aqueles que estão sob o pálio de manobras protetivas do investigado, tendo em vista que as mesmas o colocam diretamente adstrito ao delito por ele perpetrado, ou aqueles outros que demandam ações investigativas operacionais, ou são evidências que para serem alcançadas necessitam de afastamento de proteção constitucional.

---

[17] Em relação a esses dados há de se observar incondicionalmente o que prescreve a *Lex Excelsa* no que concerne à proteção aos direitos fundamentais do homem, notadamente da liberdade ambulatória, inviolabilidade do domicílio, do sigilo das comunicações, etc. Neste diapasão, quando o investigador se deparar com dados que estão sob o pálio constitucional como os suso referidos ele necessitará da devida ordem judicial para os alcançar e buscar.

Nos processos de coleta e busca é de bom alvitre que o investigador observe alguns critérios para otimização da investigação neste momento em que as primeiras evidências, e por vezes elementos de provas robustos são arrecadados. Desse modo, o investigador em relação às evidências a ser angariadas deve: (1) Não desprezar nenhuma evidência mesmo que em princípio pareça insignificante; (2) Não descartar evidências à vista dos mesmos poder favorecer o indivíduo suspeito; (3) Partir do mais simples para o mais complexo; (4) Partir do de menor custo para o mais dispendioso; (5) Partir do de pouco ou nenhum risco para o mais arriscado; (6) Esgotar a capacidade do próprio órgão antes de acionar outros.

A seleção consiste na triagem, exclusão, que obviamente tem aqui o significado de descarte intelectual e não de retirada física da evidência, e escolha das evidências que são de fato importantes ou de menor monta para o deslinde do caso, a partir do critério de relevância para a futura produção de prova. Com a seleção promove-se a separação do joio do trigo. Tal momento é de todo relevante tendo em vista que por ocasião da coleta e busca muitas evidências laterais, vale dizer, evidências que não contribuem para a direta solvência do crime, são angariadas.

A avaliação é o processo a que são submetidas as evidências para aferição da sua força *probandi* no sentido de se estabelecer se dada evidência angariada tem condições de compor o futuro cabedal probatório. Isso, tanto do ponto de vista do mérito da investigação, quanto do seu aspecto legal. É a partir deste momento, portanto, que se agiganta a intervenção do profissional da investigação versado em Ciências Jurídicas.

No caso da Investigação Criminal conduzida pela Polícia Judiciária, o Delegado de Polícia deve intervir neste momento do CEIC para emprestar uma leitura jurídica às evidências colocando-as sob o crivo da legalidade e legitimidade.

Por óbvio, na Investigação Policial o Delegado de Polícia, como coordenador dos trabalhos policiais, nos termos da Lei nº 12.830/2013, atua em todos os momentos do CEIC na condição de profissional da Investigação Criminal, assim como agentes de polícia e peritos criminais. Mas por ocasião da fase da avaliação a sua condição de operador do direito é de maior relevo, pois a partir deste momento do Ciclo do Esforço Investigativo Criminal há os primeiros passos definitivos para a constituição daquilo que no futuro será a prova.

III) Análise das evidências angariadas

A momento da (3) análise promove a associação, cruzamento e valoração das evidências para fins de estabelecimento daquelas que formarão o rol das provas a serem apresentadas por ocasião da conclusão das investigações ao *dominus litis* da ação penal para oferecimento de denúncia. A análise que se promove na Investigação Criminal é a análise criminal, mais especificamente a análise criminal tática.[18]

Em prol da análise serão empregados tanto a Lógica,[19] já utilizada pelo investigador desde o estabelecimento das premissas e hipóteses, quanto ferramental tecnológico como *softwares* de análise criminal, como o *i2 Analyst's Notebook*.[20] Em verdade a análise se dá a todo momento da investigação, não havendo um momento estanque onde se somente acontece a análise das evidências.

Mais ainda, as fases do CEIC não estão divididas em compartimentos incomunicáveis e herméticos. O processo de investigação é dinâmico e não comporta o confinamento de suas fases a momentos fixos e específicos. É claro que metodologicamente, e do ponto de vista didático, há o estabelecimento de fases, vale dizer momentos, da

---

[18] Ver, a propósito, o que sustenta a International Criminal Police Organization (INTERPOL): "Criminal Intelligence Analysis is divided into operational (or tactical) and strategic analysis. The basic skills required are similar, and the difference lies in the level of detail and the type of client to whom the products are aimed. Operational Analysis aims to achieve a specific law enforcement outcome. This might be arrests, seizure or forfeiture of assets or money gained from criminal activities, or the disruption of a criminal group. Operational Analysis usually has a more immediate benefit. Strategic Analysis is intended to inform higher level decision making and the benefits are realized over the longer term. It is usually aimed at managers and policy-makers rather than individual investigators. The intention is to provide early warning of threats and to support senior decision-makers in setting priorities to prepare their organizations to be able to deal with emerging criminal issues. This might mean allocating resources to different areas of crime, increased training in a crime fighting technique, or taking steps to close a loophole in a process". Disponível em: http://www.interpol.int. Acesso em 21 out. 2008.
[19] Aqui se refere à Lógica como ramo da Filosofia, sendo as premissas e hipóteses seus frutos.
[20] Sobre o programa de análise criminal Analyst's Notebook da empresa i2 há: "Investigations typically involve large amounts of raw, multi-formatted data gathered from a wide variety of sources. Somewhere in this data lies the key to the investigation but it can remain obscured by the volume and apparent randomness of individual facts. i2 Analyst's Notebook 7 is i2's award winning visualization and analytical product which enables analysts and investigators to visualize large amounts of disparate information and turn it into meaningful intelligence. This is achieved by providing a framework for information which helps the analyst to quickly create a chart of objects and relationships. Analyst's Notebook also provides users with the tools they require to navigate, search and analyze the wealth of information contained in a chart. This allows intelligence data to be collated and filtered so that the important relationships within the investigation can be easily understood. Analyst's Notebook is considered an essential tool for intelligence and investigative analysts around the world. Proven in defense, law enforcement and commercial organizations, it has become a de facto standard for the exchange of intelligence information between agencies". Disponível em: http://www.issafrica.co.za. Acesso em: 21 out. 2008.

investigação criminal. Outrossim, isso não significa que estas aconteçam de maneira isolada e distanciada uma das outras e que não haja o desenvolvimento de ações típicas de uma fase no bojo da outra.

Na análise há, por conseguinte, a promoção do estudo pormenorizado do conjunto de evidências angariado. Isso, numa perspectiva individual e global concomitantemente do conjunto de evidências arrecadadas. Assim, cada evidência é analisada individualmente e confrontada com as demais numa perspectiva micro e macro da investigação, conferindo uma apreensão da realidade fática atrelada ao crime que é traduzida através das evidências colecionadas. Com a concretização da análise de evidências o investigador vai se deparar com duas situações, a saber: (1) As evidências angariadas são suficientes para se apontar a materialidade, autoria e as circunstâncias relevantes do crime sob escrutínio; (2) O conjunto de evidências analisadas ainda aponta para a existência de vazios de tal monta que interferem no estabelecimento da verdade material.

Em sendo suficientes as evidências, o CEIC segue seu curso rumo à fase de conclusão das investigações com indicativo das evidências que vão formar as provas em juízo. Outrossim, se ainda resta indagações, relevantes às investigações, do Heptâmetro de Quintiliano a serem sanadas ascende uma nova demanda investigativa que vai ensejar o aparecimento de novas premissas e hipóteses e de nova reunião de evidências mediante busca, coleta, seleção e avaliação. Assim, se formará um subciclo dentro CEIC que compreende as fases da análise com engendramento de nova demanda e necessidade uma outra reunião de evidências a serem postas a análise criminal.

Esse subciclo do CEIC pode ser isolado graficamente da seguinte forma:

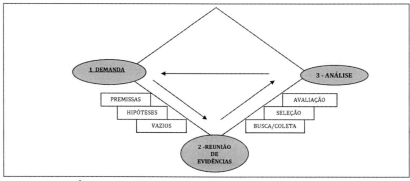

FIGURA DIDÁTICO-ILUSTRATIVA 4

Subciclo da nova demanda investigativa em face da análise das evidências.

Superada a fase da análise com a consolidação das evidências que formarão o futuro conjunto probatório parte-se para a conclusão do ciclo do esforço investigativo engendrado. Nesta fase final também se agiganta a ação do investigador com formação jurídica, ou assessorado por profissional com tal habilidade, para a produção do relatório final das investigações, apontando a autoria, a materialidade e todas as circunstâncias de relevo que compõem o crime do ponto de vista fático.[21] Essa figura, do investigador com formação jurídica, é lugar comum nas polícias judiciárias onde há a atuação do Delegado de Polícia, que além de apreciar juridicamente o fato criminoso sob investigação também coordena os trabalhos investigativos.

Em verdade, pode-se afirmar que a ação criminosa para fins de apuração investigativa apresenta três dimensões. É claro que o fenômeno social do crime pode ser apreciado sob diversas perspectivas, como, por exemplo, a Sociológica, Antropológica, Psicológica, Criminológica e a Jurídica. Neste diapasão, o delito também pode ser apreciado sob uma perspectiva Investigativa.[22] Ou seja, o crime pode ser apreciado e compreendido sob o ângulo daquele que tem como ofício o desnudar e esclarecer as ações criminosas que tanto esgarçam o tecido social. Assim, o investigador criminal o aborda, avalia e analisa o crime sob uma perspectiva tridimensional que compreende a sua materialidade, autoria e circunstâncias que sobre si incidem e lhe emprestam cores e nuances.

A autoria[23] de uma ação criminosa diz respeito ao sujeito ativo que leva a termo um delito, vale dizer, a pessoa ou pessoas, físicas ou jurídicas,[24] que perpetraram uma ação criminosa, praticando o núcleo

---

[21] Aqui não será enfrentada a questão do conceito jurídico de crime, seja formal, seja material ou legal. A compreensão de crime que deve ser trazido à baila nesta obra sobre investigação criminal é do ponto de vista do pragmatismo fático. Isso, pois aqui se fala em desnudamento do fato criminoso e não de sua apreensão jurídica em sentido estrito.

[22] Há de se ressaltar que em que pese a relevância do conceito jurídico de crime, seja formal, material, analítico ou legal, o que se pretende revelar nestas páginas é uma concepção metajurídica do fenômeno criminoso que vai além da ciência jurídica e do direito positivado. Não obstante, e quase que contraditoriamente, devido à robustez dos estudos desenvolvidos pela ciência do Direito Penal esta acaba constituindo um dos principais referenciais para o entendimento do crime sob a ótica do investigador criminal.

[23] Segundo o escólio de Tourinho Filho (2001, p. 57) a finalidade do inquérito policial, aqui compreendido em sentido amplo alcançando a investigação criminal como um todo, é " apurar a autoria significa que a autoridade policial deve desenvolver a necessária atividade visando a descobrir, conhecer o verdadeiro autor do fato infringente da norma".

[24] Vide arts. 173, §5º e 225, §3º da Carta Magna.

verbal descrito no tipo elencado na lei penal incriminadora, ou aderindo de qualquer forma à prática desta ação criminosa. O investigador, então, põe-se a perseguir aquele que desenvolveu, direta ou indiretamente,[25] a conduta comissiva ou omissiva, que se subsumi ao prescrito na lei penal incriminadora, ou aquele que de alguma forma concorreu para a perpetração do crime.[26] Nucci (2007, p.165) ensina que sujeito ativo, "é pessoa que pratica a conduta descrita pelo tipo penal. Animais e coisas não podem ser sujeitos ativos de crimes, nem autores de ações, pois lhes falta o elemento vontade". De outra margem, Bitencourt (*op. cit.*, p. 419) leciona que:

> O conceito de autoria não pode circunscrever-se a quem pratica pessoal e diretamente a figura delituosa, mas deve compreender também quem se serve de outrem como "instrumento" (autoria imediata). É possível igualmente que mais de uma pessoa pratique a mesma infração penal, ignorando que colabora na ação de outrem (autoria colateral), ou então, consciente e voluntariamente, coopere no empreendimento criminoso, quer praticando atos de execução (coautoria), quer instigando, induzindo ou auxiliando (participação) na realização de uma conduta punível.

Por sua vez, materialidade consiste nos vestígios materiais dos crimes, vale dizer, nos elementos materiais que indicam a existência no mundo real do delito praticado. A materialidade traduz em termos factuais a infração penal levada a efeito. Por óbvio, há crimes que não promovem modificação no mundo exterior. Tais crimes são os designados como (1) formais e (2) de mera conduta. Para tais crimes é suficiente para as suas existências a ação do sujeito ativo e o elemento volitivo em prol da sua concretização, são exemplos de tais infrações penais a Injúria verbal, art. 140 do CPB, e a Desobediência, art. 330.

Damásio de Jesus (1995, p. 168) leciona que "no crime de mera conduta o legislador só descreve o comportamento do agente. Exemplos: crime de violação de domicílio (art. 150)." E conclui o Mestre Paulista afirmando que "no crime formal o tipo menciona o comportamento e o resultado, mas não exige a sua produção para a consumação. Exemplos: ameaça, divulgação de segredo."

A materialidade do crime é estabelecida através da realização de exames periciais nos vestígios deixados pelo crime. Mais ainda, em

---

[25] Aqui se faz referência à autoria mediata onde o autor realiza a ação criminosa por intermédio de pessoa outra inimputável ou que age sob coação irresistível ou erro.
[26] Isso, nos moldes do concurso de pessoas englobando a coautoria e a participação, nos termos do art. 29 do CPB.

relação aos crimes materiais é imprescindível a realização de exame pericial, seja direto, seja indireto, nos vestígios materiais do crime.[27] Exemplo de exame pericial indireto seria a análise de registros fotográficos e filmagens feitos sobre os vestígios do delito sob escrutínio. Por óbvio a regra da imprescindibilidade da realização da perícia admite exceção. A exceção óbvia é a dos casos de crimes materiais que têm seus vestígios arredados por completo pelo perpetrador da ação criminosa. Ou seja, situações em que o autor do fato toma medidas assecuratórias do êxito de sua atividade criminosa eliminando *in totum* os vestígios materiais do crime. Isso, para afastar a possibilidade do Estado alcançá-lo em sede de persecução criminal, seja *extra juditio*, seja processual. Nestes casos, elementos outros de prova que não o exame pericial poderão, em princípio, a depender da sua robustez suprir a ausência dos vestígios. Com efeito, provas de estatura subjetiva como depoimentos de testemunhas[28] têm agigantado o seu papel no esforço do estabelecimento da existência material sob investigação.

A materialidade da situação problema de moeda falsa seria constituída pelo conjunto de notas de Real falsificadas que estavam na posse do indivíduo preso e que foram apreendidas. Em face dessas notas se daria exame pericial para se comprovar a falsidade inclusive determinando se a falsidade seria ou não grosseira, fato que pode inclusive implicar na alteração da capitulação do crime sob investigação do art. 289 Código Penal Brasileiro para o art. 171 Código Penal Brasileiro (CPB).

Por fim, é possível afirmar que as circunstâncias do crime sob a perspectiva da Investigação Criminal coincidem e ao mesmo tempo vão além das circunstâncias do crime contempladas no art. 59 do CP. Isso, não em relação às circunstâncias judiciais que englobam todo o dispositivo legal, mas sim às circunstâncias *stricto sensu* que dizem respeito às condições relevantes de tempo, lugar, ocasião, modo, motivação, comportamento vitimal, contextos social e econômico que circundam ou acompanham o fato criminoso. Segundo o escólio de Damásio (*idem*, p. 479):

> Circunstância deriva de *circum stare*, 'estar em redor'. Tratando-se crime, circunstância é todo fato ou dado que se encontra em redor do delito. É um dado eventual, que pode existir ou não, sem que o crime seja excluído.

---

[27] *Vide* art. 158 e seguintes do CPP.
[28] *Ex vi* art. 167 do CPP.

O desnudamento de tais circunstâncias é de extremo relevo, pois tem o condão de fazer incidir sobre o tipo penal que se amolda à conduta criminosa sob investigação atenuantes, agravantes, qualificadoras, causas de aumento ou diminuição de pena. A constatação das mesmas podem inclusive implicar na reclassificação do delito. Neste sentido, ao investigador criminal apontar a autoria e a materialidade do crime é necessário, mas não é suficiente. É preciso ir além das cores fortes que tingem o cenário criminoso da infração penal. É necessário que se busque as nuances do objeto de investigação, indo além do superficial e imediato, alcançando o que há de profundo e profícuo na tela em que está expresso o delito.

IV) Conclusão das investigações

Uma vez que os elementos de autoria, materialidade e circunstâncias do crime estão todos reunidos ou restou estabelecido que é impraticável o estabelecimento de quem foi o autor do crime ou de sua própria existência alcança-se a fase de (4) conclusão da investigação. Nesta fase o responsável pelas investigações, no caso da investigação policial a Autoridade Policial, engendra o relatório final das investigações.

Tal relatório trará em seu bojo, entre outros pontos: (1) O histórico dos fatos sob investigação; (2) O rol das diligências investigativas engendradas mais relevantes; (3) A indicação do autor do crime e os elementos de evidência que sustentam esta indicação; (4) A materialidade delitual, dados da realidade que demonstram a existência do crime, e os elementos de evidência que dão lastro à existência do crime; (5) As circunstâncias que tocam o crime e (6) A capitulação, mesmo que provisória para o titular da ação penal, do delito ou delitos sob investigação.

Noutro giro, se não foi possível estabelecer autoria e materialidade o responsável pela investigação informará fundamentadamente as razões pelas quais não houve possibilidade de apontar o sujeito ativo do crime ou sua existência material.

Há de se ratificar que a Investigação Criminal não se dá tão somente para angariar evidências da existência do crime e sua autoria. Ela também serve exatamente para afastar possíveis autorias criminais e supostas ocorrências delituosas. O Investigador não pode ser guiado pela ideia fixa de apontar autorias criminais como numa caça a bruxas colocando na fogueira os suspeitos e envolvidos na prática delituosa. A ética e a técnica devem prevalecer em todo momento da investigação inclusive naquele em que, por ausência de evidências, têm se que se reconhecer a impossibilidade fática de se apontar o sujeito ativo da atividade delituosa ou mesmo a própria existência do delito.

Não obstante, por vezes, no labor do dia a dia, o investigador criminal, em face de algum vestígio, angariado nos primeiros passos do CEIC, que indique a possível participação de um investigado numa ação criminosa, se volta para buscar tudo quanto seja necessário para ratificar aquela primeira impressão (hipótese inicial).

Entretanto, a Investigação Criminal se presta, também, para buscar elementos que afastem a possibilidade da existência do crime e sua autoria. Tudo isso com lastro numa investigação isenta, imparcial a que tem direito todo cidadão.

Essa abordagem ética e técnica da Investigação Criminal confere a ela própria, por via de consequência, mais legitimidade, credibilidade e segurança jurídica, aqui em relação aos investigados, quando por exemplo o investigador em seu relatório final aponta como autor do crime sob exame um dado cidadão.

De outra margem, não se pode olvidar que com a nova tábua axiológica imposta pela *Lex Excelsa* de 1988 há um impulso para que seja tomada uma postura no sentido de harmonizar diplomas legais e procedimentos, sejam de estatura administrativa, seja de estatura judicial aos princípios constitucionais, a partir do ideal de justiça e igualdade substancial. Essa nova ordem, por óbvio, atinge também todos os meandros singrados pela Investigação Criminal, que há de submeter aos ditames do Estado Democrático de Direito.

Diante deste cenário constitucional mister se faz trilhar por meandros que arredam da seara da Investigação Criminal todo e qualquer procedimento atentatório a direitos e garantias constitucionais mesmo que isso implique em concluir uma investigação sem se chegar ao autor do crime, fato que em certa medida "frustra" todo e qualquer Investigador Criminal.

Todavia, com a conclusão formal das investigações não se pode dizer *extremis* de dúvida que essa se encontra de forma peremptória findada. Dois eventos podem surgir após a conclusão das investigações por parte do investigador. Primeiro pode haver a ascensão de fatos novos que dão ensejo a uma nova demanda investigativa em relação ao mesmo objeto dantes investigado. Assim, a investigação pode ser reaberta diante de uma testemunha pode ser trazida a lume para prestar declarações, de um certo vestígio antes ignorado pelos peritos que agora vem à baila, de uma confissão de um delinquente arrependido.[29]

---

[29] Esse último fato inclusive já ocorreu em face do autor que já tivera a oportunidade de relatar dado inquérito policial sem ter conseguido apontar a autoria criminal e dias depois aparecer na Delegacia de Polícia o autor do crime, que já tinha sido ouvido, mas sem ter

Segundo, o titular da ação penal, vale dizer o *Parquet* que é o titular da ação penal pode entender que são necessárias novas diligências investigativas para que forme a sua *opinio delicti* e assim tenha condições de oferecer denúncia em desfavor dos investigados ou pugnar pelo arquivamento das investigações por ausência de evidências que apontem a autoria ou materialidade delitual. Por óbvio, tal se dá quando não é o próprio Ministério Público (MP) que conduz as investigações.

Nesse diapasão, pode o MP requisitar novas diligências investigativas, situação que surge para o investigador como uma nova demanda investigativa a ser trabalhada. A novidade neste momento é que devido ao membro do MP ter requisitado novas diligências investigativas este deve por ocasião da requisição especificar quais são as evidências que devem ser objeto de busca por parte dos investigadores. Requisições genéricas como do tipo "as testemunhas e investigados devem ser acareados" ou "devem ser ouvidas tais e tais testemunhas" não são pertinentes. Esses tipos de demanda servem tão somente para movimentar o aparato investigativo do estado, em certa medida, de forma inócua. Por conseguinte, se o *Parquet* requisita novas diligências investigativas este deve deixar bem claro aos investigadores o que ele necessita em termos de dados e evidências para superar as suas dúvidas ou hesitações, seja para o oferecimento da denúncia, seja para requerer o do arquivamento das investigações.

Assim não sendo, haverá tão somente trabalho investigativo estéril, pois o investigador, que levará a termo as novas diligências, sem orientação daquele que as requisita, o fará sob a perspectiva de seu próprio entendimento sobre o caso. Neste diapasão, as evidências estabelecidas em face do novo esforço investigativo mais uma vez não serão hábeis a dar pálio ao entendimento do titular da ação penal quanto ao que este vislumbra que deve ser necessário para formação de sua *opinio delicti*.

É lógico que postura clara e proativa é também pertinente quando as investigações são conduzidas por órgãos judiciais e executadas por investigadores notadamente policiais. Dessa forma, deve o responsável pela investigação, seja Ministro, Desembargador ou Juiz, por ocasião da determinação da baixa dos autos para diligências investigativas dizer o que se quer com tais diligências. Se a autoridade judicial não informa o que entende como necessário para suprir os vazios da investigação que

---

contra si provas suficientes para indiciação, para confessar a autoria do delito perpetrado em face de um arroubo de crise de consciência.

ela própria conduz, o investigador, que ascende no cenário deste tipo de investigação como mero executor, realizará as diligências investigativas tendo como referencial o seu próprio entendimento sobre o caso sob escrutínio. O que resulta disso são as infindáveis idas e vindas dos autos que materializam a investigação.

Com essas duas situações completa-se o Ciclo do Esforço Investigativo Criminal que se origina a partir de uma certa demanda e pode ter um refluxo, mesmo após sua conclusão formal, para uma nova situação que faz ciclar as ações investigativas levadas a efeitos para se estabelecer a verdade material, vale dizer a verdade mais verossímil e que melhor traduz o que factualmente ocorreu no cenário, em princípio, criminoso posto sob análise do investigador.

4.5 Os meios

Para promover esforços investigativos, notadamente em face de empreendimentos criminosos de alta complexidade como as ações criminosas organizadas, os órgãos responsáveis pela persecução criminal pré-processual devem ser providos com os recursos necessários para atingirem seus objetivos. Como ensina o Rodrigo Gomes (*op. cit.*, p. 13.):

> O combate a grandes organizações criminosas é dispendioso e não tem fronteiras, dada a inerente transnacionalidade, rompedora de barreiras geográficas físicas. As ações de grupos armados organizados, como assaltantes de bancos e traficantes de drogas, são violentas, tanto pelo *modus operandi* como na forma de sua repressão. A própria competitividade entre grupos rivais e disputa territorial é elemento gerador de uma violência estrutural por siso, deixando a população civil desamparada, carente de suas necessidades básicas e à sua mercê, podendo-se vislumbrar um poder constituído marginal dentro do próprio Estado de Direito, com domínio das comunidades locais e voz de comando até em relação a funcionamento de estabelecimentos comerciais e toque de recolher noturno.

Com efeito, para enfrentar fenômenos criminosos adstritos à macro criminalidade, hábil a inverter a ordem pública de tal forma a desempenhar atos próprios de governo, é preciso a reunião de meios que proporcionem uma resposta estatal a sufocar tais expressões criminosas. Há também os chamados crimes predatórios, como visto no capítulo da classificação das espécies de investigação criminal, que por seu turno demandarão um volume e um grau menos complexo de emprego de meios. Assim, quem dita a quantidade e a qualidade dos a serem meios empregados na investigação será o grau de complexidade do objeto da própria investigação.

O coordenador dos trabalhos investigativos, diante dos crimes sob escrutínio e, por conseguinte dos objetivos a serem concretizados pelo esforço investigativo estabelecerá na sua estratégia quais meios devem ser empregados. Aqui ascende, mais uma vez, a relevância da postura de gestor do coordenador da investigação criminal, e essa é uma das razões pelas quais defendo, reiteradamente, que não basta ser autoridade, seja administrativa, seja judicial, ou bacharel para se arvorar na qualidade de investigador e, mais ainda, no papel de coordenador de trabalhos investigativos. A não ser que o que se quer é desenvolver um trabalho amador baseado em empirismos que contam com os ventos imponderáveis da sorte.

Entre tais meios hão de ser levados em conta, ponderados e examinados, a depender da estatura da investigação, o seguinte: (1) Financeiro, para subsidiar o aluguel de veículos, aluguel de imóveis, pagamento de informantes, diárias de servidores, passagens aéreas, etc.; (2) Humano, recrutamento de investigadores especializados em análises financeiras, em diligências operacionais, em fontes humanas, em análise criminal, etc.; (3) Tecnológico, emprego de softwares de análise criminal, de softwares e hardwares em prol de interceptações telemáticas, aparelhagem eletrônica para vigilância, etc.; (4) Suporte logístico, transporte, alojamento, alimentação, armamento, etc.

4.6 O risco

Todo empreendimento estratégico é passível de ser atingido por riscos, que podem levar ao completo fracasso ou à debilidade da empresa em curso. Esses riscos que têm força de desestabilizar a estratégia eleita são os que trazem desequilíbrio aos seus elementos básico, a chamada tríade estratégica, Fins – Modos – Meios. James F. Holcomb Jr (2001, p. 188), assevera que:

> The definition of risk is the degree to which strategic objectives, concepts and resources are in or out of balance. Since strategy is a dynamic process, one must understand that all three elements are variable and subject to change over time. The formulation of effective strategy for any endeavor is a constant quest to ensure balance among the variables. The definition applies to all aspects of strategy development whether dealing with national security (grand) strategy, defense, military or theater strategies, business strategy or even personal strategies.

De fato, uma estratégia somente será vitoriosa se houver um equilíbrio, uma harmonia, entre seus elementos objetivos, táticas e recursos. Pode ser, por exemplo, que uma estratégia tenha um objetivo altamente recompensador como a localização e prisão de Osama bin Mohammed bin Awad bin Laden[30] (vulgo Osama bin Laden), nas montanhas da fronteira entre o Afeganistão e o Paquistão. Mas, se os coordenadores e executores de tal estratégia não possuírem os meios necessários, nem souberem como alcançar o famoso chefe terrorista, esta estratégia é natimorta e está fadada ao fracasso, não passando de quimera que drena recursos e esforços físicos e intelectuais.

De outra margem, se a estratégia a ser seguida possui um objetivo plausível e bem delineado, mas não há recursos ou não há um curso de ação que promova a consecução do objetivo, haverá, da mesma forma, uma fantasia que se quer alcançar, mas sem se saber como e nem com o quê.

Daí ser imprescindível que haja um equilíbrio entre os elementos básico da estratégia. Este equilíbrio proporcionará que a estratégia: (1) Obtenha o efeito desejado; (2) Tenha recursos suficientes para cumprir o plano de ação; e (3) Estabeleça uma boa análise de custo-benefício determinando se a estratégia é exequível.

Para afastar os riscos e seus efeitos maléficos que podem levar à bancarrota a estratégia investigativa pode-se utilizar um processo contínuo de avaliação de risco e gerenciamento (*risk assessment and management*). Este processo é contínuo e conduzido pelo coordenador da Investigação Criminal, o estrategista do esforço investigativo, com o escopo de identificar e corrigir desequilíbrios entre os três elementos chaves do empreendimento investigativo estratégico.

Através do processo de avaliação de risco e gerenciamento da investigação o coordenador dos trabalhos investigativos poderá promover as correções necessárias em prol do Plano de Ações Investigativas (PAI), redimensionado objetivos e recursos, bem como reavaliando táticas em emprego, e trazendo à baila novas opções táticas a serem empregadas. Holcomb Jr. (*op. cit.*, p. 199) defende em relação ao estrategista o seguinte:

---

[30] É atribuído a Osama bin Laden, entre outros feitos, a liderança ideológica do grupo terrorista Al-Qaeda responsável pelo ataque às torres do *World Trade Center* na cidade de Nova York em 11 de setembro de 2001. Há de se frisar que Bin Laden foi morto no Paquistão em 02 de maio de 2011 por uma unidade militar americana de Forças Especiais no contexto da denominada Operação Gerônimo.

Once a strategy is developed, the most important strategic skill and the true mark of strategic "genius" is accounting for potential change and recognizing actual change in a timely enough manner to adjust the strategic variables and thereby ensure a valid strategic equation oriented firmly on achieving the political objectives at hand. This is increasingly difficult to do in a dynamically changing strategic environment with myriad threats, challenges, actors and unclear potential effects.

5 Conclusão

Neste trabalho o norte orientador da pesquisa foi, em verdade, lançar luzes sobre a investigação criminal, no contexto do Estado democrático de direito brasileiro, sob a perspectiva da sua gestão, notadamente de estatura estratégica. Isso, em plena modernidade com suas complexidades e dinâmica. O desafio foi, portanto, abordar o esforço investigativo criminal sob um ângulo diverso do lugar comum da visão jurídico-processual do fenômeno e demonstrar que é viável tecnicamente desenvolver uma condução gerencial da Investigação Criminal. Esse esforço metajurídico retira, portanto, a investigação criminal do lugar comum e proporciona uma apreciação da atividade investigativa para além dos limites do processo penal.

Conclui-se por meio do estudo aqui desenvolvido, por conseguinte, que o tema da investigação criminal também demanda uma abordagem gerencial e estratégica. Mais ainda, sem uma condução desse quilate o seu responsável, que no âmbito policial é o Delegado de Polícia, não consegue avançar na administração dos meios, na escolha de táticas (*modus operandi*) e eleição de objetivos imprescindíveis ao sucesso investigativo. Ou seja, investigar sem administrar é como navegar sem uma bússola e confiar na sorte para a obtenção do êxito na angariação dos elementos probatórios que esclareçam a infração penal sob escrutínio. E essa é uma realidade que se flagra no universo da persecução criminal não só no âmbito da investigação criminal, mas também no seio da ação penal e dos recursos processuais de tramitação nos tribunais de segunda instância, instância superior e constitucional. Esses ambientes são eminentemente jurídicos onde em regra tem-se no Direito o instrumento preponderante, quando não o único, de resolução de problemas.

Esse estado de coisas se faz mais eloquente quando o condutor dos trabalhos investigativos criminais está diante de ações delituosas perpetradas por organizações criminosas. Isso, sem se olvidar da necessidade de se promover o gerenciamento das investigações de crimes de expressão desorganizada. A criminalidade organizada em face de sua estrutura profissional, pela sua capacidade de penetração nas esferas de poder constituído, pela sua força intimidativa, pela sua habilidade para a cooptação e corrupção e pelo seu poder econômico se mostra um desafio criminal de alta complexidade em relação à sua solvência. Vale dizer, quanto mais complexo o objeto de investigação, mais elaborada deve ser a resposta do investigador a esta situação-problema. Mais ainda, esta elaboração passa necessariamente, por exemplo, pela gestão de meios materiais, meios financeiros, meios humanos e táticas investigativas hábeis a enfrentar o crime trazido à baila.

Por óbvio, como já verificado não somente em face da macro-criminalidade deve-se se desenvolver uma abordagem gerencial da Investigação Criminal. Mesmo diante dos chamados *petty crimes* (LUNDE, 2004) há de se promover atos de gestão no seio da investigação. O fenômeno criminal pode até ser, em princípio, de baixa complexidade, mas confiar em uma abordagem meramente empírica, de tentativa e erro, em sede investigativa é promover uma abordagem amadora da investigação e se tornar um passageiro e não um condutor do esforço investigativo.

Com efeito, seja na esfera da investigação da criminalidade organizada, seja no âmbito da criminalidade desorganizada há sempre de estar presente uma ação gerencial dos trabalhos investigativos criminais. É claro que quanto mais complexa a expressão criminosa sob análise, tanto mais complexa também será a resposta investigativa, notadamente com o carreamento de meios mais sofisticados e mais robustos para a consecução da repressão criminal. Contudo, sempre haverá espaço no seio da Investigação Criminal, de qualquer estatura, para o emprego de ferramentas estratégicas e gerenciais para melhor conduzir os esforços investigativos criminais como os apresentados na presente pesquisa: o 5W2H, o Ciclo do PDCA e a Matriz SWOT.

Diante do exposto, há de se ratificar que é invencível a premissa de que a ação investigativa seja conduzida de maneira gerencial com um plano de ação definido e um esforço estratégico hábil a viabilizar com eficiência e eficácia a consecução da investigação criminal. E é preciso se reafirmar também que se não há este tipo de abordagem, em princípio, pouco se poderá avançar no aperfeiçoamento da própria investigação criminal como instrumento processual penal de elucidação de fatos de natureza em tese criminosa. Ou seja, o maior avanço da investigação criminal, seja no campo acadêmico, seja na seara pragmática, pode encontrar na gestão o fator que mais pode contribuir com o seu aperfeiçoamento e otimização.

Referências

ARAÚJO, Francisco das Chagas S. *Curso de Investigação Criminal I*. Brasília: Fábrica de Cursos, 2008.

ARISTÓTELES, *Organon - V Tópicos*, Lisboa: Guimarães. 1987.

ARQUIDIOCESE DE SÃO PAULO. *Brasil nunca mais*: um relato para a história, Petrópolis: Vozes, 1985.

BACILA, Carlos Roberto. *Polícia e direitos humanos, diligência policiais de urgência e direitos humanos:* o paradigma da legalidade, Curitiba: JM, 2002.

BALESTRERI, Ricardo Brisolla. *Direitos Humanos:* coisa de Polícia. Passo Fundo: Berthier, 2002.

BANDEIRA DE MELLO, Celso Antônio. *Curso de Direito Administrativo*, São Paulo: Malheiros, 2006.

BARBOSA, Adriano Mendes. *A pertinência da inquisitoriedade na fase pré-processual da persecutio criminis.* Disponível em: http://jus2.uol.com.br. Acesso em: 13 out. 2008.

BARBOSA, Adriano Mendes. Ciclo do esforço investigativo criminal. *Revista Brasileira de Ciências Policiais*, v. 1, n. 1, jan./jun. 2010.

BARBOSA, Adriano Mendes. *Combating terrorism in the brazilian tri-border area:* a necessary law enforcement strategic approach. Disponível em: http://edocs.nps.edu. Acesso em: 13 out. 2008.

BARBOSA, Adriano Mendes. Criminalidade predatória organizada. *Revista Artigo 5º,* Ano I, Edição 2. ed. maio/jun. de 2008.

BARBOSA, Adriano Mendes. *Curso de Investigação Criminal.* Porto Alegre: Núria Fabris, 2014.

BARBOSA, Adriano Mendes. *Efeitos do crime.* Disponível em: http://www.conjur.com.br. Acesso em: 09 dez. 2008.

BETHAM, Jeremy. *Rationale of judicial evidence.* Colorado: Rothman & Co. Little, 1999.

BINDER, Alberto. *Introdução ao Direito Processual Penal.* Rio de Janeiro: Lumen Juris, 2003.

BITENCOURT, Cezar Roberto. *Tratado de Direito Penal, Parte Geral.* São Paulo: Saraiva, 2007.

BRAZ, José. *Investigação criminal:* a organização, o método e a prova. Os desafios da nova criminalidade. Coimbra: Almedina, 2009.

CARNELUTTI, Francesco. *As misérias do processo penal.* São Paulo: Conan,1995.

CARNELUTTI, Francesco. *Das provas no processo penal.* Campinas: Impactus, 2005.

CASTELLS, Manuel. *A era da informação*: economia, sociedade e cultura. v. 3, São Paulo: Paz e Terra, 1999.

CAWTHORNE, Nigel. *As maiores batalhas da história:* estratégias e táticas de guerra que definiram a história de países e povos. São Paulo: M. Books, 2010.

CERVO, Amado L; BERVIAN, Pedro A. *Metodologia Científica.* São Paulo: Prentice Hall, 2002.

CHIAVENATO, Idalberto; SAPIRO, Arão. *Planejamento estratégico:* fundamentos e aplicações. Rio de Janeiro: Elsevier, 2010.

CHIAVENATO, Idalberto. *Teoria Geral da Administração.* v I, Rio de Janeiro: Elsevier, 2001.

COSTA, Eliezer Arantes da. *Gestão estratégica:* da empresa que temos para a empresa que queremos. São Paulo: Saraiva, 2010.

COTTA, Pery. *Aristóteles, o pai genético do jornalismo.* v. 7, nº 19, Rio de Janeiro: Comum, 2002.

COVEY, Stephen R. *Os 7 hábitos das pessoas altamente eficazes.* Rio de Janeiro: Best Seller, 2009.

D'URSO, Luiz Flávio Borges. *Proposta para o inquérito policial.* Disponível em: http://jus2.uol.com.br. Acesso em: 11 nov. 2008.

DANTAS, Felipe de Lima; SOUZA, Nelson Gonçalves. *As bases introdutórias da análise criminal na inteligência policial.* Disponível em: http://www.mj.gov.br. Acesso em: 21 out. 2008.

DI PIETRO, Maria Sylvia Zanella. *Direito administrativo.* São Paulo: Atlas, 2006.

DI PIETRO, Maria Sylvia Zanella. *Discricionariedade Administrativa na Constituição de 1988,* São Paulo: Atlas, 2004.

DIXIT, Avinash K; NALEBUFF, Barryum J. *Thinking strategically:* the competitive edge in business, politics, and everyday life. New York: W.W. Norton & Company, 1993.

FERRAJOLI, Luigi. *Direito e Razão:* teoria do garantismo penal. São Paulo: Revista dos Tribunais, 2010.

FERREIRA, Aurélio Buarque de Holanda. *Novo Dicionário Aurélio da Língua Portuguesa, versão on line.* Disponível em: http://aurelio.ig.com.br. Acesso em: 07 ago. 2008.

FIGUEIREDO, Lucas. *Ministério do silêncio:* a história do serviço secreto brasileiro de Washington Luís a Lula: 1927-2005, São Paulo: Record, 2005.

FISCALIA GENERAL DE LA NACION de Colombia. *100 Preguntas Sistema Penal Acusatorio.* Bogotá: Imprenta Nacional de Colombia, 2009.

GARDNER, H. *Frames of mind:* the theory of multiple intelligences. London: Fontana Press, 1993.

GODOY, Luiz Ungaretti de. *Crime organizado e seu tratamento jurídico penal.* Rio de Janeiro: Elsevier, 2011.

GOLDSTEIN, Laurence; BRENNAN, Andrew; DEUTSCH, Max; LAU, Joe F. *Lógica:* conceitos-chave em filosofia. Porto Alegre: Artmed, 2007.

GOMES, Luiz Flávio; SCLIAR, Fábio. *Investigação preliminar, polícia judiciária e autonomia.* Disponível em: www.ibccrim.org.br. Acesso em: 20 nov. 2009.

GOMES, Luiz Flávio; MOLINA, Antônio Garcia-Pablos de; BIANCHINI, Alice. *Direito Penal* – Introdução e princípios fundamentais. Coleção Ciências Criminais, v.1, São Paulo: Revista dos Tribunais, 2007.

GOMES, Luiz Flávio; MOLINA, Antônio Garcia-Pablos de; BIANCHINI, Alice. *Criminologia.* Coleção Ciências Criminais, v. 5. São Paulo: Revista dos Tribunais, 2008.

GOMES, Rodrigo Carneiro. *O crime organizado na visão da convenção de Palermo*. Belo Horizonte: Del Rey, 2008.

GRECO, Rogério. *Direito Penal do Equilíbrio* – Uma visão minimalista do Direito Penal. Niterói: Impetus, 2009.

GRINOVER, Ada Pellegrini; FERNANDES, Antonio Scarance; GOMES FILHO, Antônio Magalhães. *As nulidades no processo penal*. São Paulo: Revista dos Tribunais,1997.

HEGENBERG, Leonidas *et al*. *Métodos*, São Paulo: Editora Pedagógica Universitária, 2005.

HERMAN, Michael. *Intelligence Power in Peace and War*. Cambridge: Cambridge University Press, 2010.

HOLCOMB JR, James F. *Strategic Ris, U.S. Army War College Guide to Strategy*. CERAMI, Joseph R; HOLCOMB JR, James F. (Org.) 2001.

HOUAISS, Antônio; VILLAR, Mauro de Salles. *Dicionário Houaiss da Língua Portuguesa*. Rio de Janeiro: Objetiva, 2001.

HUNGRIA, Nelson, *Comentários ao Código Penal*. v. I, Tomo II, Rio de Janeiro: Forense, Rio de Janeiro, 1958.

HUNTINGTON, Samuel P. *The clash of civilizations and the remaking of world order*. London: The Free Press, 2002.

JESUS, Damásio de. *Direito Penal*, v. 1, São Paulo: Saraiva, 1995.

JÚLIO, Carlos Alberto. *A arte da estratégia:* pense grande, comece pequeno e cresça rápido. Rio de Janeiro: Elsevier, 2005.

LAHR, C. *Manual de Filosofia*, São Paulo: Melhoramentos, 1932.

LOMBROSO, Cesare. *O homem delinquente*. São Paulo: Ícone, 2007.

LUNDE, Paul. *Organized Crime:* an inside guide to the world's most successful industry. London: Dorling Kindersley, 2004.

LYKKE Jr., F. *Toward an understanding of military strategy, U.S. army war college guide to strategy*. CERAMI, Joseph R; HOLCOMB JR, James F. (Org.), fev. 2001.

MALATESTA, Nicola Flamarino dei. *A lógica das provas em matéria criminal*. Campinas: Bookseller, 2005.

MARQUES, José Frederico. *Elementos de direito processual penal*. São Paulo: Bookseller, 1998.

MARQUES, José Frederico. *Estudos de Direito Processual Penal*. São Paulo: Millenium, 2001.

MENDRONI, Marcelo Batlouni. *Curso de Investigação Criminal*. Rio de Janeiro: Juarez de Oliveira, 2008.

MICHAELIS, *Moderno Dicionário da Língua Portuguesa*. Disponível em: http://michaelis1.locaweb.com.br. Acesso em: 14 out. 2008.

MORAES, Alexandre de. *Direito Constitucional*, São Paulo: Atlas, 2007.

MORAES, Bismael B; LIMA, Francisco Camargo. *A polícia judiciária, o delegado e o inquérito no Brasil*. Disponível em: www.ibccrim.org.br. Acesso em: 05 nov. 2009.

NAYLOR, R.T. *Wages of crime: black markets, illegal finance, and the underworld economy*. Ithaca: Cornell University Press, 2004.

NUCCI, Guilherme de Souza. *Código de Processo Penal Comentado*. São Paulo: Revista dos Tribunais, 2010.

NUCCI, Guilherme de Souza. *Manual de Direito Penal*. São Paulo: Revista dos Tribunais, 2007.

NUCCI, Guilherme de Souza. *Manual de Processo Penal e Execução Penal*. São Paulo: Revista dos Tribunais, 2011.

OLIVEIRA, Eugênio Pacelli de. *Curso de Processo Penal*. São Paulo: Lumen Juris, 2009.

PENTEADO FILHO, Nestor Sampaio. *Da exclusividade constitucional da investigação criminal como direito fundamental*. Disponível em: http://jus2.uol.com.br. Acesso em: 07 out. 2008.

PEREIRA, Eliomar da Silva. *Teoria da Investigação Criminal*: uma introdução jurídico-científica. São Paulo: Almedina Brasil, 2010.

RIBEIRO, Antônio Silva, *O essencial ao processo estratégico*: teoria geral da estratégia. Coimbra: Almedina, 2009.

RIBEIRO, Iselda Correa. *Polícia. Tem Futuro?* Polícia e Sociedade em David Bayley, Sociologias, ano 4, nº 8, jul./dez. 2002.

RUMELT, Richard. *Estratégia boa, estratégia ruim*, Rio de Janeiro: Elsevier, 2011.

SALGADO, Murilo Rezende. *Investigação judicial*. Resenha Eleitoral, Nova Série, v. 1, n. 1, jul./dez. 1994.

SANTOS, Célio Jacinto dos. *O modelo policial de investigação criminal na reforma processual brasileira*. Disponível em: www.ibccrim.org.br. Acesso em: 10 dez. 2009.

SANTOS, Célio Jacinto dos. Temas sobre o poder investigatório do MP. *Revista Jus Vigilantibus*, 7 de janeiro de 2006.

SCHURÉ, Édouard. *Os grandes iniciados – Platão*. São Paulo: Martin Claret, 2000.

SENNEWALD, Charles A., TSUKAYAMA, John K. *The process of investigation*: concepts and strategies for investigators in the private sector. Burlington: Butterworht and Heinemann, 2001.

SILVA, Eduardo Pereira da. *Prerrogativa de foro no inquérito policial*. Disponível em: http://www.mundojuridico.adv.br. Acesso em: 01 dez. 2009.

SILVA, José Afonso da. *Comentário contextual à Constituição*. São Paulo: Malheiros, 2008.

SOUZA, Percival. *O sindicato do crime, PCC e outros grupos*. Rio de Janeiro: Ediouro, 2006.

TOSCHI, Aline Seabra. *Dignidade da pessoa humana e garantismo penal*. Disponível em: www.ibccrim.org.br. Acesso em: 05 abr. 2008.

TOURINHO FILHO, Fernando da Costa. *Código de Processo Penal Comentado*. v. 1, São Paulo: Saraiva,1998.

TOURINHO FILHO, Fernando da Costa. *Manual de Processo Penal*. São Paulo: Saraiva, 2001.

TZ˙U'S, Sun. *The art of war*. London: Pax Librorum Publishing House, 2009.

WHITTINGTON, Richard; JOHNSON, Gerry; SHOLES, Kevan. *Fundamentos de Estratégia*, Porto Alegre: Bookman, 2001.

WRIGHT, Peter; KROLL, Mark; PARNELL, John. *Administração Estratégica: Conceitos*, São Paulo Atlas, 2000.

YARGER, Harry Richard. *Towards a theory of strategy:* art lykke and the army war college strategy model. Disponível em: http://www.au.af.mil. Acesso em: 31 maio 2006.

ZAFFARONI, Eugenio Raúl; PIERANGELI, José Henrique. *Manual de direito penal brasileiro:* Parte Geral, São Paulo: Revista dos Tribunais, 2009.

Informação bibliográfica deste texto, conforme a NBR 6023:2018 da Associação Brasileira de Normas Técnicas (ABNT):

BARBOSA, Adriano Mendes. Gestão Estratégica da Investigação Criminal. *In*: PEREIRA, Eliomar da Silva (Org.). *Disciplinas extrajurídicas de Polícia Judiciária*. Belo Horizonte: Fórum, 2020. p. 157-213. (Curso de Direito de Polícia Judiciária, v. 7). ISBN 978-85-450-0622-0.

GESTÃO PÚBLICA DA POLÍCIA JUDICIÁRIA[1]

WELLINGTON CLAY PORCINO DA SILVA

1 Introdução

1.1 *Verdades* sobre a Polícia Judiciária

Ao se discutir Polícia Judiciária, no Brasil, devemos, inicialmente, desconstruir algumas *verdades absolutas* sobre o tema, em especial no que se refere à eficiência do Inquérito Policial, nos moldes do CPP, como instrumento de formalização da atuação do Estado Investigação. Seguem algumas dessas falácias:

"O inquérito Policial é um instrumento ineficiente, burocrático e arcaico."

"O inquérito Policial é mero procedimento preparatório para a futura proposição da ação penal e destinado ao Ministério Público."

"A causa do baixo índice de solução de crimes no Brasil é o Inquérito Policial"

"A divisão entre Polícia Judiciária e Polícia Ostensiva é a causa da ineficiência policial no Brasil."

---

[1] Este capítulo é, de fato, uma coletânea das diversas pesquisas realizadas pelo autor ao longo de sua trajetória acadêmica, bem como um reflexo de sua trajetória profissional como gestor de Polícia Judiciária. Procurar-se-á, ainda, nas páginas seguintes reproduzir o conteúdo da Disciplina Gestão de Polícia Judiciária na Especialização em Direito de Polícia Judiciária, da Academia Nacional de Polícia. A bibliografia utilizada e sugerida na presente disciplina irá ser descrita ao final do capítulo, de forma a permitir aprofundamentos dos temas aqui discutidos.

Cada uma dessas afirmações merece ser analisada, de forma a demonstrar-se cabalmente as suas inconsistências.

A investigação criminal, em um Estado Democrático de Direito, até mesmo para permitir o exercício do controle de atividade estatal tão sensível, necessita de formalização, já que somente assim o controle dos atos pode ser exercido de forma eficaz. Contudo, o nível de formalização exigido pela legislação Processual Penal brasileira está muito distante de representar um problema ao eficiente trabalho policial.

Os poucos artigos (do art. 4º ao art. 23) que regulamentam seu trâmite ao invés de serem entraves são, ao contrário, determinações mínimas que lhe dão um arcabouço formal que ao mesmo tempo em que permite a agilidade necessária na etapa pré-processual estabelece mecanismos formais que protegem o cidadão contra arbítrios dos agentes estatais.

Ressalte-se que, em países de tradição latina, isto é, com características que na língua inglesa são conhecidas como *civil law*, há, invariavelmente, uma investigação preliminar formal, cujo nome pode variar, mas que sempre exige certa dose de *burocracia*, como, por exemplo, o *enquête préliminaire* do direito francês.

Por óbvio, a prática do inquérito policial pode ser aperfeiçoada, em especial com a utilização de meios modernos de tecnologia da informação, sem que haja a necessidade de qualquer alteração legislativa.

Outro ponto a ser questionado é a visão estreita do inquérito como mera peça preparatória auxiliar de uma futura possível ação penal. O inquérito policial representa, na realidade, uma verdadeira trincheira do cidadão quanto à possibilidade de juízos apresados que submetessem inocentes às agruras do processo penal, como bem observado na própria exposição de motivos do CPP.

O inquérito, por tramitar em órgão equidistante da acusação e da defesa, portanto sem qualquer interesse além da busca da verdade, configura-se em verdadeira garantia ao cidadão.

Assim, como já mencionado, a existência de um procedimento formal de investigação criminal pré não é um entrave à efetividade das ações de polícia judiciária, constituindo-se, na verdade, em uma defesa do cidadão frente a possíveis arbítrios do Estado investigação, além de presente nos ordenamentos jurídicos dos países de tradição jurídica continental, com algumas variações, como, por exemplo, a responsabilidade de sua presidência, sem que deixe de existir sob forma documental.

Outra questão importante é a divisão das tarefas clássicas de polícia, isto é, polícia judiciária e polícia ostensiva, entre duas instituições. Mais uma vez, ao se analisar os modelos existentes, em especial em países da Europa Continental, verifica-se ser comum que exista uma divisão de tarefas entre forças de polícia, como por exemplo, a Guarda Nacional Republicana e a Polícia de Segurança Pública em Portugal e a Polícia Nacional e a *Gendarmerie Nationale* francesas.

Segundo informações obtidas em entrevistas junto a policiais franceses das duas forças, durante estágio de pesquisa realizado naquele país, esta separação tem como objetivo funcionar como um sistema de freio e contrapesos entre as forças policiais.

O ponto de diferença entre as quatro instituições mencionadas e a organização das polícias no Brasil é que, enquanto a divisão na França e Portugal é territorial, no Brasil ela se dá em razão da matéria, isto é, da atividade desenvolvida pela força policial. O que não existe são duas polícias com atribuições concorrentes no mesmo território, ou seja, duas polícias executando ambas as atividades dentro da mesma circunscrição. Desse modo, entende-se que não é a separação das atividades ou a existência de uma polícia judiciária autônoma que impede a eficiência da atividade policial como um todo no Brasil, mesmo porque mesmo em polícias que exercem as duas funções conjuntamente, as unidades e órgãos internos dividem-se claramente em relação à função exercida, seja de Polícia Judiciária ou de Policiamento Ostensivo, dadas as especificidades técnicas de cada uma dessas áreas.

Ademais, conforme demonstrado em artigo publicado (SILVA, PERAZZONI, 2015), ao compararmos os diversos sistemas de investigação criminal existente no mundo, não se identificou como fator relevante no índice de solução de investigações a mencionada tipologia e sim causas diversas, como a motivação do crime, estrutura policial, número de investigações designadas por equipe, etc.

Ademais, caso o problema fosse o inquérito policial, os resultados da Polícia Federal, encaminhados ao TCU desde o ano de 2016, não indicariam uma taxa de resolução em torno de 75%.

1.2 Novos conceitos de gestão pública

Superada a discussão do tópico anterior, antes de estudar especificamente a gestão da polícia judiciária, convém abordar alguns temas referentes à gestão pública como um todo, dada as grandes mudanças de conceitos que esta área específica da administração sofreu nos últimos.

Com a evolução da sociedade, em especial a partir do pós-guerra, o modelo de gestão pública meramente burocrático, voltado prioritariamente para atender os interesses do Estado, colocando o cidadão em segundo plano, tornou-se insustentável. Passou-se a exigir mais eficiência e transparência nas decisões da Administração Pública.

E, como consequência dessa nova realidade social, surgiram duas grandes escolas de gestão pública, a saber: a Nova Gestão Pública (NGP) e o Novo Serviço Público (NSP), caracterizadas a seguir.

1.2.1 Nova gestão pública (NGP)

Caracteriza-se por empregar na Administração Pública doutrinas e práticas consagradas no meio empresarial, a fim de suplantar as limitações características da estrutura burocrática dos órgãos de governo. Assim, esta vertente caracteriza-se pela preconização de uma reforma de métodos, aliados a uma necessária modernização na gestão (JONES, KETTEL 2003).

Adota-se, no setor público, práticas e metodologias consagradas entre empresas privadas, como aquelas relacionadas à responsabilização dos atores, ou *accountability*, a gestão por meio de objetivos e uma constante avaliação dos resultados obtidos (BARRET, 2002).

1.2.2 Novo serviço público (NSP)

Busca o desenvolvimento de um serviço público sustentado por novos padrões de relacionamento entre o Estado e os mais diversos atores sociais. O Estado passa a ser encarado como um ente cujo objetivo é garantir aos cidadãos o usufruto de suas escolhas, segundo seus interesses. A Administração Pública passa a servir a cidadãos e não a clientes, valorizando-se a aplicação dos conceitos renovados da teoria da cidadania e sociedade civil e do humanismo organizacional (SIMINONE, 2014).

Não há, portanto, o foco da corrente anterior na importação de modelos de eficiência da iniciativa privada e, sim, em uma busca de melhor servir ao cidadão, como foco em participação social e desenvolvimento da cidadania.

1.2.3 Posição atual

Ao se analisarem ambas as escolas acima descritas, verifica-se que, ao fim e ao cabo, apesar de suas diferenças, essas têm como objetivo comum prover um serviço público de qualidade. Assim, embora por meio de enfoques diferentes, é possível que se busque ao mesmo tempo eficiência, sem deixar-se de lado a preocupação com a função de construção de uma sociedade mais humana do serviço público. Ao contrário. Há, de fato, uma complementariedade entre as duas escolas. A eficiência do serviço público contribui para o desenvolvimento da cidadania, enquanto a participação social deve ser determinante na construção dos objetivos da Administração Pública, cujo atingimento deve ser medido, sim, através de indicadores da qualidade dos processos envolvidos, como na iniciativa privada, devendo, contudo, na construção desses instrumentos de gestão ter-se em mente a função social do serviço público.

2 A crise da segurança pública e o policiamento tradicional

Contudo, por óbvio, como se pode depreender não só das notícias que emanam da imprensa, mas também do sentimento difuso de insegurança existente na sociedade de modo geral, há, de fato necessidade de modernização na gestão da segurança pública no Brasil. Contudo, como se irá demonstrar ao longo deste trabalho, há muito o que se fazer em termos de adequação de estruturas e capacidades antes de culpar-se determinada opção política, e que representa a evolução histórica das forças policiais brasileiras por esses problemas.

2.1 Origem das forças policiais

A origem das forças policiais modernas remonta, basicamente, a criação de duas unidades em particular:

a) *Bow Street Runners*, composta por policiais sob o comando do juiz de paz Henry Fielding, no século XVIII (MESQUITA, 2014);

b) *Marechaussé*, força pública dotada de atribuições de policiamento ostensivo e de polícia judiciária, criada pela Coroa Francesa no Século XVI, tendo, ainda, dado origem à *Gendarmerie Nationale* (LUC, 2002).

Desde os seus primórdios até aproximadamente os anos 60, a forma pela qual a polícia executava suas tarefas mudou muito pouco. A polícia se caracterizava por ser uma força reativa que era acionada quando ocorria um crime para a busca de seus autores, associada a uma presença policial-preventiva adequada ao pequeno número de ocorrências criminais de então (RATCLIFFE, 2011).

2.2 Policiamento tradicional

Desde os seus primórdios até aproximadamente os anos 60, a forma pela qual a polícia executava suas tarefas mudou muito pouco. A polícia se caracterizava por ser uma força reativa que era acionada quando ocorria um crime para a busca de seus autores, associada a uma presença policial-preventiva adequada ao pequeno número de ocorrências criminais de então (RATCLIFFE, 2011).

A essa forma de atuação convencionou-se denominar de Policiamento tradicional, cujas principais características são apontadas a seguir: (RATCLIFFE, 2011):

> (i) confiança na efetividade de patrulhas aleatórias e em respostas rápidas;
> (ii) no emprego de efetivo policial para identificação dos criminosos responsáveis por crime já ocorrido e;
> (iii) confiança na força policial e no sistema legal como meio primário para a redução da criminalidade.

Contudo, por uma série de razões a serem expostas a seguir, tal modelo deixou de atender de forma adequada às necessidades da sociedade moderna, o que levou a uma necessária reformulação das formas de atuação policial.

2.3 Mudanças sociais a partir dos anos 1960

A partir da década de 1960, as mudanças ocorridas no seio da sociedade aceleraram-se de uma forma até então inédita. Dentre essas verdadeiras revoluções destacam-se (RATCLIFFE, 2011):
(i) a grande urbanização, acarretando o crescimento dos aglomerados populacionais;
(ii) o aumento do número de pessoas no mercado de trabalho, aumentando, por conseguinte, o fluxo de pessoas nas ruas;
(iii) a perda da credibilidade da força policial junto à sociedade.

A forma de atuar da polícia tornou-se ineficaz diante de uma nova sociedade e de demandas para as quais a força pública não estava preparada para atuar. Tal fato minou a percepção de efetividade e do trabalho junto à sociedade.

Esse distanciamento entre polícia e sociedade impactou de forma negativa na cooperação entre polícia e a população.

Ora, essa cooperação é necessária à eficiência do serviço policial, sendo, pois, fundamental para o sucesso de qualquer ação, estando prevista desde o início da conceituação da polícia moderna, como se pode verificar nos denominados Princípios de Peel, nos quais se prevê, expressamente, que o nível de cooperação do público pode contribuir para a diminuição no uso da força e que a Polícia deve esforçar-se para tornar real a tradição de que a polícia é o povo e o povo é a polícia (MARCINEIRO, 2009).

Iniciou-se, então, um círculo vicioso no qual a sociedade não confiava na polícia, pois esta era ineficaz e a polícia não conseguiu aumentar sua eficiência, pois a sociedade, ao não confiar em seu trabalho, passou a não cooperar com as ações policiais.

2.4 Policiamento comunitário

A fim de mudar o cenário acima descrito, desenvolveu-se um novo modelo de policiamento, denominado Policiamento Comunitário, havendo relação entre essa forma de atuar da polícia com a filosofia propagada pela escola do Novo Serviço Público.

Como já dito, a eficiência do trabalho policial é intimamente ligada ao seu bom relacionamento com a população, vez que o povo precisa da polícia para protegê-lo, ao mesmo tempo em que possibilita a esta os meios para que este fim seja alcançado (MARQUES, 2010).

O policiamento comunitário pode ser caracterizado pela grande descentralização das ações policiais, por meio da concessão de maior autonomia aos policiais em contato direto com as comunidades e uma grande preocupação no atendimento das demandas das comunidades onde atuam, bem como foco na busca de soluções para os problemas locais (TAYLOR, 2006).

Do acima exposto, pode-se concluir que o Policiamento Comunitário não tem como objetivo principal reduzir índices de criminalidade. De fato, seu foco principal é a restauração da legitimidade da relação entre polícia e comunidade, colocando a redução da criminalidade como resultado a ser buscado de forma acessória.

Dessa forma, o policiamento comunitário embora tenha conseguido melhorar a relação entre polícia e comunidade onde foi implantado, não foi capaz de atender a principal demanda da sociedade, isto é, a redução dos índices de criminalidade, mesmo porque esse não era seu objetivo principal.

3 Criminologia do ambiente

Diante da incapacidade do Policiamento Comunitário de *per si* de representar uma solução eficiente para o problema do aumento da criminalidade, buscou-se uma nova fundamentação teórica que permitisse a evolução dos modelos de gestão de policiamento de modo a torná-lo capaz de fazer frente às crescentes demandas sociais.

Esse arcabouço teórico foi encontrado na Criminologia do Ambiente.

3.1 Conceito de criminologia do ambiente

Segundo Dantas, Persijn e Silva Júnior (2006), essa concepção teórica preconiza a análise do fenômeno criminal a partir de cinco dimensões distintas, a saber:

a) o espaço urbano;
b) a dimensão temporal;
c) a norma penal aplicável;
d) o autor do delito e;
e) a coisa ou pessoa objeto do crime.

Assim, cada evento crime pode ser compreendido a partir do denominado triângulo do crime, apresentado na figura 1.

FIGURA 1 – Triângulo do Crime (PORTO, 2005)

Cada delito pode ser explicado pela ocorrência simultânea de determinadas condições relacionadas aos agentes representados pelos lados do triângulo, quais sejam, Vítima, Agressor e Ambiente. Assim, a ocorrência de um crime pode ser explicada pela confluência de uma vítima adequada, um agressor motivado em um ambiente favorável.

Existem, ainda, fatores que, ao agir sobre os lados do triângulo contribuem ou dificultam para sua ocorrência. São eles: *os controladores*, os quais atuam sobre os agressores de forma a inibir sua ação (pais, professores, etc.); *os guardiões*, composto por pessoas ou organizações que atuam sobre o objeto ou vítima do delito; e, ainda, *os administradores*, atuando sobre os locais, supervisionando-os ou administrando-os (BOBA, 2009).

3.2 Teorias derivadas da criminologia do ambiente

Tendo como fundamentação teórica a Criminologia do Ambiente, e utilizando-se do triângulo do crime como fundamento para análise do fenômeno criminal, foram desenvolvidas teorias que têm como objetivo explicar a escolha de um determinado local e momento para o cometimento de um delito.

Tais teorias são (BOBBA, 2009):

3.2.1 Teoria da escolha racional

Segundo essa teoria os criminosos escolheriam as condições e as vítimas de seus crimes a partir de uma análise de custo-benefício, isto é, avaliando o risco e a recompensa de tal ato.

Tem como foco, portanto, o processo de tomada de decisão do criminoso e tem como sua principal hipótese o criminoso como agente motivado a partir de um comportamento intencional, baseado na percepção da situação (esforço para praticar o delito), dos riscos e das recompensas (UNIDAVI, 2010).

3.2.2 Teoria dos padrões criminais

Busca compreender as razões pelas quais as pessoas se encontram em um determinado local e momento, e como essa repetição de padrões contribui para a ocorrência de um delito. Segundo tal teoria, os eventos criminais terão maior probabilidade de ocorrer em locais onde a área de atuação (*activity space*, no original) de um criminoso encontra a área de atuação de uma possível vítima ou alvo (BRANTINGHAM & BRANTINGHAM, 1993). Desse modo, segundo essa abordagem não só o local onde o crime ocorre é determinante, mas também o fluxo de pessoas e produtos. Esses impactam diretamente na probabilidade de o delito ocorrer, porque é exatemente este fluxo que leva ao encontro dos criminosos com suas vítimas.

3.2.3 Teoria das atividades rotineiras

Essa teoria, proposta por Cohen e Felson, afirma que os padrões de trabalho, moradia e lazer modernos afetariam o relacionamento das variáveis que levam a ocorrência de um crime, principalmente o tempo, o espaço, os agentes e as vítimas.

Representa, de fato, uma interseção entre as duas teorias descritas anteriormente, isto é, a teoria da escolha racional e a teoria das atividades rotineiras (HILL, PAYNICH, 2014).

Segundo Cohen e Felson (1979), as oportunidades para um delito são muito impactadas por mudanças na estrutura da sociedade. Por exemplo, com o aumento da participação feminina no mercado de trabalho, houve uma maior quantidade de residências vazias durante o dia, impactando no aumento dos furtos a domicílio, nos Estados Unidos, no período de 1947 a 1974 (BOBA, 2009).

Outra questão apontada também por Rachel Boba (2009) é o impacto do aumento no fluxo de pessoas causado pelo aumento da população economicamente ativa, que acarretou um crescimento no número de vítimas (indivíduos) ou alvos (bens móveis ou imóveis) potenciais, e levando a um aumento no número de delitos.

3.2.4 Prevenção situacional do crime (UNIDAVI, 2010)

A prevenção situacional materializa os objetivos das ações que, segundo a Criminologia do Ambiente, levariam a uma redução dos índices criminais. Desse modo, atuando a partir dos lados do triângulo, e tendo como fundamento principal a teoria da escolha racional, o objetivo da prevenção situacional do crime é a redução das oportunidades de ocorrência de um determinado evento delituoso, o que impactaria diretamente nas estatísticas criminais.

Assim, caso se atue sobre um dos fatores abaixo listados, os quais impactam diretamente no interesse do criminoso por determinada

vítima ou objeto, haverá uma redução neste mesmo interesse, de modo a reduzir os índices criminais. Tais fatores são:
a) valor
b) inércia
c) visibilidade
d) acesso

Tendo como base a ação sobre os fatores acima mencionados, a Prevenção Situacional do Crime buscará fomentar o uso de técnicas que tenham como resultados uma ou mais das consequências abaixo listadas, em relação à atuação do criminoso:

a) *aumento dos esforços*, tornando mais difícil a execução do delito;

b) *aumento dos riscos*, de modo a alterar a relação custo-benefício da ação criminosa;

c) *redução da recompensa*, pois essa diminuição também impacta na relação custo benefício do crime;

d) *redução das provocações*, diminuindo a exposição do possível alvo, de modo a reduzir a visibilidade e o consequente interesse do criminoso;

e) *redução das desculpas*, como muitas vezes o criminoso para agir utiliza-se de um mecanismo de justificação, isto é, precisa acreditar que seu ato é escusável, a redução das possibilidades de uso desse subterfúgio psicológico, pode contribuir para que se evite um delito.

Em relação a todas as teorias derivadas da Criminologia Ambiental é relevante explicitar que essas não são autoexcludentes. Ao contrário, elas se completam e, de forma conjunta, explicam, em maior ou menor grau, um evento criminoso.

4 Análise criminal

A criminologia do ambiente permitiu, ainda, um novo enfoque sobre o evento crime. Possibilitou, a partir do seu triângulo do crime, que as ocorrências criminais pudessem ser estudadas e analisadas em componentes e atores de modo até então inédito.

Esses estudos buscam a identificação de padrões criminais que possibilitem o emprego dos recursos, escassos por natureza, da forma mais eficiente possível, tornando as policiais mais adequadas a fazer frente aos enormes desafios que lhe são apresentados pela sociedade moderna.

4.1 Inteligência e análise criminal

É importante, neste ponto, diferenciar análise criminal de inteligência. Enquanto inteligência tem como função clássica subsidiar o processo decisório e pode ser dividida em três tipos: estratégica, tática e operacional, conforme dê suporte a cada um dos níveis decisórios utilizados, a análise criminal, em relação à inteligência, se apresenta como mais uma ferramenta de análise, capaz de propiciar maior qualidade às informações produzidas, em especial, pela sua capacidade de transformar estudos em sugestões de emprego eficiente de recursos. Neste sentido:

> De acordo com o Capitão DeLadurantey, comandante da Divisão de Investigação Científica da Polícia de Los Angeles, a expressão Inteligência pode ser entendida da seguinte maneira: É o conhecimento das condições passadas, presentes e projetadas para o futuro de uma comunidade, em relação aos seus problemas potenciais e atividades criminais. Assim como a Inteligência pode não ser nada mais que uma informação confiável que alerta para um perigo potencial, também pode ser o produto de um processo complexo envolvendo um julgamento bem informado, um estado de coisas, ou um fato singular. O "processo de Inteligência" descreve o tratamento dado a uma informação para que ela passe a ser útil para a atividade policial.
>
> (...)
>
> A conversão de inteligência básica em algo útil envolve a avaliação, análise e a disseminação do material resultante para unidades específicas da organização policial considerada. Tais unidades poderão então utilizar a informação como aviso de coisas que estão por acontecer ou indicação de atividades criminais ainda no estágio de desenvolvimento (DANTAS, SOUZA, 2005).

4.2 Conceito de análise criminal

A Análise Criminal é, então, um conjunto de processos sistemáticos direcionados para o provimento de informação oportuna e pertinente sobre os padrões do crime e suas correlações de tendências, de modo a apoiar as áreas operacional e administrativa no planejamento e distribuição de recursos para prevenção e supressão de atividades criminais, auxiliando o processo investigativo e aumentando o número de prisões e esclarecimento de casos. Em tal contexto, a análise criminal tem várias funções setoriais na organização policial, incluindo a distribuição do patrulhamento, operações especiais e de unidades táticas, investigações, planejamento e pesquisa, prevenção criminal e serviços administrativos, tais como orçamento (GOTTLIEB, 1994).

Para a Análise Criminal, a expressão *padrão* corresponde a uma característica da ocorrência de um determinado delito, segundo a qual pelo menos uma mesma variável daquela ocorrência se repete em outra, ou outras ocorrências ao longo do tempo (antes e/ou depois).

A variável que se repete pode ser tanto o dia da semana, hora, local, tipo de vítima, descrição do autor, modus operandi ou outra qualquer.

O estudo da tendência indica uma propensão quantitativa geral (aumento, estabilização ou diminuição) de um determinado fenômeno relacionado ao crime como, por exemplo, as ocorrências de um tipo específico de delito.

Convém que tal propensão seja verificada ao longo de uma área geográfica e série histórica extensas o suficientemente para que a tendência possa ficar confiavelmente determinada, porém com relações espaciais determinadas, de modo a garantir o respeito às especificidades do território.

4.3 Objetivo da análise criminal

A relação entre a análise criminal e a moderna gestão policial é inegável. A identificação de padrões criminais, objetivo principal da moderna análise criminal, permite a adequada priorização de locais e esforços, focando os recursos sempre escassos dos órgãos de segurança pública em regiões e demandas que sua utilização fosse otimizada. Neste sentido:

> Os fundamentos da moderna Análise Criminal, de acordo com o exame dos trabalhos de Fielding, Vollmer, Wilson e Hoover apontam as seguintes linhas mestras: 1. Disponibilidade de grandes volumes de dados sobre o crime, propriamente acumulados e sistematizados; 2. Existência de "ferramentas" de processamento e análise (manuais ou automatizadas); 3. Profissionalização técnica dos agentes policiais, especialmente capacitados para funções de Inteligência Policial e Análise Criminal.
> (...)
> A finalidade da Análise Criminal, de uma forma abrangente, é a produção de conhecimento relativo à identificação de parâmetros temporais e geográficos do crime, bem como detectar a atividade e identidade da delinquência correspondente. A Análise de Inteligência

Criminal também consiste no trabalho de identificação e provisão de conhecimento sobre a relação entre dados de ocorrências criminais e outros dados potencialmente relevantes para os órgãos do sistema de Justiça Criminal. O objetivo primordial da Análise Criminal enfim, é subsidiar as ações dos operadores diretos do sistema de justiça criminal (policiais – análise criminal tática) bem como dos formuladores de políticas de controle (gestores – análise criminal estratégica). Com a utilização dos produtos da análise, inquestionavelmente, é possível lidar mais efetivamente com incertezas e ameaças contra a segurança pública (DANTAS, SOUZA, 2005).

A relação entre a análise criminal e a moderna gestão policial é inegável. A identificação de onde e quando os recursos devem ser concentrados contribui de forma relevante para o aumento da qualidade nos serviços prestados, de modo que se possam aproximar os resultados obtidos pelas forças policiais daqueles esperados pela sociedade a quem ela deve atender.

Guardiões, composto por pessoas ou organizações que atuam sobre as vítimas ou objetos desta e;

Administradores, indivíduos encarregados de supervisionar ou administrar os locais (BOBA, 2009).

4.4 Execução de análise criminal

Quando se abordarem detalhadamente os estudos de casos, exemplificar-se-á o trabalho do analista criminal. Contudo, neste momento, é importante identificar a base teórica sobre a qual esse profissional busca identificar os padrões criminais.

Como já mencionada, a teoria da Criminologia ambiental é fundamental na moderna análise criminal, servindo de arcabouço a esse trabalho. Assim, utilizando-se do Triângulo do Crime, já estudado acima (figura 1), bem como a partir das abordagens baseadas na Escolha Racional, Padrões Criminais e Atividades Rotineiras, também já estudadas, a análise criminal busca tornar o processo decisório da gestão policial, seja estratégica, tática ou operacional, mais qualificado, pois baseado em dados e não mais em mera impressões pessoais (SILVA, 2016).

5 Modelos de gestão policial

Contudo, surge a questão: Como então, de forma concreta, a análise criminal impacta na gestão policial? Por meio de quais instrumentos e processos se dá esse impacto? A resposta se encontra nos modelos de gestão policial, isto é, metodologias de atuação policial, baseadas em diversas abordagens, sendo que as utilizadas atualmente nas polícias de maior relevância no cenário mundial utilizam a análise criminal como fio condutor das decisões.

Porém, antes deve-se conceituar o que é gestão de polícia judiciária.

5.1 Conceito de gestão policial

No novo Dicionário Aurélio (Século XXI) gestão significa: ato de gerir; gerência, administração.

Gestão é, em outras palavras, a capacidade de empregar os recursos de uma determinada organização de forma a se obter o máximo possível de eficiência, eficácia e efetividade.

Então, o que é Gestão Policial? É justamente aplicar esse conceito em relação às organizações policiais.

Já a Gestão de Polícia Judiciária, segundo o que foi apresentado acima, seria dispor dos meios de PJ de forma a se obter o máximo rendimento. Porém, qual o sentido de máximo rendimento de uma polícia judiciária? Qual a missão da Polícia Judiciária para que se possam desenhar os objetivos institucionais e determinar como medir e como se atingir a performance organizacional máxima?

Para identificar o real objetivo da polícia judiciária, devemos nos afastar do entendimento da doutrina tradicional que entende o inquérito policial, principal produto do trabalho da PJ, como "um mero procedimento preparatório destinado a fornecer subsídios ao *dominus litis* para o oferecimento da denúncia". Em outras palavras, o único objetivo da investigação criminal preliminar seria subsidiar a acusação.

Tal entendimento é, obviamente, enviesado. A Polícia Judiciária como órgão de estado deve ser imparcial e buscar a verdade, mantendo-se equidistante da acusação e da defesa, ou seja, deve ter como missão somente descobrir a verdade e não subsidiar a acusação ou a defesa, devendo se manter imparcial.

Portanto, se o objetivo principal da Polícia Judiciária é a descoberta da verdade sobre determinado fato em tese criminoso, a gestão de Polícia Judiciária deve ser conceituada como a atuação, baseada em metodologias consagradas, com vistas a maximizar os resultados da Polícia Judiciária em suas atividades e, principalmente, na investigação criminal, com foco na busca da verdade, mantendo a imparcialidade da Polícia Judiciária, já que esse posicionamento representa, de fato, uma verdadeira garantia ao investigado.

5.2 Impacto da análise criminal

Da definição de gestão de Polícia Judiciária exposta acima, surge um questionamento: quais seriam essas metodologias consagradas, essas verdadeiras boas práticas que permitiriam essa maximização dos resultados?

Esse é exatamente o objetivo deste tópico, qual seja, apresentar os modelos de gestão policial mais difundidos ao redor do mundo e que apresentam bons resultados (SILVA, 2016).

Contudo, antes de se estudar cada um de *per si*, é interessante abordar a evolução dessas metodologias, bem como a existência de uma base comum a todas: a Criminologia do Ambiente.

Como mencionado anteriormente, o modelo de Policiamento Tradicional, baseado em reatividade às ocorrências consumadas, mostrou-se incapaz de fazer frente às mudanças sociais ocorridas a partir da década de 1960, o que levou ao desenvolvimento de novos modelos de policiamento.

Tais modelos, tendo como base teórica a Criminologia do Ambiente e a análise criminal, com o auxílio da Revolução Digital, que permitiu que dados e informações antes dispersas fossem reunidas e utilizadas no processo decisório (SILVA, 2016).

Assim, estudar-se-ão os seguintes modelos:
a) policiamento comunitário;
b) *compstats*;
c) policiamento orientado ao problema (POP);
d) policiamento orientado pela inteligência (ILP, da sigla em inglês);
e) policiamento preditivo.

5.3 Policiamento comunitário

O Policiamento comunitário, como já afirmado, surgiu como uma reação à perda de respaldo social decorrente da incapacidade de o modelo de policiamento tradicional fazer frente às novas demandas decorrentes da evolução.

Tem como principais características:
Ratcliffe (2011) enumera o que considera o eixo central do modelo de Policiamento Comunitário:

a) aumento da interação entre a comunidade e a polícia, seja pela simples consulta ou ainda através de uma colaboração direta;
b) emprego de policiais conhecidos pela comunidade e que também a conheçam;
c) torna a participação da comunidade fundamental no estabelecimento das prioridades do órgão policial;
d) aumenta o poder de decisão das patentes mais baixas no corpo policial;
e) busca recuperar a legitimidade da polícia aos olhos da comunidade;
f) permite que um espírito de serviço social predomine, no qual a segurança comunitária seja reconhecida como uma prioridade;
g) dá precedência à solução dos problemas da comunidade sobre as ações reativas e repressivas da força policial. (SILVA, 2016).

Como se pode depreender das características acima listadas, o foco principal desse modelo de policiamento é restaurar a legitimidade policial face às comunidades, onde tal respaldo foi perdido.

Contudo, em que pese o conhecido impacto desse apoio social em relação aos resultados das ações policiais, seus resultados, tendo como base as estatísticas criminais não foram relevantes, embora essa redução tenha, sim, sido buscada, mas tão somente como objetivo secundário (RATCLIFFE, 2011).

5.4 *Compstats*

Compstat (de *Computer Statistics*, estatísticas computadorizadas em inglês) pode ser entendido como um modelo de gestão, caracterizado pelo emprego de tecnologia em larga escala, no qual a responsabilidade gerencial pelo cumprimento de metas é claramente estabelecida, tendo como objetivo organizar e estruturar a forma pela qual as polícias atuam (AZEVEDO *et al*, 2011).

Assim, verifica-se que o *Compstat* não é somente um mapeamento das incidências criminais. Na verdade, trata-se de um modelo de gestão fundamentado em análise de dados criminais, como somente se tornou possível graças à Revolução Tecnológica (RATCLIFFE, 2004).

Utiliza de modo intenso a técnica de *hotspots* e preocupa-se com a *accountability* dos resultados obtidos pelas forças policiais, com o emprego de técnicas de análise criminal baseadas em dados espaciais para avaliar a eficiência dos gestores policiais, como foco principal nos níveis intermediários da cadeia de comando. Segundo Ratcliffe (2011), envolve os seguintes princípios:

a) inteligência precisa e adequada no tempo;
b) emprego de táticas efetivas;
c) respostas rápidas às situações que se apresentarem;
d) acompanhamento incessante das estatísticas e avaliação dos resultados. (SILVA, 2016).

Os resultados obtidos por esse modelo de gestão, embora indiscutíveis em relação aos números de crimes ocorridos, são polêmicos, como apresentado por Silva (2016):

> Os resultados obtidos em diversos departamentos de polícia com a adoção deste modelo de gestão de negócios foram impressionantes, incluindo-se a redução da criminalidade em Nova Iorque nos anos 90, a partir da sua implantação.
> Porém, não há consenso se tais resultados foram consequência da adoção deste modelo ou de outros fatores (ex.: aumento do efetivo policial, nivelamento no mercado de drogas etc.) (MOORE, 2003), (WEISBURD et al, 2006), (LEVITT, 2004).
> Ponto central do modelo de negócios estudado são as reuniões de acompanhamento realizadas periodicamente, nas quais, com o uso de mapas produzidos em SIG, as estatísticas são comparadas com as da reunião anterior, a fim de se verificar os resultados obtidos pelos comandantes no período em questão. Desta forma, ao contrário do Policiamento Comunitário, que transfere a responsabilidade aos policiais na ponta da linha, no *Compstats* a maior parte da pressão recai sobre os comandantes intermediários (WEISBURD *et al.* 2006).
> Tendo em vista que busca a redução de índices de criminalidade nas áreas sob responsabilidade das unidades policiais, além de possuir uma abordagem do tipo *top-down*, isto é, baseada em hierarquia centralizada, através da cobrança dos níveis superiores para os mais baixos, sua adoção não requer grandes mudanças organizacionais nos níveis mais baixos, embora possa exigir grandes adaptações no nível intermediário (RATCLIFFE, 2011).
> Contudo, esta característica é apontada por seus críticos como um problema, já que reforça e legitima o modelo de hierarquia burocrática das organizações policiais ao invés de focar em inovações nas práticas de policiamento (WEISBURD *et al.* 2006).
> Outra crítica normalmente feita a este modelo de gestão é o fato da importância dada às reuniões de apresentação de resultados. Segundo

tais análises, em certos locais onde foi implantado passou a ser mais importante sair-se bem na apresentação do que obter bons resultados (MAPLE, MITCHELL, 1999).

No entanto, apesar das críticas acima mencionadas, os resultados obtidos por algumas polícias que adotaram tal modelo de gestão, como a de Nova Iorque, são excelentes.

Por isso, e pela maior facilidade de adoção, já que não exige mudanças estruturais profundas para ser utilizado, têm sido adotado largamente pelas mais diversas forças policiais ao redor do mundo e, apesar das críticas acima expostas, ainda obtêm bons resultados (SILVA, 2016).

5.5 Policiamento Orientado ao Problema

O modelo de gestão conhecido como Policiamento Orientado ao Problema (POP, da sigla em inglês, *Problem Oriented Policing*) é uma forma de abordagem de policiamento na qual cada um dos problemas submetidos a ações policiais são analisados, decompostos em cada uma de suas facetas, e agrupados grupos de incidentes similares (crimes ou atos de desordem, a respeito dos quais se espera que a polícia atue). Então, cada um desses grupos é transformado em objeto de atenção por analista de inteligência e por pessoal de campo, a fim de que novas descobertas sobre as causas e consequências desses problemas permitam a descoberta de maneiras mais eficientes de lidar com este (SILVA, 2016).

Coloca-se, portanto, um grande valor em novas respostas de natureza preventiva, não relacionadas às ações repressivas, e que envolvam outras agências públicas, a comunidade e o setor privado, quando o envolvimento destes atores for significante para a redução do problema enfrentado. Dessa forma, como se percebe, guarda forte relação com a Prevenção Situacional do Crime.

Em relação ao relacionamento com a sociedade, no modelo de POP, sem que se perca de vista a importância da cooperação com a comunidade, que é questão central no policiamento comunitário, tem-se como objetivo a resolução de problemas concretos através da análise detalhada dos fatores que lhe deram causa, bem como na busca de soluções efetivas para tais problemas. Busca, portanto, focar na redução dos crimes sem, contudo, descuidar do resgate de legitimidade social da polícia.

5.5.1 Metodologia do POP

A metodologia utilizada no Policiamento Orientado ao Problema é normalmente descrita através do denominado ciclo IARA, isto é, *identificar, analisar, reagir e avaliar*.

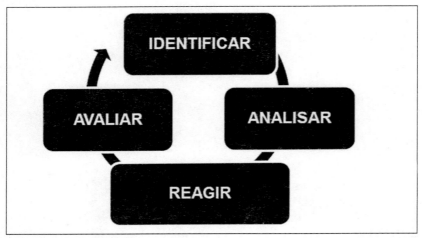

FIGURA 2 – Ciclo IARA

A seguir, descrever-se-á cada uma das fases de forma sucinta, ressaltando as atividades desenvolvidas em cada uma dessas fases, e será discutida detalhadamente no estudo de caso (SILVA, 2016).

1ª Fase – Identificar
Essa primeira fase tem como objetivo identificar quais os problemas criminais ou de desordem urbana afligem a comunidade e, dentre esses, estabelecer as prioridades de ação. É nesse momento que, durante a metodologia do POP, a participação social é mais sentida, já que se espera uma participação ativa da comunidade na identificação e estabelecimento de prioridades.

Utiliza-se de diversas ferramentas de gestão, sendo que na identificação dos problemas destaca-se a denominada *Brainstorming*, e durante o estabelecimento de prioridades, a Matriz GUT. Durante o estudo de caso, apresentar-se-á exemplo do emprego de tais ferramentas.

2ª Fase – Analisar
Durante essa fase, os problemas identificados como prioritários serão submetidos a análises detalhadas, tendo como base teórica a

Criminologia do Ambiente. Nesse momento, destaca-se a figura do analista criminal, o qual, a partir dos dados disponíveis sobre cada um dos problemas a serem enfrentados, deverá realizar a análise criminal a fim de identificar as causas e consequências das questões enfrentadas, de modo a permitir a construção de estratégias eficientes de enfrentamento. Para essa análise, o triângulo do crime (fig.1) já estudado, bem como o diagrama de Causas e Efeitos são ferramentas amplamente difundidas, cujo emprego será detalhado a seguir.

3ª Fase – Reagir
A partir da análise detalhada da fase anterior, quando se identificaram causas e efeitos dos problemas a serem enfrentados, torna-se possível o planejamento de ações que ajam efetivamente sobre os problemas estudados, obtendo-se máxima efetividade nos resultados pretendidos, já que as ações planejadas buscarão agir sobre as causas e os efeitos previamente identificados. Uma ferramenta de gestão utilizada para o planejamento dessas ações é a Matriz 5W2H (das iniciais em inglês para as palavras: "o que", "como", "quando", "onde" e "quanto custa").

4ª Fase – Avaliar
Nessa fase é fundamental a utilização de indicadores os quais devem ser definidos na fase anterior, durante o planejamento das ações a serem executadas. Somente com o estabelecimento de indicadores adequados é possível avaliar os resultados obtidos de modo a permitir que quaisquer intercorrências sejam corrigidas, ou ainda, que as boas práticas sejam mantidas.

Há, ainda, um forte componente de *accountability*, isto é, o conceito de prestação de contas dos resultados do serviço público à sociedade, nesta fase, demonstrando a preocupação quanto ao reestabelecimento da relação entre polícia/ sociedade, presente nesse modelo.

Atualmente, ao se mencionar o policiamento comunitário, em países como o Brasil, tal modelo encontra muito mais relação com o POP do que o policiamento comunitário originalmente definido e conceituado, já que o Policiamento Orientado ao Problema alia uma forte preocupação com a resolução dos problemas criminais que mais impactam a comunidade, ao mesmo tempo em que busca a restauração da confiança entre polícia e sociedade.

5.6 Policiamento Orientado pela Inteligência

Já o Policiamento Orientado pela Inteligência (ILP, de sua sigla em inglês, *Intelligence Leading Policing*) tem sua origem relacionada às observações realizadas pela Polícia do Condado inglês de Kent, onde se verificou que a maior parcela de delitos era cometida por um pequeno número de criminosos e que, por isso, melhores resultados seriam obtidos, caso a polícia concentrasse seus esforços nessas ocorrências mais relevantes (SILVA JUNIOR, 2014).

Apresenta, pois, as seguintes características (SILVA, 2016):

O modelo em estudo, segundo a comissão de auditoria da polícia britânica (Auditoria 1993), tem como temas centrais:

a) foco aos criminosos de maior reincidência e cujos crimes são mais graves;

b) realização de triagem da maioria dos crimes para a posterior investigação;

c) ampliação do emprego estratégico de vigilâncias e de fontes humanas;

d) posicionamento do órgão de inteligência próximo ao decisor, funcionando como um ponto central para as atividades operacionais.

Tem ainda grande ênfase no compartilhamento de informações entre diferentes forças policiais. Tal preocupação leva ao desenvolvimento dos chamados centros de fusão (*fusion centers*), unidades compartilhadas entre as diversas forças policiais, destinadas a promover a integração de informações e operacional, de modo a permitir um melhor enfrentamento dos mais graves problemas de criminalidade, como as organizações criminosas e o terrorismo.

Segundo Ratcliffe (2011), um dos principais idealizadores de tal modelo de gestão, ao implantar o modelo do ILP, um gestor de polícia aponta as seguintes prioridades:

a) o foco nos criminosos de maior relevância;

b) o gerenciamento de *hotspots* de crime e desordem;

c) a investigação conjunta de crimes e incidentes relacionados;

d) a aplicação de medidas preventivas;

e) o emprego da inteligência policial para fundamentar decisões objetivas a respeito da alocação de recursos;

f) foco das ações repressivas nos criminosos reincidentes e que tenham cometido crimes de maior gravidade.

Importante conhecer, ainda, as diferenças e similitudes que o presente modelo guarda em relação aos demais aqui estudados, como aponta Silva (2016):

> Diametralmente oposto ao modelo de gestão do policiamento comunitário, já que este tem como objetivo principal a recuperação da legitimidade policial e possui um enfoque organizacional do tipo base para o topo, enquanto aquele usa a inteligência para focar nos principais criminosos, tem como escopo a redução dos índices de criminalidade possui uma abordagem organizacional do tipo topo para a base. Em relação ao *Compstat*, embora haja similaridades de estilo, especialmente na estrutura organizacional, o enfoque estratégico para a repressão aos criminosos é substancialmente diferente.
>
> Este mesmo foco no criminoso é o que diferencia o policiamento orientado ao objeto do policiamento orientado pela inteligência, embora, cada vez mais esta diferenciação está sendo reduzida, havendo um maior intercâmbio entre os componentes destes dois modelos de gestão (RATCLIFFE 2011).

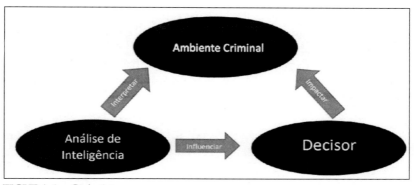

FIGURA 3 – Ciclo 3-i
Fonte: Ratcliffe, 2003.

O fluxo do Policiamento Orientado pela Inteligência pode ser resumido a partir da figura 3, o denominado Ciclo 3-i, isto é, *interpretar, influenciar e impactar*, significando que a análise de inteligência, principal ferramenta do presente modelo, ao interpretar o ambiente criminal para identificar os delitos mais relevantes e os criminosos mais profícuos, influencia o decisor, seja operacional, tático ou estratégico, de modo que o processo decisório seja mais qualificado, de modo que as decisões tomadas possam, de forma eficiente, impactar o ambiente criminal conforme desejado pelas forças policiais.

5.7 Policiamento preditivo

O policiamento preditivo não é um modelo de gestão de policial, de forma diversa aos outros modelos aqui apresentados. É, na sua essência, mera aplicação de técnicas analíticas, em sua maioria de natureza quantitativa, com o objetivo de identificação dos alvos preferenciais para ações policial e de prevenção, bem como para a solução de crimes já ocorridos. Tais métodos preditivos permitem às polícias trabalharem de forma mais proativa, mesmo com recursos limitados (PERRY et al,. 2013).

O que diferencia esses métodos utilizados da análise criminal tradicional é a utilização, em larga escala, de métodos mais intensivos do ponto de vista computacional, relacionados à ciência de dados e inteligência artificial, tendo como principal objetivo permitir que as forças policiais possam agir de forma mais proativa, através da identificação das vítimas e dos locais de maior risco.

Repete-se, por relevante, que as técnicas aqui utilizadas não se prestam a prever onde ocorrerá o crime, nem quem irá cometê-lo. A partir de análises probabilísticas, verificam-se os prováveis riscos, a partir dos quais se aponta onde há maior possibilidade da ocorrência de um evento criminoso (SILVA, 2016).

Na tabela 1, pode-se ver um comparativo entre as técnicas ordinariamente utilizadas na análise criminal e as empregadas no policiamento preditivo.

TABELA 1
Comparativo entre as técnicas de análises convencionais e preditivas
(Perry, et al, 2013)

Uso da Tecnologia	Problema	Análise Convencional	Análise Preditiva
Predizer o crime	Determinar áreas com maior risco de ocorrência de um crime	Mapeamento Criminal (Identificação de *hotspots*)	Análise de risco do terreno e modelos avançados de identificação de *Hotspots*
Predizer Criminosos	Identificar um alto risco de guerra entre quadrilhas rivais	Revisão manual de relatórios de inteligência envolvendo atividades de quadrilhas	Modelos de repetição (*near-repeting*) em registros de violência intergrupos recentes
Identificar autores de crimes passados	Identificar suspeitos a partir dos registros criminais	Revisão manual dos dados disponíveis	Buscas e análises realizadas em sistemas computadorizados
Identificar autores de crimes passados	Determinar que crimes são parte de uma mesma série	Análise de tabelas para identificação de ligações entre crimes	Modelagem estatística para identificação de ligações (Ex. Clusterização)
Predizer futuras vítimas	Identificar grupos mais propensos a se tornarem vítimas	Mapeamento Criminal (Identificação de *hotspots*)	Análise de risco do terreno e modelos avançados de identificação de *Hotspots*

6 Policiamento Orientado ao Problema

Este tópico dedicar-se-á a uma análise detalhada de cada uma das fases do modelo de gestão denominado Policiamento Orientado ao Problema, tendo como base um exemplo, hipotético, de emprego de tal metodologia em uma área específica da cidade do Rio de Janeiro. Contudo, ressalta-se que os dados utilizados na confecção dos mapas de *hotspots* são dados reais fornecidos pelo Instituto de Segurança Pública do Rio de Janeiro.

6.1 Objetivos

Como dito anteriormente, o Policiamento Orientado ao Problema (POP, em inglês, Problem Oriented Policing) é um modelo de gestão de polícia baseado em análise detalhado dos problemas criminais que se apresentam em determinada região. Tais problemas são identificados, priorizados, com relevante participação da comunidade.

Uma vez selecionados os problemas criminais a serem enfrentados prioritariamente, tal abordagem os analisa de forma a identificar suas causas, efeitos e padrões espaço-temporais, de modo que se possa enfrentá-los de forma mais eficiente, já que se buscarão ações que os atinjam diretamente em suas motivações e consequências.

Essas intervenções guardam grande relação com o preconizado na Teoria da Prevenção Situacional do Crime, pois essas ações buscarão agir exatamente sobre os fatores que aumentem os riscos ou esforços da empreitada criminosa, ou ainda reduzam a recompensa dessa.

Para realizar o planejamento acima descrito, o gestor policial se serve do ciclo IARA, já estudado anteriormente e repetido na figura 4 devido a sua importância.

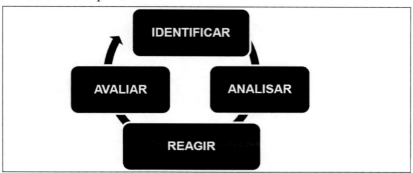

FIGURA 4 – Ciclo IARA
Fonte: Porto, 2005.

6.2 Centro de Policiamento Orientado ao Problema

Antes de iniciarmos o exemplo de emprego dessa metodologia de policiamento, é importante ressaltar a importância do Centro de Policiamento Orientado ao Problema,[2] mantido pela Universidade do Estado do Arizona; é um sítio eletrônico em que há uma vasta relação de boas práticas relacionadas a diversos problemas enfrentados por polícias em todo mundo.

Embora muitas vezes a casuística ali apresentada não represente a realidade brasileira, algumas ideias, ou mesmo ações que não foram exitosas podem inspirar e orientar o planejamento das polícias brasileiras. Contudo, ressalta-se a importância de respeito ao contesto e à cultura local, evitando-se a mera importação de conceitos alienígenas, o que, na maior parte das vezes, é ineficaz.

6.3 Estudo de caso

O estudo de caso aqui descrito tem como base uma análise criminal realizada em relação aos roubos de veículos durante o ano de 2013 nas regiões das Áreas Integradas de Segurança Pública (AISP) 4 e 6 do Rio de Janeiro, que correspondem aos bairros da Grande Tijuca, São Cristóvão, Benfica e a área do Caju, baseado em Silva (2016).

Embora ses utilize de dados hipotéticos a respeito da priorização das ações, já que não foi possível aplicar no terreno a presente metodologia, os dados referentes ao problema criminal estudado, isto é, as estatísticas criminais de roubos de veículos utilizadas durante a análise de padrões são reais e fornecidas pelo Instituto de Segurança Pública do Rio de Janeiro.

Como também as ações sugeridas não foram implantadas, os dados utilizados na avaliação também são hipotéticos. Contudo, todos os passos necessários ao emprego do Policiamento Orientado ao Problema para o enfrentamento aos roubos de veículos na região estudada serão rigorosamente cumpridos, de modo a permitir seu emprego face a problemas reais que se apresentam ao gestor de polícia.

I Identificar

A primeira fase do Ciclo IARA corresponde à identificação do problema a ser enfrentado. Tal ação deve se ocupar em identificar quais

---

[2] https://popcenter.asu.edu/.

são os problemas criminais e de desordem que mais preocupam a comunidade, e com auxílio desta estabelecer as prioridades, já que face à escassez de recursos nem todos os problemas identificados podem ser enfrentados ao mesmo tempo.

É nessa fase que a participação da sociedade cresce de importância e há uma aproximação deste modelo de gestão com o policiamento comunitário, ao menos na busca pela recuperação da confiança entre polícia e a sociedade à qual a instituição policial deve servir.

A identificação normalmente se inicia por meio de uma técnica denominada *Brainstorming*, isto é, uma discussão aberta em que, em uma reunião aberta, normalmente durante a reunião do conselho comunitário de segurança que existe na grande maioria dos bairros, ou da associação de moradores com a presença de representantes das forças policiais da área.

Assim, os presentes têm a possibilidade de discutir os problemas que mais incomodam a sociedade, bem como as circunstâncias de cada uma dessas questões que permitirão em um momento posterior o estabelecimento de prioridades.

Assim, em nosso exemplo, uma vez realizada a reunião com a comunidade, foram identificados os seguintes problemas a serem enfrentados: a) roubo a transeuntes; b) roubo de veículos automotores; c) tráfico de drogas; d) lotes vagos e sem cercamento; e) transeuntes com medo de fazer compras.

Dessa lista de problemas é interessante destacar a questão dos lotes vagos e sem cercamento vez que tal problema demonstra que o POP não deve se preocupar apenas com a questão criminal e sim buscar, através da participação da comunidade e de outros órgãos públicos, cada um dentro de sua esfera de atribuição, resolver também problemas de desordem os quais, ainda que de forma indireta, impactam a segurança pública.

Uma vez identificados os problemas considerados relevantes, deve-se buscar priorizá-los, pois, como já dito, os recursos são escassos e não há como enfrentá-los todos em um mesmo momento.

Para essa etapa, sugere-se a utilização de uma ferramenta denominada Matriz GUT e amplamente utilizada nos processos de gestão de risco para a avaliação destes.

Constitui-se em uma tabela em que cada um dos problemas corresponde a uma linha e há quatro colunas: uma para a Gravidade do Problema, outra para a sua Urgência e mais uma para a Tendência de crescimento ou não, daí o nome de matriz GUT. Para cada um dos problemas listados, estabelece-se um valor que varia de 1 (muito pequeno) até 5 (Muito Alto) para o fator analisado.

A quarta e última coluna corresponde ao produto do valor atribuído à gravidade, urgência e tendência daquele produto. Os valores mais altos corresponderão aos problemas a serem priorizados.

Continuando em nosso exemplo, segue a matriz GUT construída a partir dos problemas identificados através do *brainstorming*, ressaltando-se que em relação ao estabelecimento dos valores da matriz GUT devem ser utilizadas tanto informações referentes às impressões da comunidade como dados de inteligência das próprias polícias, como a tendência de aumento das estatísticas de um determinado crime identificada pela área de inteligência.

TABELA 2
Matriz GUT

PROBLEMAS	G	U	T	TOTAL	Priorização
Roubo a transeuntes	5	4	3	60	3º
Roubo de veículos automotores	5	5	5	125	1º
Tráfico de drogas	5	5	4	100	2º
Lotes vagos e sem cercamento	3	3	2	18	4º
Transeuntes com medo de fazer compras	2	2	2	8	5º

Fonte: Porto, 2005.

Assim, tendo base a matriz GUT acima, identifica-se que o problema de maior relevância na área estudada é o roubo de veículos automotores, com um escore de 125.

É esse problema que será decomposto e enfrentado nas etapas seguintes do ciclo IARA (SILVA, 2016).

II) Analisar

Durante a fase de análise, o objetivo é identificar padrões espaço-temporais, bem como as causas e efeitos do problema, de modo que as ações a serem implantadas na fase seguinte sejam o mais efetivas possível graças ao que já desenhadas especificamente para a questão enfrentada.

1º Análise Espacial

Incialmente, deve-se realizar uma análise espacial do problema, tendo como base a localização das ocorrências criminais no período analisado. Para tanto, a técnica mais indicada é a análise de *hot spots*, baseada na concentração de ocorrências criminais em determinada região. Quanto maior a concentração, mais escura é a mancha, utilizando-se para tanto o algoritmo denominado KDE (*Kernel Density Estimation*).

Tal ferramenta é bastante utilizada, também, no modelo de gestão *Compstats,* chegando mesmo por muitas vezes a ser confundida como característica deste último.

Contudo, para o entendimento de um problema criminal é fundamental conhecer-se a sua distribuição no espaço, tanto para o policiamento ostensivo, quanto para a polícia judiciária, já que permitiria concentrar os esforços investigativos nas áreas de maior concentração de delitos.

Dando continuidade a nosso exemplo, segue a análise espacial realizada a partir dos dados de roubos de veículos na área e períodos estudados.

Quanto à janela temporal a ser utilizada, a prática indica que o período mais adequado para o planejamento é de aproximadamente 30 (trinta) dias, de modo que a concentração de ocorrências não seja pequena ao ponto de não ter representatividade estatística, nem tão distante do período estudado de modo que variações dos padrões tenham impacto no estudo.

Ressalte-se que a Polícia de Nova Iorque utiliza um período de 27 dias para suas análises de manchas criminais, atualizando o procedimento que anteriormente preconizava uma análise de 32 dias.

Retornando ao exemplo descrito, verificam-se abaixo exemplos de mapas de *hot spots* (Figura 6) construídos com os dados reais de roubos de veículos nas AISP 4 e 6, no Rio de Janeiro durante os meses de janeiro e fevereiro de 2015.

Antes, porém, a figura 5 tem como objetivo localizar e delimitar a região representada nos mapas de mancha criminal da figura 6.

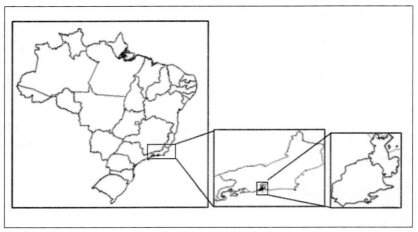

FIGURA 5 – Delimitação da área de estudo (AISP 4 e 6)

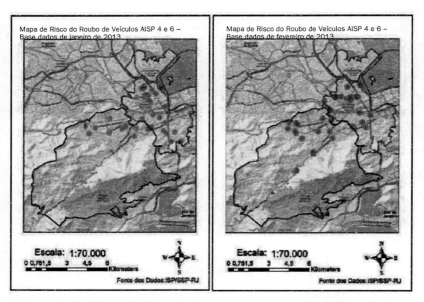

FIGURA 6 – Mapa de *Hot Spots* de Roubos de Veículos nas AISP 4 e 6 em Janeiro e Fevereiro de 2013
Fonte dos Dados: ISP/SSP/RJ.

Da análise visual dos mapas acima, é possível identificar claramente os locais de concentração dos delitos analisados, percebendo-se, ainda, que a variação em relação aos meses de janeiro e fevereiro não é relevante, mantendo-se de forma geral os *hot spots* na variação dos meses.

Tal concentração, do ponto de vista da polícia judiciária, indica a existência, atuando naqueles pontos, de quadrilhas voltadas à prática de tais delitos, o que recomenda um maior esforço investigativo sobre tais fatos, bem como uma busca por relações entre roubos ocorridos na mesma região em momentos diversos, pois a agregação de diversos crimes cometidos de modo semelhante na mesma região aumenta as chances de elucidação, já que segundo a teoria da criminologia ambiental criminosos tendem a ser territoriais, atuando dentro de um mesmo espaço de atividades.

2º Análise Temporal

Na busca pela identificação dos padrões criminais, como forma de auxiliar o planejamento das ações policiais, uma segunda análise relevante é a temporal. O crime não se distribui da mesma forma ao longo do tempo. Há claramente concentrações e variações não só ao longo do dia, mas também sazonais, conforme o mês e época do ano.

Desse modo, é fundamental, ao tentar empregar de forma eficiente o policiamento, dispô-lo não só com atenção às manchas criminais, mas também com relação à concentração temporal dos eventos delituosos.

Tendo como base os dados já estudados, as figuras 7, 8 e 9 procuram dar uma ideia da variação temporal dos roubos de veículos nas AISP 4 e 6 no ano de 2013.

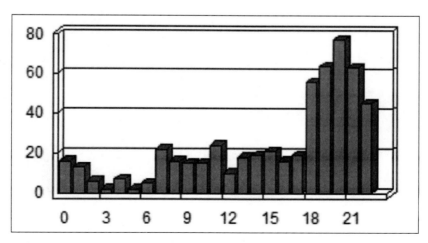

FIGURA 7 – Distribuição dos roubos de veículos por hora

Como se verifica acima, há uma clara concentração dos crimes estudados no período das 18 às 23 horas, horas de maior fluxo de veículos, indicando que os dados sobre comunicações e posicionamento de investigados durante esse horário devem ser priorizados em relação à atividade de investigação.

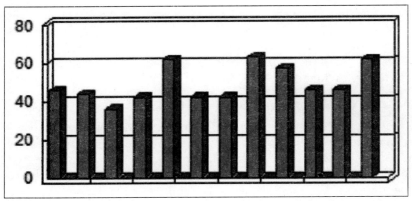

FIGURA 8 – Distribuição de roubos de veículos no ano de 2013 por mês – Janeiro a Dezembro

Na figura 8, verifica-se a distribuição dos eventos estudados mês a mês durante o ano de 2013. Observando-se o gráfico, verifica-se que há uma distribuição dos crimes ao longo do ano, porém com uma concentração em maio, agosto e dezembro, com um aumento de cerca de 30% nesses meses.

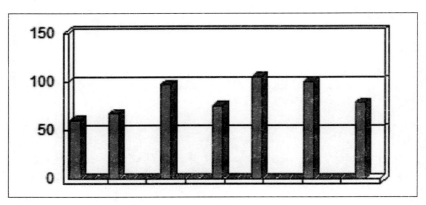

FIGURA 9 – Distribuição ao longo dos dias da semana dos roubos de veículos – Domingo a Segunda

Já a figura 9 apresenta a distribuição ao longo dos dias da semana, quando se verifica uma concentração nas terças, quintas e sextas, quando a ocorrência desse tipo de crime chega quase a dobrar em comparação com os dias de menor incidência.

3º Determinação das causas fundamentais
Após o estudo da distribuição espaço temporal das ocorrências, o esforço no entendimento do problema a ser enfrentado deve agora se deslocar para a identificação das causas fundamentais.

Para tanto, a ferramenta sugerida é o diagrama de causa e efeito, porém adaptado às necessidades das análises policiais (PORTO, 2005). Assim, a base para a criação do diagrama será o triângulo do crime. Um lado do diagrama representará os lados do triângulo, isto é, as vítimas, os infratores e o ambiente (ou local), enquanto o outro representará os agentes que atuam sobre cada um desses lados.

Desse modo, verificar-se-á de que modo cada um desses seis fatores impactam e contribuem para a incidência do problema estudado, de modo que identificada alguma deficiência essa possa ser tratada na fase seguinte, isto é, na reação, na execução do plano.

A figura 10 apresenta o diagrama de causas e efeitos para o nosso exemplo.

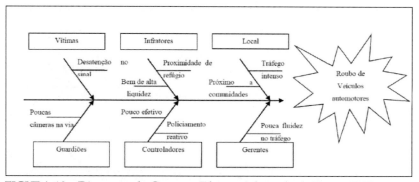

FIGURA 10 – Diagrama de Causas e Efeitos. Adaptado de Porto, 2005

Assim, com a utilização da ferramenta acima, buscou-se verificar quais as vulnerabilidades em cada lado do triângulo que influenciam na ocorrência do fenômeno, ou seja, suas causas, bem como seus efeitos.

Além disso, analisam-se as limitações e os impactos dos agentes encarregados de atuar sobre cada lado do triângulo e de como tais deficiências os impedem de exercer um papel mais relevante no controle dos roubos de veículos na área estudada.

A partir dessas informações deve-se buscar a construção de um plano que deve ser voltado a minimizar os problemas apontados nessa etapa. Tal plano se consubstanciará na 3ª fase do cilco IARA: a Reação.

III) Reagir

Uma vez analisado detalhadamente o problema alvo da ação policial, passa-se a terceira fase do ciclo IARA, isto é, a reação. Nesse momento, a partir das causas e efeitos do evento criminoso identificados na fase anterior, deve-se traçar e executar um plano de ação com o objetivo de minimizar os impactos do problema estudado, ou mesmo até eliminá-lo, se possível.

A partir das vulnerabilidades e limitações identificadas nas ações dos agentes que influenciam sobre o local, sobre os criminosos e vítimas, bem como em razão das características desses três fatores, deve-se executar ações que minimizem tais questões.

Para tanto, é interessante utilizar-se das medidas propostas através da prevenção situacional do delito, isto é, ações que busquem reduzir o benefício obtido pelo criminoso com o roubo, bem como aumentar os riscos de tal crime, dentre outras.

Uma ferramenta adequada, também transporte da iniciativa privada, é o plano de ação, em que se estabelece quem vai fazer o quê, de que modo, onde, quando e a que custo. Segue abaixo um modelo de plano de ação para nosso caso em análise.

TABELA 3
Modelo de plano de ação

(continua)

QUEM	O QUE	COMO	QUANDO	ONDE	CUSTO
PC	Identificar investigações de roubos a carros com indícios de terem sido cometidos pela mesma Or Crim.	Utilização de técnicas de clusterização.	Agora	Delegacia	1 analista criminal
PC	Realizar investigações sobre ferros-velhos na área	Realizar diligências a fim de identificar possíveis receptadores	Agora	Área de circunscrição	2 equipes de policiais

TABELA 3
Modelo de plano de ação
(conclusão)

QUEM	O QUE	COMO	QUANDO	ONDE	CUSTO
PM	Reforçar policiamento nos *hot spots* nos horários de maior incidência	Realizar policiamento ostensivo nas áreas de maior incidência criminal	Horários de maior incidência de roubos	*Hot spots*	Equipes da escala
Prefeitura	Diminuir o tempo de espera no sinal	Ajustar o tempo de sinal para diminuir o tempo de exposição da vítima	Horários de maior incidência de roubos	Sinais de trânsito de maior movimento	1 técnico realizando o ajuste

Ao verificarmos as ações propostas, podemos observar medidas destinadas a enfrentar as deficiências apontadas no diagrama de causa e efeito e inspiradas nas medidas de prevenção situacional.

Por exemplo, a concentração de investigações com indícios de serem relacionadas, além de aumentar a eficiência do trabalho policial, permite que as dificuldades impostas pelo pequeno efetivo sejam minimizadas. Pode se dizer isso também em relação à medida proposta para o policiamento ostensivo, ou seja, intensificação de policiamento de *hot spots*.

Com essas medidas também se aumenta o risco do crime naquela região, como preconizado na Prevenção Situacional. A investigação sobre os ferros-velhos diminui a recompensa, já que ataca a cadeia de distribuição do objeto do crime.

No presente exemplo optou-se, ainda, como forma de demonstrar a necessidade de participação de outros entes governamentais, além da própria comunidade, nos problemas de segurança, listar uma ação de responsabilidade da prefeitura, a quem compete o controle de tráfego. Como uma das causas apontadas foi a desatenção dos motoristas no sinal, através da redução do tempo de parada espera-se aumentar o risco do cometimento do crime, ao mesmo tempo em que diminui o tempo de exposição da vítima.

Por óbvio, não é objetivo deste trabalho esgotarem todas as possíveis linhas de ação, mas tão somente demonstrar as possibilidades e a forma de emprego da presente metodologia em um caso concreto.

Passar-se-á, agora, à quarta fase do ciclo IARA.

IV) Avaliar
Nessa fase é fundamental o estabelecimento e o acompanhamento de indicadores relacionados ao problema enfrentado. É importante ter em mente que o indicador escolhido deve ter algumas características, como se destacará em tópico próprio.

Dentre essas, destaca-se a necessidade de que o indicador guarde relação com o problema atacado e que reflita as mudanças ocorridas no fenômeno, durante o período analisado. Em outras palavras, que reflita o impacto das medidas adotadas sobre o problema.

Somente dessa forma é possível identificar se as ações adotadas estão adequadas ou se precisam de ajustes. No caso concreto, o indicativo ideal seria o número de ocorrências de roubos a veículos na área estudada, pois comparando-se o período anterior ao início do plano de ação com o posterior seria possível verificar, de forma adequada, se as medidas adotadas são efetivas.

V) Emprego de técnicas de policiamento preditivo
Como já dito anteriormente, o Policiamento Preditivo não se constitui em um novo modelo de gestão policial. Trata-se, de fato, da aplicação de técnicas relacionadas à aprendizagem de máquina à análise criminal, de modo que se possa, por exemplo, identificar os locais onde há maior risco de ocorrência de um delito, em uma operação denominada regressão.

Pode-se, ainda, apontar se determinada licitação tem indícios de ser fraudulenta, utilizando-se de técnicas de classificação, ou identificar eventos que guardem semelhança entre si, reunindo-se em um grupo denominado *cluster*. A essa operação, denomina-se clusterização.

No nosso caso em análise, conforme previsto no plano de ação, foi empregada a técnica de clusterização sobre os dados de roubos a veículos estudados, com a finalidade de possibilitar identificar delitos relacionados, com a maior probabilidade de terem sido cometidos por uma mesma quadrilha, de modo a permitir uma maior eficiência durante a investigação, ao mesmo tempo em que se economizam recursos humanos.

O resultado do uso de tal técnica é apresentado na figura 11:

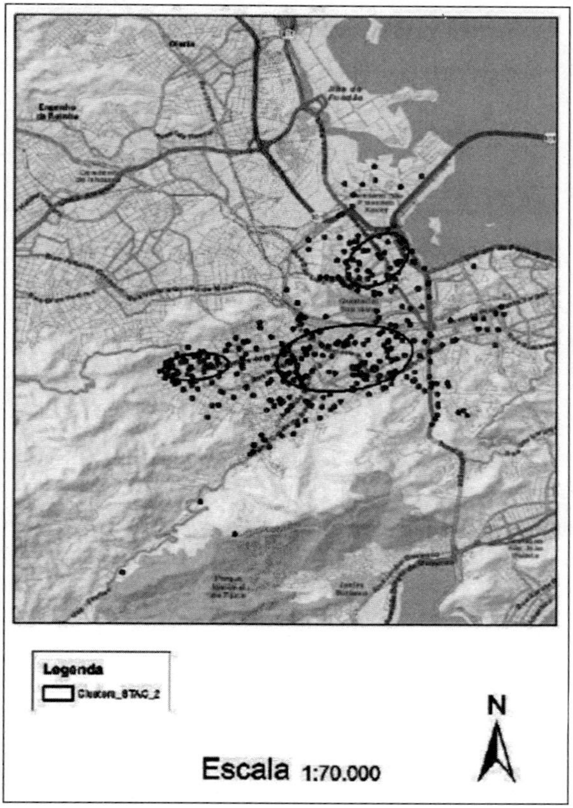

FIGURA 11 – Aplicação do algoritmo de clusterização aos roubos de veículos
Fonte: SILVA, 2016.

Para a confecção do mapa foi utilizado o *software* Crime Stats III (SMITH; BRUCE, 2016).

A simples análise do mapa anteriormente exposto aponta para uma conclusão interessante: existem três *clusters* onde se concentra a grande maioria das ocorrências. Ao analisarem-se os três agrupamentos identificados é importante ressaltar que todos correspondem a área de atuação das organizações criminosas que controlam as comunidades do Caju, da Mangueira e do São João/Encontro.

Assim, o foco nessas organizações criminosas permitiria a Polícia Judiciária ser eficiente ao conseguir resultados mais expressivos, com menos inquéritos, obtendo-se máxima eficiente com menor uso de recursos.

7 Policiamento Orientado pela Inteligência

Outro dos modelos de gestão de policiamento que encontra seu fundamento na criminologia do ambiente e em dados é o Policiamento Orientado pela Inteligência (ILP, da sigla em inglês).

Tal modelo se apresenta mais adequado às Delegacias Especializadas, em contraste com o POP, mais adequado às delegacias de área.

Tal diferença se explica no enfoque de cada um dos modelos: enquanto ILP tem como foco os grupos criminosos de maior potencial lesivo e os criminosos mais ativos, justificando tal abordagem na aplicação da regra de Pareto, segunda a qual, aplicada à criminalidade, 80% dos delitos são cometido por 20% dos criminosos; o POP tem como principal preocupação a resolução dos problemas de crime ou desordem que mais afligem a comunidade, conforme já estudado.

Contudo, quanto à utilização das técnicas de análise criminal para a determinação de ações e alvos há uma grande semelhança, já que ambos os modelos se utilizam da criminologia do ambiente como fundamento teórico para executar essa fase.

7.1 Características

O Policiamento Orientado pela Inteligência possui como principais características, segundo a comissão de auditoria da polícia britânica (Auditoria 1993), órgão do governo britânico que foi responsável por um detalhado estudo a respeito desse modelo:

a) foco nos criminosos de maior reincidência e cujos crimes são mais graves;

b) realização de triagem da maioria dos crimes para a posterior investigação;

c) ampliação do emprego estratégico de vigilâncias e de fontes humanas;

d) posicionamento do órgão de inteligência próximo ao decisor, funcionando como um ponto central para as atividades operacionais.

Deve haver uma grande ênfase no compartilhamento da informação, de modo que a interpretação do ambiente criminal seja a mais adequada possível. Para permitir esse fluxo de informações uma das soluções mais utilizadas é a criação de centros de fusão, unidades operacionais onde integrantes de órgãos públicos com relação à segurança pública, ainda que não policiais (como, no Brasil, a Secretaria da Receita

Federal) compartilham informações de inteligência e operacionais em tempo real, de modo a criar uma sinergia de esforços dedicados ao enfrentamento da macrocriminalidade.

Assim, as prioridades de uma força policial ao adotar o ILP devem ser (RATCLIFFE, 2011):

> a) o foco nos criminosos de maior relevância, através de ações repressivas nos criminosos reincidentes e que tenham cometido crimes de maior gravidade;
> b) a gestão de *hotspots* de crime e desordem;
> c) a investigação conjunta de crimes e incidentes relacionados;
> d) a aplicação de medidas preventivas;
> e) o emprego da inteligência policial para fundamentar decisões objetivas a respeito da alocação de recursos;

7.2 Ciclo 3-i

A utilização do ILP pode ser melhor apresentada a partir do Ciclo 3-i, representado na figura 14.

Ao contrário do Ciclo IARA, estudado durante o tópico dedicado ao Policiamento Orientado ao Problema, o ciclo 3-i não é procedimental, ou seja, não apresenta a ordem das ações a serem executadas durante o processo.

O ciclo 3-i é, na verdade, conceitual, ou seja, apresenta os conceitos que devem ser seguidos para a aplicação da metodologia ILP, bem como os resultados que se esperam.

FIGURA 12 – Ciclo 3-i
Fonte: RATCLIFFE, 2003.

Explica-se. O analista de inteligência deve buscar informações de modo que se possa interpretar o ambiente criminal de forma adequada, ou seja, deve-se buscar a identificação dos criminosos de maior relevância, bem como das organizações criminosas de maior lesividade.

A partir de tal identificação, e por isso recomenda-se a proximidade entre o órgão de inteligência e o decisor, deve o gestor reunir seus meios, que como se sugere na presente metodologia, devem estar centralizados, e iniciar ações que impactem diretamente no ambiente criminal, de forma a alterá-lo pela prisão dos criminosos de maior reincidência ou de integrantes de organização criminosa que impeçam seu funcionamento.

Desse modo, o ambiente criminal será impactado de forma benéfica, reduzindo-se, pois, a criminalidade atuando sobre ele.

7.3 Estudos de caso

O presente tópico tem como objetivo apresentar dois estudos de casos, voltados à atividade de Polícia Judiciária que, ao contrário do exemplo utilizado durante o estudo do POP, hipotético, representam empregos reais da presente metodologia.

O primeiro foi utilizado pela Divisão de Repressão aos Crimes contra o Meio Ambiente e o Patrimônio Histórico (DMAPH) da Polícia Federal para estabelecer as suas prioridades de ação no ano de 2013, de modo que pudesse concentrar esforços em ações que impactassem de forma mais significativa o ambiente criminal, especificamente em relação ao desmatamento na Amazônia Legal.

O segundo foi utilizado pela Superintendência da Polícia Federal no Rio Grande do Norte (SR/DPF/RN), em conjunto com a Polícia Civil daquele Estado para fazer frente às crescentes estatísticas de roubos a banco no ano de 2017.

7.3.1 Delimitação de regiões prioritárias para ações de repressão aos crimes ambientais

O primeiro passo executado pela equipe de análise da DMAPH foi, respeitando-se a prioridade recebida da Direção da Polícia Federal, qual seja, o combate ao desmatamento ilegal na região da Amazônia Legal, identificar em quais estados deveriam ser focadas as ações, buscando *interpretar o ambiente criminal*.

Para tanto, a equipe utilizou-se dos dados a respeito da quantidade de inquéritos policiais destinados a investigar os mencionados delitos, bem como os crimes contra o meio ambiente e patrimônio histórico de uma forma geral, para elaborar o mapa das figuras 13 e 14.

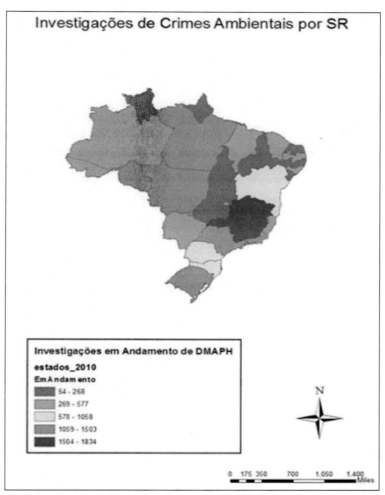

FIGURA 15 – Investigações de Crimes Ambientais por SR
Autor: DMAPH/PF

Vislumbra-se, pois, que na região da Amazônia Legal, destacam-se os estados do Pará, Rondônia e Mato Grosso como aqueles com maior número absoluto de crimes ambientais e contra o patrimônio histórico.

Contudo, há, ainda, necessidade de se aprofundar essa análise. Como a prioridade se refere aos crimes contra a flora, isto é, o desmatamento ilegal, foi necessário o estudo da figura 14, apontando os estados do Pará e de Rondônia como aqueles merecedores de atenção especial.

FIGURA 14 – Distribuição dos Crimes Contra a Flora
Autor: DMAPH/PF.

Contudo, embora já estivessem selecionados os estados, a extensão da área impedia a identificação de organizações criminosas de grande lesividade voltada ao desmatamento ilegal. Para tanto, era necessário delimitar uma área de atuação.

Com esse fim, a equipe elaborou, a partir de dados do desmatamento de 2012, obtidos no PRODES,[3] projeto desenvolvido pelo Instituto Nacional de Pesquisas Espaciais (INPE) e que é utilizado para a medição da taxa oficial de desmatamento no Brasil.

Assim, a partir dos dados obtidos no INPE, referentes ao desmatamento da região amazônica no ano de 2012, a equipe da DMAPH elaborou, utilizando o KDE, mesmo algoritmo de interpolação utilizado para a construção de manchas criminais, como já visto, para elaborar o mapa da figura 15, no qual também se utilizaram os polígonos das terras indígenas e unidades de conservação federal, de modo a resguardar a atribuição da Polícia Federal.

FIGURA 15 – Desmatamento na Amazônia 2012
Autor: DMAPH/PF.

A opção por essa técnica tem como objetivo, de acordo com a metodologia preconizada no Policiamento Orientado pela Inteligência, *identificar as organizações criminosas de maior poder lesivo, os criminosos de*

---
[3]   http://www.dpi.inpe.br/prodesdigital/dadosn/.

maior recorrência, através da localização das áreas mais afetadas pelo crime em investigação, qual seja, o desmatamento ilegal.

Da simples análise visual do mapa acima, verifica-se que nos estados selecionados nas etapas anteriores como de maior relevância, Rondônia e Pará, há uma clara concentração de focos de desmatamento.

A partir dessas informações, obteve-se a *decisão dos gestores policiais* que viabilizou às unidades de polícia judiciária com responsabilidade sobre a região, com o apoio dos meios centralizados da DMPAH, iniciar investigações tendo como foco organizações criminosas voltadas ao desmatamento ilegal e que atuavam na referida região.

Obtiveram-se como resultado duas operações especiais de Polícia Judiciária: a Operação Rescaldo,[4] ocorrida em Rondônia e a Operação Castanheira,[5] deflagrada pela SR/PF/PA, com resultados relevantes para a repressão aos ilícitos ambientais mesmo em nível nacional, dada a profícua atuação criminal das mencionadas quadrilhas ao longo dos anos, conforme divulgado na imprensa.

Dessa feita, *impactou-se o ambiente criminal de forma favorável aos objetivos da instituição PF*.

7.3.2 Força tarefa de repressão aos roubos a banco entre PF e PC/RN no ano de 2017

Outro exemplo a ser citado foi a constituição de uma Força Tarefa de Polícia Judiciária entre a SR/PF/RN e a Polícia Civil daquele estado (PCRN) para fazer frente ao crescente número de crimes de roubos a banco, em especial na modalidade denominada *novo cangaço*, onde há um emprego de violência armada no Rio Grande do Norte nos meses iniciais de 2017.

Desse modo, *a análise do ambiente criminal permitiu a identificação de três organizações criminosas distintas atuando simultaneamente em três regiões diferentes do estado*. Com base nessa informação, *os gestores policiais decidiram criar uma Força Tarefa de Polícia Judiciária com esse objetivo específico*, distribuindo a presidência das investigações entre a PF e a PCRN, com o compartilhamento total de informações entre as equipes de investigação designadas, com reuniões obrigatórias semanais, com a presença de gestores de cada órgão, garantindo o fluxo de informações entre todos os integrantes da Força tarefa.

---

[4] https://portalespigao.com.br/exclusivo-novas-informacoes-da-operacao-mesclado-em-espigao-oeste/.
[5] http://g1.globo.com/pa/para/noticia/2014/08/operacao-castanheira-combate-crimes-ambientais-no-para.html.

A partir desse trabalho conjunto foram executadas sete operações especiais de polícia judiciária, apresentadas na tabela 3 a seguir:

TABELA 3
Operações Especiais de Polícia Judiciária executadas pela FT/PJ/RN

Data de Deflagração	Cidade	Nome da Operação	Delegacia Responsável
31/3/2017	Jaguaruana/CE	Andarilho	DPF/MOS/SR/PF/RN
6/5/2017	Afonso Bezerra/RN	Lajedo	DELEPAT/SR/PF/RN
28/6/2017	São Gonçalo do Amarante/RN	Lajedo 2	DELEPAT/SR/PF/RN
29/7/2017	São José do Mipibu/RN	Deicor-Polícia Civil	DEICOR/PC/RN
1/9/2017	Macaíba/RN	Deicor-Polícia Civil	DEICOR/PC/RN
3/9/2017	Brejo da Cruz/PB e Campo Grande/RN	Deicor-Polícia Civil e PM/RN e PM/PB	DEICOR/PC/RN
27/9/2017	Mossoró/RN	Andarilho 2	DPF/MOS/SR/PF/RN

Fonte: Polícia Federal.

Como consequência desse trabalho, houve uma redução significativa no tipo de delito sob análise, como se observa na figura 16.

FIGURA 16 – Número de ocorrências de roubo a banco no RN
Fonte: Sinesp.

Da análise do gráfico acima, verifica-se que *houve um impacto significativo no ambiente criminal*, com uma redução relevante nas estatísticas criminais do crime em tela.

8 Construção de indicadores para a Polícia Judiciária

Como se mencionou durante o estudo dos modelos de gestão de polícia, e como verificado durante a análise dos estudos de caso apresentado, é de suma importância, qualquer que seja o modelo utilizado, que haja um acompanhamento próximo dos resultados obtidos pelas ações desenvolvidas, de modo que comportamentos eficientes sejam reforçados e que os problemas sejam identificados e corrigidos rapidamente.

Para tanto, é importante que sejam estabelecidos indicadores adequados às ações planejadas. As características necessárias para a construção de indicadores de desempenho adequados para cada processo da organização polícia judiciária são os objetivos do presente tópico.

8.1 Conceito de indicadores de desempenho

Indicadores são recursos de metodologia que possibilitam verificar se os resultados obtidos a partir de um determinado processo estão adequados aos objetivos organizacionais.

Os indicadores são normalmente divididos em (SOUZA JUNIOR, 2014):

a) indicadores de produtividade (eficiência): medem a relação entre os recursos consumidos e as saídas dos processos;

b) indicadores de qualidade (eficácia): visam as características do serviço/produto; e

c) indicadores de efetividade (impacto): buscam medir as consequências dos produtos/serviços.

Ao se estabelecerem indicadores para um determinado processo, devem ser respeitadas algumas características, sob pena de os indicadores selecionados não serem capazes de medir os resultados do processo de forma adequada, contribuindo, dessa forma, para a tomada de decisões equivocadas.

Tais características são (SOUZA JUNIOR, 2014):

a) atribuível, ou seja, guarda relação com o processo que se deseja avaliar;
b) sensível, isto é, deve refletir as mudanças ocorridas no fenômeno sob análise;
c) viável, devendo ser possível de obtenção em prazos razoáveis, com custos baixos e com esforço mínimo;
d) confiável, expressando a qualidade do dado utilizado na construção do indicador;
e) inteligível, de modo que haja transparência na metodologia de construção do indicador e;
f) comunicabilidade, devendo ser compreensível para diversos interessados.

A atenção dedicada quando da seleção dos indicadores às características acima descritas é fundamental. A seleção equivocada de indicadores pode prejudicar de forma significativa uma organização.

Desse modo, deve-se evitar a todo custo, em especial, a seleção de indicadores que contenham elementos externos ao processo que se deseja medir, sob pena de obtenção de resultados distorcidos, pois contaminados por ações alheias ao processo que se deseja medir.

Por exemplo, a utilização como indicador de eficácia do inquérito policial o número de condenações criminais obtidos pelo Ministério Público. Ora, se o processo da investigação preliminar se encerra com a apresentação do relatório, dados posteriores não são adequados para medir esse processo em si, já que conteriam fatos estranhos ao processo que se deseja medir, como a eficiência da defesa, a qualidade das provas produzidas ao longo do processo, ou mesmo o desempenho das partes em um Tribunal do Júri.

Desse modo, a adoção desse indicador para avaliar a eficácia do inquérito policial é inadequada, pois utiliza eventos estranhos ao processo que se quer estudar, não sendo, pois, atribuível.

Mesmo a utilização do número de denúncias não respeitaria as características acima mencionadas, pois além de também acrescentar fatos externos ao processo do inquérito policial, também por principalmente excluir do cálculo de indicadores a mais relevante função da investigação criminal, qual seja, a descoberta da verdade para a comprovação da inocência e, dessa forma, evitar que pessoas sem culpa passem pelo constrangimento do processo penal. Desse modo, além de não ser atribuível, como já dito, também não possui a sensibilidade necessária como indicador, pois exclui as mudanças significativas no inquérito que aumentassem os índices de conclusão pela inocência do investigado.

8.2 Tipos de trabalhos da atividade policial

A doutrina (SPARROW, 2015) costuma classificar a forma de organização do trabalho em organizações em certas tipologias, que variam conforme a instituição conduz seu planejamento e o executa.

Desse modo, entende-se que, antes de discutir-se como medir com eficiência as atividades inerentes a uma organização policial, é importante considerar os tipos de trabalhos realizados por cada organização, já que sua tipologia impacta diretamente na forma como deve ser avaliado e medido. São eles (SPARROW, 2015):

a) trabalhos funcionais;
b) trabalhos baseados em processos;
c) trabalhos baseados em risco.

Dos tipos de trabalho acima listados o mais familiar é o funcional, que pode ser definido como a atividade desempenhada por alguma equipe com função específica. Os indicadores baseados nesse tipo de atividade têm como objetivo medir a quantidade de trabalho que uma determinada organização emprega em uma determinada atividade, ou seja, o esforço que um grupo de policiais dedica a certa tarefa(*ibidem*).

Para qualquer delegacia, a unidade funcional especializada de polícia judiciária, as métricas mais prontamente disponíveis abrangem a quantidade e a qualidade. Quantidade é mais fácil de medir: Quantos inquéritos instaurados e relatados, quantas processos administrativos concluídos, quantas horas de treinamento entregues. Mas cada função também deve ter e enfatizar suas próprias métricas de qualidade para que as preocupações sobre a quantidade abafar preocupações sobre a qualidade (*ibidem*).

Uma delegacia, se dividir sua quantidade de saída por seus insumos, ou seja, o número de inquéritos relatados pelo de instaurados, pode fornecer indicações de produtividade ou eficiência (por exemplo, o número de inquéritos relatados por delegado, o número de diligências concluídas por agente ou o número de horas de treinamento entregues por instrutor).

O segundo tipo de trabalho é baseado em processo. Processo, neste contexto específico, significa qualquer tipo de trabalho transacional que é repetido centenas ou milhares de vezes (*ibidem*). No caso das polícias judiciárias o principal processo é, sem sombra de dúvida, o inquérito policial, embora existam outros, como o atendimento de ocorrências no balcão da delegacia, etc.

O tipo de indicador relacionado a essa atividade tem como objetivo medir as seguintes características de um processo (*ibidem*):
(1) volume: medidas de volume de transações (e tendências de volume ao longo do tempo). Esse dado é importante para o gerenciamento de meios, como, pois, afeta as decisões de alocação de recursos, ainda que o volume de entrada não esteja sob o controle da organização, como no caso das polícias judiciárias.
(2) tempo de execução: quanto tempo demora para que se execute cada atividade do processo. Cresce de importância em relação às PJ, pois muitos processos têm prazos obrigatórios, como a comunicação de flagrante.
(3) exatidão: a proporção das decisões tomadas que acabam por ser *corretas*.
(4) custo-eficiência: indicadores do custo de execução do processo dividido pelo volume da transação.
(5) satisfação do cliente: quase todas as transações de processo envolvem um cliente (um chamador, um queixoso, um requerente).

No caso da atividade de PJ, há uma dificuldade neste quesito, pois seu cliente é a sociedade como um todo. Contudo, pode ser construído um indicador que envolva o número de inquéritos relatados retornados pelo Ministério Público ou Judiciário para diligências complementares. O que não é adequado, como já dito, é avaliar a qualidade do processo *inquérito policial* pelo número de denúncias ou de condenações.

A terceira forma de trabalho é a baseada em risco, e difere da atividade funcional e baseada em processo. Utilizando-se termos mais adequados ao trabalho policial, a expressão mais precisa seria trabalho orientado ao problema.

Não se trata, pois, de um método específico (funcional), ou ainda de gestão da qualidade no contexto de um processo estabelecido; em vez disso, trata-se de uma concentração em um risco ou problema específico (*ibidem*).

Para o trabalho baseado em risco, o processo começa com a detecção precoce dos problemas e o discernimento do seu caráter e dinâmica, muito antes de qualquer pessoa decidir quais táticas podem ser relevantes ou se qualquer um dos processos rotineiros da organização toca o problema (*ibidem*). Esse tipo de trabalho se enquadra perfeitamente no modelo de gestão denominado Policiamento Orientado ao Problema, mas também pode ser empregado no Policiamento Orientado pela Inteligência, já que este último tem como foco organizações criminosas altamente lesivas ou criminosos reincidentes.

O trabalho baseado em risco ou orientado a problemas é bastante diferente das outras duas formas apresentadas e se apresenta em etapas como descritas anteriormente durante o estudo dos modelos de gestão policial POP e ILP, conforme a organização deseje adotar um ou outro.

Porém consiste no estabelecimento de um "alvo" ou problema a ser enfrentado, no estudo detalhado desse problema, no planejamento e execução de ações destinadas a solucioná-lo e no acompanhamento e avaliação contínua dessas ações por meio de indicadores.

Importante ressaltar que as formas de trabalho não são excludentes, ao contrário se complementam, a medida que a distribuição em unidades funcionais é natural em organizações complexas, além da divisão das ações a serem executadas para a solução de problema em diversos processos se constituir em prática ordinária.

8.3 Indicadores da atividade policial

Em relação aos indicadores utilizados para avaliar os diversos processos relacionados às funções de polícia, podemos destacar os seguintes (SPARROW, 2015):

> a) reduções das estatísticas criminais dos principais delitos, em especial através de comparações com períodos anteriores;
> b) taxa de conclusão de investigações;
> (c) tempos de resposta às chamadas dos serviços de emergência e;
> (d) medidas de produtividade de execução (por exemplo, números de prisões, buscas, revistas pessoais e veiculares realizadas, etc.).

Algumas polícias ainda usam pesquisas de vitimização e de satisfação da comunidade, mas poucas o fazem de maneira regular. As taxas de conclusão de investigações são geralmente difíceis de medir de forma padronizada e objetiva, de modo que a categoria (b) tende a receber menos ênfase do que as outras três. As categorias (c) e (d) – tempos de resposta e métricas de produtividade – são úteis para mostrar que a polícia está atendendo de forma rápida as chamadas recebidas e trabalhando arduamente, mas não revelam nada sobre se eles estão trabalhando de forma inteligente, usando métodos apropriados ou tendo um impacto positivo.

Portanto, a categoria (a) – reduções das estatísticas criminais dos principais delitos – tende a dominar os indicadores internos e externos de qualidade da maioria das polícias, sendo, portanto, praticamente a única medida do resultado do controle do crime (SPARROW, 2015).

Contudo, a predominância da estatística criminal como indicador do trabalho policial não é um problema único do Brasil. Esse tipo de informação, contudo, apresenta diversos problemas que o impedem de ser utilizado como único indicador do trabalho policial de forma adequada, a saber (*ibidem*):

> a) possui um foco extremamente estreito, vez que somente visa um único componente do trabalho policial;
>
> b) o foco em crimes graves, como normalmente tal estatística é apresentada estreita ainda mais o foco;
>
> c) estimula a manipulação de dados, vez que todo a missão policial é avaliada a partir de um único critério;
>
> d) Tende a diminuir o foco em crimes invisíveis, ainda que graves, como corrupção, crimes no seio das famílias e de colarinho branco;
>
> e) não considera o custo-benefício da redução;
>
> f) o foco em comparações locais e de curto prazo, desconsiderando a importância das mudanças de tendências a longo prazo;
>
> g) um número é só um número, e não é adequado reduzir toda a complexidade da missão policial e da segurança pública a um único indicador.

Do que foi descrito acima, pode-se concluir que a utilização simples das alterações nas estatísticas criminais como única e principal fonte de avaliação do trabalho policial é insuficiente para a avaliação de todas as facetas dessa atividade e pode, muitas vezes, não reconhecer as melhores práticas.

8.4 Indicadores e a atividade de Polícia Judiciária

Qual seria então a melhor forma de avaliar a atividade de Polícia Judiciária, diante das dificuldades apresentadas anteriormente? Como já se disse, grande parte dos processos e atividades executados pelas polícias em geral e em particular pelas polícias judiciárias é de mensuração, o que acaba por levar à utilização das variações nas estatísticas criminais como único indicador, o que é, por óbvio, um tanto míope, já que diversas características da imensa gama de funções exercidas pelas polícias não são mensuráveis a partir desse indicador.

Em relação especificamente à polícia judiciária, um outro indicador utilizado é a taxa de solução de investigações (*clearance rates*, em inglês). Contudo, face às dificuldades em seu cálculo, essa unidade de medida não possui tanto destaque quanto as estatísticas criminais, muito mais objetivas. Contudo, apesar de problemas, diversos países, como França, Austrália e Inglaterra a utilizam como forma de avaliação da atividade de investigação.

Assim, entende-se que apesar de questionamentos quanto sua objetividade e padronização (SPARROW, 2015), as quais podem ser superadas a partir do uso de rigorosa metodologia, a utilização desse indicador é fundamental para a avaliação da eficácia do mais importante trabalho de uma polícia judiciária, a investigação preliminar, formalizada no Brasil através do inquérito policial, na quase totalidade dos casos.

Se já se estabeleceu a importância da utilização da taxa de resolução de investigações como indicador de maior relevância para a avaliação do trabalho de polícia judiciária, até mesmo, pois há previsão legal expressa para tanto, qual a metodologia a adotar para que se superem as críticas de falta de padronização e objetividade?

Incialmente, deve-se estabelecer, de forma clara, o conceito de tal indicador, como descrito abaixo:

Taxa de soluções de investigações é a Relação entre investigações encerradas e aquelas encerradas com sucesso (SILVA, 2015).

Em outros termos:

Tx Solução = Nr Investigações encerradas com sucesso
Nr total de Investigações encerradas

Resta agora um questionamento: o que seria uma investigação encerrada com sucesso?

Para tanto, deve-se atentar para a dupla finalidade do inquérito policial, quais sejam:

1ª) apontar a autoria e materialidade quando da existência de crime;

2ª) proteger os inocentes de juízos apressados e sem consistência probatória.

Dessa feita, entende-se como investigação encerrada com sucesso aquela que atenda a uma das duas condições listadas a seguir:

1ª Condição: Identificação de autoria e materialidade.

Ainda prosseguindo na definição rigorosa e adequada de uma metodologia destinada a superar as críticas, adota-se como sucesso por identificação de autoria e materialidade quando houver indiciamento, ou seja, quando a Polícia Judiciária indicar a existência de materialidade e apontar o possível autor.

Tal procedimento é semelhante ao adotada pelas polícias francesas (DGPN, 2001), as quais apontam como investigação executada com sucesso quando apontam o possível autor através do instituto do *mise em cause*, instituto que guarda grande semelhança com o indiciamento previsto na legislação brasileira.

2ª Condição: Comprovação da inexistência do crime por atipicidade do fato ou inexistência da conduta.

Essa condição tem como objetivo destacar a relevância do trabalho policial em evitar juízos apressados e a submissão de inocentes às agruras do processo penal sem justa causa, como muito bem apontado mesmo na exposição de motivos de nosso Código de Processo Penal. Destaca-se a relevância da Polícia Judiciária como instrumento de garantia do cidadão, avançando-se na construção de uma polícia cidadã, voltada a servir aos interesses da sociedade.

Desse modo, calcula-se a Taxa de solução de investigações de forma objetiva e padronizada, já que os dados para a obtenção desse indicador são facilmente obtidos através dos sistemas transacionais utilizados pelas polícias judiciários. A comprovar tal constatação basta observar o prazo exíguo em que a Polícia Federal passou a utilizá-lo e a apresentá-lo como indicador oficial junto ao TCU, cerca de seis meses, desde a sua concepção a sua formalização.

Ressalte-se que se trata de um indicador de eficácia, ou seja, busca medir a qualidade do trabalho produzido. Portanto, embora relevante, é insuficiente para a avaliação dos resultados obtidos pela polícia judiciária.

São necessários, pois, outros tipos de Indicadores para a avaliação do trabalho de Investigação, quais sejam:
Indicadores de eficiência
Indicadores de Impacto

8.4.1 Indicador de eficiência

Como já dito anteriormente, ao se estudar o trabalho baseado em processos, a relação entre o número de inquéritos instaurados, isto é, os números correspondentes às entradas do processo e os relatados, os que correspondem à saída do processo de investigação, é, por excelência o indicador de eficiência das unidades de Polícia judiciária.

Em termos de expressão matemática (SILVA, 2015):

$$\text{Tx de eficiência de IP} = \frac{\text{Nr Total de Investigações encerradas}}{\text{Nr total de Investigações instauradas}}$$

Sua relevância consiste em permitir o acompanhar do volume de trabalho acumulado, o crescimento do número de investigações em andamento, fornecendo um excelente parâmetro para avaliar a necessidade de maiores recursos materiais e humanos.

Possibilita, ainda, o acompanhamento da variação das estatísticas criminais, mesmo que indiretamente, já que permite verificar o número de comunicações de crimes que chegam ao conhecimento do órgão de polícia judiciária.

8.4.2 Indicador de impacto ou efetividade indicador de risco

O terceiro tipo de indicador necessário é o de impacto ou efetividade. Este indicador tem como objetivo medir, no caso da polícia judiciária, o impacto do resultado das investigações.

Para tanto, o que usualmente se utiliza são os dados comparativos das estatísticas criminais. Contudo, em relação ao trabalho investigativo, essa utilização não é adequada, em especial pela necessidade de maior horizonte de tempo para avaliação do resultado das ações de investigações (SILVA, 2015).

Assim, ainda que se usem as estatísticas criminais para aferir o impacto das ações de PJ, é necessário o estabelecimento de um período correspondente ao percurso da investigação para que haja reflexo de uma ação de polícia judiciária nas estatísticas criminais.

Contudo, para avaliar a efetividade de uma operação especial de polícia judiciária, isto é, aquelas ações com grande número de prisões e buscas simultâneas destinadas a investigar organizações criminosas, a utilização de tal metodologia é adequada, bastando comparar os períodos imediatamente anterior e posterior da ação. Deve-se, ainda, ter em mente que, mesmo que se use estatística criminal é necessário que seja levado em consideração o tipo de crime investigado.

Por exemplo, para avaliar o impacto de uma operação contra um grupo de extermínio é adequada a comparação entre as estatísticas de homicídio antes e depois da operação. Pode se empregar a mesma metodologia em relação a fraudes bancárias (estelionato qualificado), etc. Contudo, em relação a alguns crimes específicos, devem ser buscados indicadores mais especializados, que reflitam de uma forma mais adequada a efetividade da investigação e seu impacto sobre a organização criminosa. Como exemplo podemos citar as investigações contra quadrilhas voltadas ao desmatamento ilegal, quando se podem utilizar as taxas de desmatamento como um importante indicador de efetividade da ação policial.

9 Conclusão

Ao longo do presente capítulo buscou-se conceituar gestão, bem como apresentar os principais modelos de policiamento utilizados pelo mundo, de modo a demonstrar o quanto a Polícia Judiciária brasileira pode-se beneficiar com a utilização de tais metodologias.

Apresentou-se, então, os modelos de gestão de policiamento conhecidos por Policiamento Comunitário, *Compstats*, Policiamento Orientado ao Problema, Policiamento Orientado pela Inteligência e Policiamento Preditivo, tendo sido apresentadas suas principais características, vantagens e desvantagens.

Deu-se especial atenção aos modelos Policiamento Orientado ao Problema e Policiamento Orientado pela Inteligência, vez que têm sido apontados como aqueles com melhores resultados. Por isso, apresentaram-se exemplos de práticas da adoção de ambas as metodologias, quando se detalharam os processos a serem seguidos em cada etapa dos dois métodos.

Ao fim buscou-se apresentar a importância e os principais tipos de indicadores a serem utilizados para avaliar as atividades de Polícia Judiciária, já que as especificidades desse trabalho exigem uma diferenciação entre sua avaliação e aquele da polícia ostensiva.

Dentre os indicadores de PJ, trabalhou-se com especial atenção na taxa de resolução de investigações, indicador de eficácia por excelência para a polícia investigativa, respeitando-se sempre a verdadeira vocação das Polícias Civis em se constituírem em verdadeiros instrumentos de garantia dos cidadãos contra juízos equivocados a respeito de condutas possivelmente típicas.

Por fim, espera-se ter contribuído para que a atividade de gestão das polícias judiciárias se torne cada vez mais baseada em dados, cada vez mais científica e eficaz para que a Polícia Judiciária exerça seu papel junto à sociedade, servindo-a verdadeiramente como garantidora de direitos fundamentais.

Referências

AZEVEDO, Ana Luísa Vieira de; RICCIO, Vicente; RUEDIGER; Marco Aurélio. *A utilização das estatísticas criminais no planejamento da ação policial:* cultura e contexto organizacional como elementos centrais à sua compreensão. Ciência da Informação, v. 40, n.1, 2011: 9-21.

BARRET, P. Achieving Better Practice *CorporateGovernance in the Public Sector*. Australian National Audit Office. junho 2002. Disponível em: www. anao.gov.au Acesso em: 04 out. 2015.

BEATO FILHO, C. C. *Informação e desempenho policial*. Teoria e Sociedade, v. 7, 2001: 117-150. BOBA, Rachel. Crime analysis with crime mapping. Thousand Oaks: SAGE Publications, 2009.

BOBA, Rachel. *Crimes analysis with crime mapping*. Beverly Hills, CA: Sage Publications, 2009.

BRANTINGHAM, P. J; BRANTINGHAM, P. L. *Environment, routine and situation:* toward a pattern theory of crime. *In*: Routine activity and rational choice. CLARKE R. V; FELSON, M. 259-294. New Brunswik, NJ: Transaction, 1993.

COHEN, L. E; FELSON, M. Social change and crime rate trends: a routine activity approach. *In*: *American Sociological Review* v. 44, n. 4, p. 588-608, 1979.

DANTAS, George Felipe de Lima; SOUZA, Nelson Gonçalves de. *As bases introdutórias da análise criminal na inteligência policial*. s. d. Disponível em: http://portal.mj.gov.br/main. asp?Team=%7B21F842C5-A1C3-4460-8A48-83F441 C48 08C%7D (Sítio eletrônico do Ministério da Justiça do Brasil Publicações). Acesso em: 15 nov. 2011.

DANTAS, George Felipe de Lima; SILVA JÚNIOR, Álvaro Pereira da; PERSIJN, Annik. *O medo do crime*. 2006. Disponível em: ibsp.org.br/obras-indicadas/o-medo-do-crime/ Acesso em: 07 abr. 2015.

DEBORTOLI, G. Olhando através do espelho: Considerações sobre o uso de indicadores na atividade policial. *Revista Preleção*, ano 1, n. 2, 2007, p. 33-46.

DENHARDT, R; DENHARDT, J. The new public service: serving rather thn steering. *Public Administration Review*, v. 60, n. 6, 2000: 549-559.

DGPN . *Direction Generale de la Police Nationale*. Ministere de l'Interieur. Crimes et Delits constates en France en 2000. Paris, 2001.

DURANTE, M. O. *Construção dos indicadores de segurança pública no Brasil*. Palestra apresentada no Instituto Federal do Piauí. Teresina, jan. 18, 2013.

GOLDSTEIN, H. Problem-Oriented Policing. *McGraw Hill*: Nova Iorque, 1990.

HILL, B; PAYNICH, R. *Fundamentals of Crime Mapping*: principles and practice. Jones & Barret Learning: Burlington, 2014

JONES, R; KETTEL. D. Assessing public management reform in an international context. *International public management review*, v. 4, n. 1, 2003: 1-18.

LIMA, E. B. *Elaboração de um sistema de indicadores de desempenho para o Centro de Operações Militares* – COPOM/PMGO. Dissertação apresentada como requisito parcial para conclusão do Curso de Mestrado Profissional em Gestão da Qualidade Total na UNICAMP. Campinas: Universidade Estadual de Campinas, 2004.

LUC, Jéan-Noel. Gendarmerie, *État et société au XIX Siécle*. Paris: Publications de la Sorbonne, 2002.

MARCINEIRO, Nazareno. *Polícia comunitária*: construindo segurança nas sociedades. Florianópolis: Insular, 2009.

MARQUES, Arquimedes. *O policiamento comunitário como um bom caminho para a paz social*. 2010. Disponível em: www.infonet.com.br. Acesso em: 10 abr. 2015.

MATRAK FILHO, Riskala. A doutrina de polícia repressiva e sua aplicação na filosofia de polícia comunitária. *Revista de Ordem Pública*, v. 3, n. 1, 2010: 41-56.

MENDEZ, S Y. *Indicadores de Desempenho*. 2014. Disponível em: http://monografias.brasilescola.com/administracao-financas/ indicadores-desempenho.htm. Acesso em: 10 abr. 2015.

MESQUITA, V. E. F. G. *Jus Navigandi*. 01.05.2014. Disponível em: http://jus.com.br/artigos/28649/gestao-da-investigacao-criminal-o-papel-do-delegado-de-policia-federal#_ftn1. Acesso em: 03 nov.2014.

PERAZZONI, F; SILVA, W. C. P. Inquérito Policial: um instrumento eficiente e indispensável à investigação. *Revista Brasileira de Ciências Policiais*, Brasília, v. 6, n. 2, p. 77-115, Edição Especial - jul/dez, 2015.

PERRY, Walter L; MCINNIS, Brian; PRICE, Carter; SMITH Susan C; HOLLYWOOD, John S. (2013). *Predictive policing: the role of crime forecasting in law enforcement operations*. Washington, DC: Rand Corporation.

PORTO, J. C. M. *Gestão pela qualidade na segurança pública*. Curso Nacional de Promotor de Segurança Pública. Goiânia, GO, 2005.

RATCLIFFE, J. H. *Crime Mapping and the training needs of law enforcement*. European Journal on Criminal Policy and Research, v. 10, n. 1, 2004: 65-83.

RATCLIFFE, J. H. *Intelligence leding police*. New York: Routdlege, 2011.

SIMINONE, A. A modernização da gestão e a governança no setor público em Moçambique. Revista de Administração *Pública*, 48, 2014: 551-570.

SILVA, W. C. P. Análise Espaço-temporal dos roubos de veículos ocorridos durante o ano de 2013 nas regiões das áreas de segurança pública integrada 4 e 6 no Rio de Janeiro. *Revista Brasileira de Ciências Policiais*, Brasília, v. 6, n. 1, p. 87-115, jan./jun. 2015.

SILVA, W. C. P. O estabelecimento de indicadores para a polícia judiciária. *Revista Brasileira de Ciências Policiais*, Brasília, v. 6, n. 2, p. 117-139, Edição Especial - jul/dez 2015.

SILVA, W. C. P. *Inteligência geoespacial*: seu impacto e contribuições nos modelos de gestão policial. Rio de Janeiro: Mallet, 2016.

SILVA JUNIOR, T. J. *Operações de inteligência aplicadas à repressão de crimes violentos contra o patrimônio da união*: possibilidades e perspectivas no apoio às investigações do DPF. Trabalho de conclusão de curso apresentado à Academia Nacional de Polícia como exigência parcial para a obtenção do título de Especialista em Inteligência Policial. Brasília, DF, 2014.

SMITH, Susan C; BRUCE, Cristopher W. (2008). *Crime Stat III*: Userbook. Washington, DC: The National Institute of Justice.

SOUZA JUNIOR, G. L. *Elaboração e análise de indicadores*. 30 15, 2014. Disponível em: http://www.seplancti.am.gov.br/arquivos/ download/arqeditor/apostila_indicadores. pdf. Acesso em: 15 abr. 2015.

SPARROW, M. K. 2015. *Measuring performance in a modern police organizations*. News perspectives in policing. V. mar., p. 1-39.

TAYLOR, R. B. *Incivilities reducing policing, zero tolerance, and the retreat from coproduction*: weak foundations and strong pressures. *In* Policing Innovation: Contrasting Perspectives, by WEISBURD, D; BRAGA, A A. 98-114. New York: Cambridge University Press, 2006.

TRAJANOWICZ, R; BUCQUEROUX, B. *Community policing*: A contemporary perspective. Cincinnati: Anderson Publishing Company, 1990.

UNIDAVI. Material didático da disciplina policiamento orientado a soluções de problemas. Curso Superior de Tecnologia em Segurança Pública. Centro Universitário para o Desenvolvimento do Alto Vale do Itajaí: Rio do Sul, 2010.

Informação bibliográfica deste texto, conforme a NBR 6023:2018 da Associação Brasileira de Normas Técnicas (ABNT):

SILVA, Wellington Clay Porcino da. Gestão Pública da Polícia Judiciária. *In*: PEREIRA, Eliomar da Silva (Org.). *Disciplinas extrajurídicas de Polícia Judiciária*. Belo Horizonte: Fórum, 2020. p. 215-272. (Curso de Direito de Polícia Judiciária, v. 7). ISBN 978-85-450-0622-0.

SOBRE OS AUTORES

Eliomar da Silva Pereira
Doutor em Direito (Universidade Católica Portuguesa, Escola de Lisboa). Professor do Programa de Pós-Graduação da Escola Superior de Polícia. Delegado de Polícia Federal.

Franco Perazzoni
Delegado de Polícia Federal. Doutorando em Sustentabilidade Social e Desenvolvimento. Mestre em Ciência & SIG. Especialização em Ciência Policial e Investigação Criminal. Especialização em Ciências Penais. Especialização em Direito Ambiental. Possui graduações em Direito, Administração, Gestão Ambiental e Comércio Exterior. Participou de diversos cursos de formação, aperfeiçoamento, estágios e seminários na área criminal e de gestão, dentre eles o Curso Superior de Política e Estratégia da Escola Superior de Guerra (RJ) e cursos ministrados por agências federais norte-americanas como o *U.S Fish and Wildlife Service*, a *National Geospatial-intelligence Agency*, o *Homeland Security Investigations* e o *U.S Customs and Border Protection Service*. Integrou a delegação de especialistas brasileiros nas áreas de meio ambiente e investigação criminal em eventos oficiais da ONU (Viena, 2009), CPLP (Maputo, 2010) e INTERPOL (Lyon, 2013, 2016 e 2018). Professor, conteudista e tutor de cursos de formação, aperfeiçoamento profissional e pós-graduação ministrados pela Academia Nacional de Polícia. Autor e coautor de livros e artigos nas áreas de crimes ambientais, polícia judiciária e investigação criminal.

Adriano Mendes Barbosa
Delegado de Polícia Federal. Mestre em *Defense Analysis* pela *Naval Postgraduate School* (NPS), Califórnia, EUA, grau revalidado pela Universidade de Brasília (UnB) como Mestre em Relações Internacionais. Professor Titular da Escola Superior de Polícia da Polícia Federal para o Curso de Pós-Graduação em Direito de Polícia Judiciária. Professor Contratado do Centro Universitário das Faculdades Metropolitanas Unidas (FMU) para o Curso de Graduação em Direito. Professor Convidado do Centro Universitário das Faculdades Metropolitanas Unidas (FMU) para o Curso de Pós-Graduação em Direito Penal e Direito Processual Penal. Professor Convidado de Cursos Preparatórios para Concurso nas Disciplinas Direito Penal e Direito Processual Penal. Orientador de monografias nas temáticas do Direito Penal e Direito Processual Penal, Terrorismo Internacional e Inteligência Policial. Escritor; conferencista; articulista e palestrante sobre as temáticas do Direito Penal e Direito Processual Penal, Terrorismo Internacional e Inteligência Policial. Membro da Comissão Editorial da *Revista Brasileira de Ciências Policiais*, ISSN 2178-0013 e da *Revista de Segurança Pública e Cidadania*, ISSN 1983-1927.

Wellington Clay Porcino da Silva
Delegado de Polícia Federal. Doutor em Geografia pela Universidade Federal do Rio Grande do Norte. Mestre em Ciência e Sistemas de Informações Geográficas pela Universidade Nova de Lisboa e em Ciências Militares pela Escola de Aperfeiçoamento de Oficiais do Exército Brasileiro. Atualmente exerce o cargo de Diretor de Gestão e Integração da Informação na Secretaria Nacional de Segurança Pública do Ministério da Justiça e Segurança Pública. Tem experiência nas áreas de Gestão Pública, Formulação de Políticas de Segurança, Inteligência e Direito, com ênfase em utilização de Ciência de dados na Gestão de Polícia Judiciária e nos impactos do território sobre a segurança pública. É professor responsável pelas disciplinas de Gestão de Polícia Judiciária e Análise Criminal do Programa de Pós-Graduação em Ciência Policial da Academia Nacional de Polícia.

Esta obra foi composta em fonte Palatino Linotype, corpo 10
e impressa em papel Offset 75g (miolo) e Supremo 250g (capa)
pela Gráfica Laser Plus.